【新装版】

京都の歴史を足元からさぐる

北野・紫野・洛中の巻

森浩一——著

学生社

ぼくが大学生のときに古代学を提唱しだした。
そのころ父の於菟《おと》次郎《じろう》がぼくの編集していた雑誌の表紙に書いてくれた。
自由奔放な姿は今のぼくの理想である。

新装版　再刊に寄せて

同志社女子大学名誉教授　森　淑子

夫・森浩一が七十歳代の半ばから八十歳代にかけて取り組んだ『京都の歴史を足元からさぐる』シリーズが新装版として再刊されることになり、大変うれしく思います。

夫は人工透析の治療を受けるようになって、それまでのように遠方まで赴くことが難しくなりました。かつて訪ねた地であっても、文章に書く以上は、現状を自分の眼で確かめたい。それができるのは京都だ、ということで、長年住んでいながらあまり文章に書いてこなかった京都を対象に選んだのです。

夫が体調を崩したころ、私は大学の教員を定年退職しました。専門は全く違う分野で、在職中は「あなたはあなた、私は私」という夫婦でした。新婚旅行と中国への団体旅行しか一緒に旅したことはありませんでしたが、夫が京都の調査に私を誘ったのは、自分の仕事を見せたい気持ちもあったのでしょう。夫の解説を聞きながら遺跡や社寺を巡るのは、歴史に疎い私にも面白い体験でした。

嵯峨野の落柿舎では、松尾芭蕉が滞在した四畳半の部屋を訪ねて夫が俳句を詠みました（「嵯峨・嵐山・花園・松尾の巻」所収）。親しかった作家の金達寿さんに「俳句を作るな」と言われていたそうですが、「自分の本だから芭蕉の句と並べて書ける」と愉快そうでした。上醍醐を訪れた折は、弱った脚が山道で音を上げて、教え子の鋤柄俊夫さんと地元の方に両脇から支えられ下山しました。「疲れたけど、今日は行けて良かった」と喜んでいたのを思い出します。

目的地に着いて車を降りると、「この空気を昔の人も吸ったんだ」と感激する。そんなロマンチックな一面が夫にあることに気付きました。地元の資料館など行ける範囲はとにかく回る熱心さも。「洛北・上京・山科の巻」の「はじめに」にも書いていますが、執筆中に二階の書斎から降りてきて「こんなことが分かった、七十歳まで生きてきてよかった」と、とてもうれしそうに話していたのも忘れられません。

これも「丹後・丹波・乙訓の巻」の「はじめに」にありますが、偶然乗ったタクシーの運転手さんに「京都の本、次はいつ出ますか」と尋ねられ、とても喜んでいました。若い研究者からも「そこかしこに考えさせる材料がちりばめられている」との感想をいただきました。今回は軽装となるので、いろいろな方にご活用いただけるよう願っています。再刊を一番喜んでいるのは浩一だと思います。ご尽力くださった皆さまに心より感謝を申し上げます。

はじめに

ぼくは、大学を辞めたあとの七〇歳代後半に、生涯でもっとも充実した日々をすごせている。七〇歳の半ばで腎臓を悪くし、それ以来入院や通院生活はつづいている。でも病気は病気として、時間を無駄なく使うようになった。陳腐な言葉ではあるが〝寸暇を惜しむ〟ことが当り前のようになりだした。

発病までは夜が来ると酒場へ出かけていた。網野善彦さんが京都で講演されたあと、二人で七軒の酒場を廻った。これはぼくにとっても記憶にのこることだったし、網野さんもよくその夜の豪遊ぶりを話しておられた。

酒場で過ごした時間は無駄なようではあるが、多くの友人ができ、ぼくの知らない世界を垣間見ることができた。その意味ではぼくの成長の肥しになったのは間違いなかろう。

ぼくの誕生日は七月十七日である。この日は祇園祭の山鉾巡行の日であり、京都は町中がぼくの誕生日を祝ってくれているようでもある。それはともかく、今年の七月十七日でぼくは満八〇歳になる。

今、この「はじめに」を書いているのは人生の節目を噛みしめるためでもある。ぼくは子供のころは身体が弱く、自分でも正岡子規や森本六爾のように若死にするだろうと覚悟していた。ところが中年をすぎてからだんだん頑健となり、発病してからも、そう簡単には病人にはなりきらないでいる（身障者一級の手帳はもらっている）。

このように『京都の歴史を足元からさぐる』の三冊めの「北野・紫野・洛中の巻」は、七〇歳代で書き始め、八〇歳になった途端に校正が終るのである。


今、近所を歩く僧侶の托鉢の声がとどいてきた。月に一度ほど、数人で組んだ托鉢の僧が回ってくる。妻はいつも心付を渡している。今の時代、修業をつづける若者は珍しく、激励しているのであろう。

托鉢の声をかき消すように、書斎の軒先に釣り下げた風鈴が涼しそうではあるが、鋭い音をひびかせ始めた。先日、仕事場近くの寺町通りで求めたガラス製の風鈴だが、なかなか音色がよい。托鉢の低音にたいして高音といってよさそうな風鈴のかもしだす音のハーモニーに、しばらく執筆の手を止めてしまった。これもある種の仏教音楽である。続きは仕事場で書こう。


この巻では南北に長い京都を書いてみた。始めから範囲を決めたのではなく、書くうちに範囲が決まってきた。ぼくは平安京が荒廃して姿を無くしたことによって、近現代の京都は誕生したとみている。この兆《きざ》しは平安時代の中ごろに見えだしている。どこが大きく変わったかといえば、京域外の北野や紫野を取りこんだ点にあるとみている。

豊臣秀吉は天正十九年に京都の大改造を一気にやりとげた。これによってお土居で囲繞した新京都ができあがり、京都の町は北方へ向って大きく膨張した。つまり北野や紫野を取りこむことによって新しい都市が鼓動し始めたのである。

秀吉については朝鮮出兵とか千利休や豊臣秀次の抹殺など許しがたい暴挙も少なくはないが、お土居による新京都の創設は評価してよいことである。従来の歴史書のなかには平安京の存在を大きく扱いすぎ、お土居の囲繞する新京都の役割を小さくみている傾向がある。そのため本書のサブタイトルを「北野・紫野・洛中の巻」とした。

「七野と洛中の巻」でもよいが、七野は京都人にも馴染みはあまりなく、北野と紫野で代表させた。地理的には紫野は北野より北にあるが、書いていて菅原道真と北野天満宮の重要さを感じ、北野を真っ先に掲げた。

なお第四冊めは目下執筆中だが嵯峨野の書くべきことはとても沢山あって、古代や中世での京都の近郊の町としての北野や紫野、さらに嵯峨野の重要性をいやというほど意識している。

最後にふれておきたいのは、本書はぼくの全力を傾注して作りあげたシリーズであるということである。もちろん、どの巻の仕上げにもさらに充分の時間をかけたい気持ちはあるが、それよりも体力と気力のつづくうちにこのシリーズ全巻を何とか完成させたい。そういう意味ではこの二年間ほどは長期の入院はなく、天もぼくに味方をしてくれている。

この巻の執筆では前回の醍醐行きのような難行はなかった。その代わり、昔に行ったことのある金閣や北野天満宮などにも何度も行ってみた。書いているうちに疑問がわくとまた行ってみたし、五条天神社や大通寺のように、今回初めて行ったところもかなりある。それと平安宮、聚楽第、二条城など、歴史上の役割をもう一つ見出しがたい対象に深入りしなかったのが良かったとおもう。それらについては先人の研究書が沢山ある。ぼくにはこのシリーズの一冊として「北野・紫野・洛中」の全域をまとめたかったのである。なお平安京・聚楽第・二条城の記述を簡略化はしたが、今までに刊行した二冊よりかなり頁数が増えてしまった。

この巻の執筆にさいしても、全行程を妻の淑子は同道してくれた。同道とはいえ、ぼくの介護人でもある。といって現行の法律にもとづく介護人ではない。知識を求めての同行といってもよい。

二〇〇八年七月十七日

御幸町の仕事場にて

森　浩　一

京都の歴史を足元からさぐる［北野・紫野・洛中の巻］——目次

新装版　再刊に寄せて　森　淑子

はじめに

第1章　豊臣秀吉の京都大改造

第2章　七野の界隈あちこち

第3章 北野の土地と北野神社

第4章　平野神社、今宮神社から千本通り

第5章　洛中散策、まずその北部

第6章　平安京と平安宮

第7章　中京と下京の散策

第8章　歴史の充満する境域をタワーから見る

［編集部注　新装版にあたって初版の口絵を割愛した。］

第1章　豊臣秀吉の京都大改造

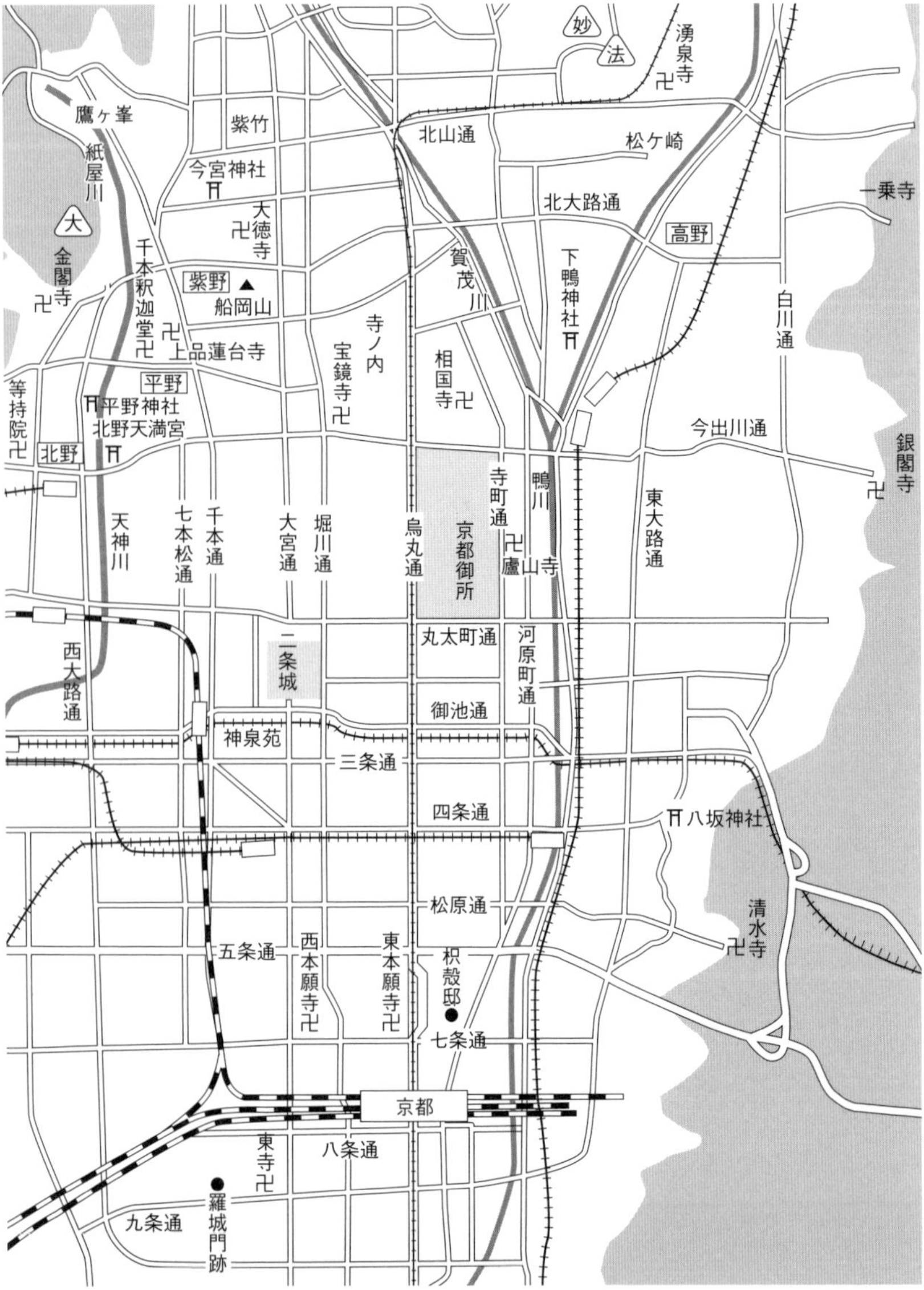
妙
法
湧泉寺
鷹ヶ峯
紫竹
北山通
松ケ崎
今宮神社
紙屋川
一乗寺
北大路通
大
大徳寺
高野
金閣寺
千本釈迦堂
紫野
船岡山
賀茂川
下鴨神社
白川通
上品蓮台寺
寺ノ内
宝鏡寺
相国寺
平野
等持院
平野神社
北野天満宮
今出川通
銀閣寺
北野
寺町通
鴨川
東大路通
天神川
七本松通
千本通
大宮通
堀川通
烏丸通
京都御所
廬山寺
西大路通
二条城
丸太町通
河原町通
御池通
神泉苑
三条通
四条通
八坂神社
松原通
清水寺
五条通
西本願寺
東本願寺
枳殻邸
七条通
京都
東寺
八条通
羅城門跡
九条通

秀吉の改造京都の範囲と北野・紫野

この巻では紫野《むらさきの》、平野《ひらの》、北野、蓮台野《れんだいの》など野のつく地名を北限とし、洛中といってもよい平安京域をあつかい、南の九条までの比較的縦長の地域を対象とする。

具体的に述べると、平野の北方にあって五山送り火で左大文字のおこなわれる大文字山や、その麓にある金閣寺のあたりから徐々に南下し、京の南限にあった東寺までをあつかうつもりである。基本的には北から南へと書くが、京都の全体を説明する必要がでた場合は、それについてもふれる。

この範囲は南北約一〇キロ、東限には賀茂川と鴨川が流れ西限には天神川があるけれども、がいして西寄りの地域つまり右京では、書くべき場所は少ない。

以上述べた範囲は偶然ではあろうが、天正一九年（一五九一）に豊臣秀吉によって築かれた、濠をともなったお土居でかこまれた京都の町の範囲とも、かなり共通している。これも後で述べる聚楽第、江戸時代には二条城や京都御所（禁裏御所）を核とした囲郭都市としての、近世京都の町を創出したのである。

秀吉が創りだした京都は、平安京のように整然とした長方形の区画ではなく、平安京よりも北方へ大きく突出している。もう一つ注意されるのは、西方の右京の大半が京外とされ、町から切り離されたたことである。

周知のように、平安京の南北の中軸線は朱雀大路（現在の千本通り）であるが、都の南部では、朱雀大路の南端に天元三年（九八〇）まで羅城門がそびえていた。その跡さえも町の外にされたのである。天元三年には大風で羅城門が倒壊し、それ以後建てられることはなかった。

平安京は机上で設計された都市であったから、人びとが実際に暮らしてみると、不便で無駄な個所から変貌をはじめ、右京の役割は早くから失われつつあった。

このことは、天元五年（九八二）に成立した慶滋保胤《よししげやすたね》の『池亭記《ちていき》』で鋭く指摘されている。天元五年といえば平安京ができてから二〇〇年足らずであるが、都の象徴としての羅城門はすでになく、右京は荒廃し、鴨川べりや北野に人家が立ちこみはじめたという。鴨川べりや北野では、人びとは盛んに田畠の耕作をしたのである。

このように平安京は、平安時代のあいだに、すでに都市の崩壊（自壊作用といってよい）が始まり、新たに人びとの住みだした土地の一つとして、北野が登場したのである。

七野神社（ここには賀茂斎院があった）

平野、北野、それに蓮台野は郡域でいえば葛野《かどの》郡に属し、紫野は愛宕《おたぎ》郡内にあった。先ほどもいったように野のつく地名が目立ち、寛永二年（一六二五）にできた『京羽二重』では、北野、紫野、平野、内野、蓮台野、上野、萩野を七野《しちの》（京の七野ともいう）にしている。

この七野の惣社としての櫟谷《いちいだに》七野神社が船岡山の南東に鎮座している。この地は嵯峨天皇の時代から賀茂斎院の置かれた土地で、鎌倉時代に斎院が廃止されたのちに、敷地の一画に神社がまつられるようになったのであろう。

内野は平安宮の荒廃後にできた荒地のことで『吾妻鏡』や『増鏡』にも内野の地名がみえ、のちに聚楽第が造営された。北野の南にあたる。上野は今宮神社の北、萩野は「上野の後」と註記されているから紫野の北の隣接地とみてよかろう。

蓮台野は北野の北、平野の東、船岡山の西にあって、今日も上品蓮台寺《じょうぼんれんだいじ》がある。この寺には奈良時代の絵因果経《えいんがきょう》があって、相撲や農耕の図があることは名高い。蓮台野から船岡山にかけては平安時代から中世に地域の葬地となった。この点は東山の鳥辺《とりべ》（部）野や鳥辺（部）山にも似ている。

北野や紫野の発展と船岡山

北野、紫野、平野、蓮台野は平安京域外ではあったが、平安前期から都の生活を補足するうえで重要な土地となった。やがて北野には北野天満宮ができ、紫野には大徳寺ができ、北野や紫野は人口に膾炙《かいしゃ》するようになった。前述のように、秀吉による近世都市の京都に北野、紫野、蓮台野が取りこまれるようになるのは、賀茂川の氾濫を防ぐ目的だけではなく、町としての重要性に着目されたのであろう。

これらの野のうち今日も地名としてよく使われている北野と紫野をまずとりあげ、その地の発展の跡をたどってみよう。

北野と紫野のあいだに船岡山がある。海抜一一二メートルの独立した岡である。この岡は平安京の中軸線（朱雀大路）の北方にあって、平安京の都市造りにさいして測量上の基点になったとみられる。祭祀遺跡は見つかっていないが、地域にとっては聖なる山であったとみられる。聖なる山であるとともに、地域の葬地（千本の墓所）にもなった。山の西麓では明治初年まで火葬場があった。

清少納言の『枕草子』では、随筆のテーマとして山、峰、原、野、海、滝、河、森、里などを取りあげていて、その一つに岡がある（二四九段）。岡の筆頭にあげたのが船岡である。どうして最初に清少納言の頭に船岡が浮んだかはわからないが、ここでは船岡山ではなく船岡だった。

『古今著聞集』にも舟岡がでている。清長という貫首（蔵人頭）が、殿上人らと舟岡で虫とりをしていた。すると風が吹いて清長の冠が飛ばされた。その冠がこともあろうに、死人の頭にわざと着せたように被《かぶ》さってしまった。清長はその冠をとって自分の頭にのせた。それから四、五年して清長は死んだという（巻一七の恠異《かいい》の話）。

この話では舟岡が遊楽の地でもあるとともに、地域の人が死者を葬っていて、白骨が露出していた情景がわかる。

『徒然草』では人のはかなさを述べた件《くだ》りがある。「都の中に多き人、死なざる日はあるべからず。一日に一人、二人のみならんや。鳥部野、舟岡、さらぬ野山にも、送る数多かる日はあれど、送らぬ日はなし」（第一三八段）と述べたなかにも、舟岡はあげられている。

つぎに舟岡の聖なる山の側面をみよう。

正暦五年（九九四）に都で疫病が流行した。このとき疫神のために御霊会《ごりょうえ》がおこなわれ、「木工寮修理職で神輿《みこし》二基を造り北野の船岡山に安置した」。このことは船岡山が聖なる山でもあったことを物語っている。このとき人びとは伶人を招いて音楽を奏で、幣帛を持つ人が大勢集った。儀式が終ると難波《なにわ》の海に送ったという。神輿か幣帛のことであろう。

最後にこのことは「朝議にあらず巷説より起こった」と述べている(『日本紀略』)。すでに都の人にとって北野の大切だったことがよくわかる。その大切さは、都人のあいだから自然に発生したのである。

すでに一部は前著(『洛北・上京・山科の巻』)の日野の項で述べたことだが、桓武天皇はしばしば葛野《かどの》、紫野、北野にも遊猟している。延暦一二年(七九三)の八月と一一月に葛野、延暦一三年二月に葛野(以下延暦は省く)、一四年一〇月に紫野、一五年二月と一〇月に紫野、一六年二月、三月、九月(二回)、一〇月と一二月に北野に遊猟し、がぜん北野がひんぱんに登場しだしている。なお最初のころに見える葛野は郡を指すのではなく郷名とみられ、右京内にあったのであろう。ここにも野がついている。

一七年八月にも桓武は北野に遊猟し、このときは伊予親王の山荘で飲酒高会し、天皇は上機嫌であったと記されている。高会は盛大な宴席のことである。

このように北野には平安前期に親王の山荘も営まれていたのである(以上は『類聚国史』天皇遊猟の項)。遊猟については桓武天皇の例以外は省略する。なお伊予親王は、のち謀反事件に連座し幽閉中に自殺し、その怨霊が御霊として怖れられたことについては前著(『洛北・上京・山科の巻』)の御霊神社の項でふれた。

北野は平安前期には天皇の遊猟の地だったが、右京の衰退にともない、しだいに多くの人家が集り田畠も営まれた。このことは北野だけのことではなく、紫野、平野、蓮台野も同じだったと推定される。

桓武天皇の子の淳和天皇はしばしば紫野に遊猟し、その地に離宮を設け紫野院とよんだ。紫野院は天長九年（八三二）四月に雲林亭と名をかえた。やがてここが雲林院となる。現在では寺のあった土地は大徳寺の隣接地に変わってしまったが、平安後期から鎌倉時代にかけては注目すべき寺であった。

天長四年四月には、淳和天皇の紫野院への行幸につづき、皇后も雲林亭に行って「農業の風を観」ている。そのさい従五位已上に被《ひ》を、六位已下と殖田の男女には禄《ろく》を賜っている（『日本紀略』）。この記事によって紫野院（雲林院）の近くに田があったことがわかる。皇后が農業の有様に関心をもったことは珍しい。それと賜った品物の「被」とは「かぶりもの」の布であろう。なお殖田とは田植のこととみられる。

紫野の地名をつけたのは紫野院だけでなく、あとに述べる今宮神社も紫野社とよばれたこともある。これもあとで述べる平野神社は、北野天満宮の北、今宮神社の南南西にあるが、この神社の四至《しいし》（東西南北の四方の境界）を述べた貞観一四年（八七二）の『太政官符』には「東限荒見河、西限社前東道、南限典薬寮園、北限禁野地」とあって、この地（平野や紫野）に皇室の御猟地としての禁野や政府の薬草園のあったことがわかる。

話は多岐におよんだが、先に引いた『池亭記』では鴨川べりや北野に田畠が多くなったことを述べたくだりで、北野は天皇の行幸（遊猟）の地であるのに、どうして役所は耕作を禁止しないのかと嘆いているが、時の流れには抗することはできなかった。

江戸前期に松江重頼が著した俳諧の手引書『毛吹草』に、各地の産物が列挙されていて、京都の産物についてはいずれ先で書くだろう。

さきに野のつく地帯の農耕を知るうえで関心があるので、葡萄のことを書く。京都の産物の一つに「大宮通　蒲萄《ママ》」とあって「当所ニ多作出ス」と註記している。さらに「嵯峨　葡萄」とあってブドウの栽培が盛んだった。

西陣に渤海家があって、前に畏友の仲村研さんが渤海家所蔵の古文書を整理した。そのさいブドウの栽培の文書があることをぼくに教えてくれて、関心をもったことがある。

ブドウは奈良時代ごろに渡来した果物であるが、日本列島への渡来ルートとして渤海を考えたことがある。いわゆる日本海ルートである。

これについてはまだ研究を深めていないが、ナシ（梨）についても同じルートが考えられるのでここにメモしておく。渤海家がどのような家伝をもっておられるのかはともかく、書きとめておく。

その北野も紫野も、現在では人家がぎっしりと建ち並び、野や耕地などは見当たらなくなった。

『方丈記』の嵯峨天皇平安京創始説

京都の歴史をあつかった本では当然のこととして、桓武天皇によって造営された平安京を大きくあつかっている。もちろんそれについては研究すべきことはたくさんあるが、見方を変えると現在では、当時の建物は地上に一宇ものこっていない。ある人がいったことだが、平安京関係の遺跡を探訪することとは、所詮かつての所在地の跡を示す石碑めぐりになる。このような現状に即していえば、今日の京の町は平安京を消滅させた跡地にできたのである。

『方丈記』には、著者の鴨長明が体験した天災や人災の様子を詳細に描写している。安元三年（一一七七）の京都の大火、治承四年（一一八〇）におこった辻風の被害、辻風とは旋風（竜巻）であろう。家々は家財はもとより、檜皮や葺板も、冬の木の葉が風で舞いあがるように飛んだという。

同じ治承四年には木曽義仲軍が近づいてきたので、平氏による福原へのあわただしい都遷《うつ》りがあった。これを伝える文のなかで「嵯峨の天皇の御時、都と定まりにけるより後、すでに四百余歳を経たり」としていて、平安京の始まりを桓武ではなく、嵯峨だとする意識をのぞかせている。

周知のように、桓武の死の直前に藤原緒嗣《おつぐ》の建策によって一時平安京の造営が中止された。

このような状況下で、桓武の死後に即位したのが第一皇子の安殿《あて》親王である。この人はのちに平城天皇と諡《おくりな》名されたことでもわかるように、熱心な旧都としての平城遷都の計画をもち、建物の造営をもおこない、上皇になってからは平城京に行ってしまい、嵯峨天皇（桓武の皇子）と対立した。だが天皇側が勝利をおさめた（弘仁元年の薬子の乱）。この事件のあと、平安京は文字通りの新都となったのである。

このような経過をたどると、『方丈記』が嵯峨天皇から平安京が始まったとしたのにも理由があるとみてよい。桓武の造営した平安京については、多分に想像と期待をまじえて理想化して考えているきらいがある。

『方丈記』の記述をつづける。治承四年の都遷《うつ》りでは「家はこぼたれて淀河に浮び、地は目のまへに畠となる」さまを記している。平家や公卿の邸の跡が、あっという間に畠にされたのであろう。

さらに養和元年（一一八一）とその翌年におよぶ大飢渇《きかつ》で、多くの人が死んだ。飢渇とは飢饉によっておこるのである。このとき京では、一条より九条のあいだに、死んだ人の頭骨が四二三〇〇余りあったという。この数は、仁和寺の隆暁《りゅうぎょう》法印が死者の頭に阿字を書いて廻って数えた、と伝えられている。同じ年に大地震もあった。

さきに平安京は自壊作用もあって右京がすたれたと述べたけれども、左京もさまざまの天災や都遷りのような人災によって、計画都市のもろさが露呈したのである。

このほか、たびたびの賀茂川や鴨川の氾濫（大水）も平安京の疲弊を進めた。鴨長明が晩年を日野で暮らした理由の背景には、以上述べたような京都での生活のしにくさも関係したのであろう。

京内の生活の不安とも関係して、郊外に白河、鳥羽、北野、嵯峨、桂、山科、伏見などの町がしだいに発展しはじめた。もっともこれらの土地は、早いところでは縄文時代から、遅いところでも奈良時代ごろから発展の兆《きざし》があり、それといずれ述べる多種類の作物や手工業的な製品の生産の拠点となったことも、発展の背景にあった。

自壊作用の進んだ京都が、なお中世の後半に室町幕府の所在地として、都としての政治的役割を保ちつづけられたことには、これらの衛星的な町々の支える力が大きかったとおもう。

お土居（北区平野鳥居前町、裾に石仏を祠っている）

そのような京都について、新たな都市造りとして天正一九年（一五九一）の豊臣秀吉による囲郭都市の創出があったのであり、ぼくは平安京以来の画期として評価している。周知のように秀吉はこれより先の天正一三年（一五八五）に関白、翌年には太政大臣に任じられている。関白とは天皇の補佐役であるから都としての京都の都市造りに着手したのであろう。

この新しい京都の町造りは、京都の周囲をめぐるお土居の建設が象徴的である。しかもお土居がよくのこっているのは、改造都市の北限に近い北野天満宮の西側やその北方の平野鳥居前町であり、平野鳥居前町ではお土居が公園となってのこっているので、ここで改めて秀吉の新しい京都の町造りを考えることにする。

迅速だったお土居の工事

改造京都の町をお土居でかこむ計画は、天正一八年（一五九〇）から計画されたと推定される。この三年前には聚楽城ともよばれた聚楽第《じゅらくだい》は完成し、天守閣も聳《そび》えていた。お土居の工事は天正一九年の正月に始まり、驚くべきことに二月にはほぼ出来上がり五月には完成している。京都市がおこなっている最近の公共工事が遅延に遅延を重ねていることに較べ、見事というほかない。

このように書くと、秀吉は強い権力を背景として強行したに違いないと思う人もいるだろう。もちろんそういう側面もあっただろうが、お土居となる土地についてはきちんと替地を与えている。要は事にあたる役人の責任感と能力の差であろう。

この事業は京都所司代の前田玄以の総括でおこなわれた。玄以はもと織田信忠に仕えていたが、信忠の死後は秀吉に仕え、丹波の亀山（亀岡）城主でもあった。お土居の総延長は五里二六町（約二二・五キロ）におよんでいて、東限には賀茂川や鴨川の流路を利用したから、東限の中央部はほぼ平安京の東、京極大路によっていた。

西限の北半分は紙屋川を利用し、右京の大半を新しい町から除外した。南限の一部の東寺のあたりでは平安京の九条大路としたが、その東側では平安京域より狭くなっている。今日では見られなくなったが、東寺の南大門前の九条通りには南限のお土居があったのである。

お土居でかこまれた新しい京都では、平安京より北方に大きく拡張していて、北野、紫野、蓮台野を取り込んだことについてはすでに述べた。

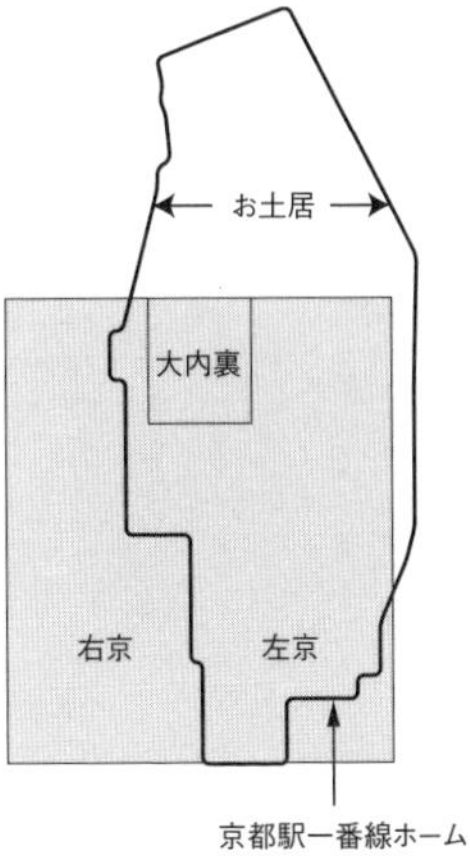

平安京とお土居の範囲

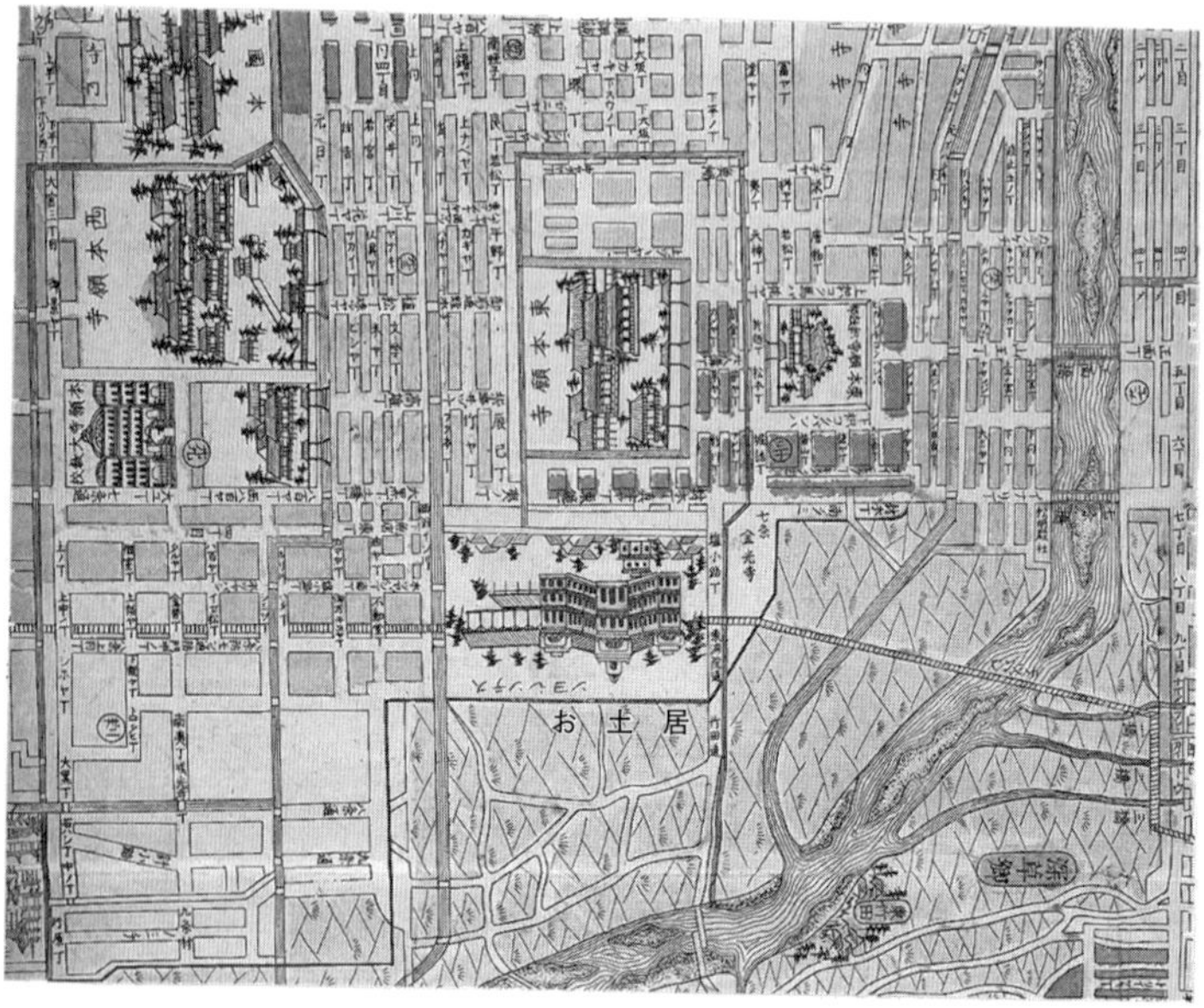

明治18年のお土居（ステンシヨンの字の下の黒い線が現京都駅の一番ホーム）

お土居はよく使われる言葉だが、秀吉のころから使っていたかどうかはまだわからない。そのころは堤の字がよく使われていたが、川の堤というより城壁の性格が強かった。この堤は羅城《らじょう》といいかえることができる。

平安京には羅城門はあったが、京全体を羅城で取かこんだ形跡はとぼしい。『延喜式』の左京職の項には羅城についての規定があって、垣には溝がともなうとはあるが、実際にどこまで施行されたかはわかっていない。いずれにしても、平安京ではできなかった羅城を秀吉が実現したことは間違いない。

お土居はおおむね高さ約三メートル、基底部の幅は約九～二〇メートルで、その外側に幅約三メートルの濠がともなったとされてきた。この濠はお土居の完成ののち、約一〇〇年で埋められたところが多いが、完成時の濠を重視する見方もある。

堤つまりお土居の盛土は、濠を掘った土で大部分をまかなったようである。だが数個所でお土居の遺構が発掘されると、お土居の基底部での幅が約二〇メートル、濠の幅も約二〇メートルの個所のあることがわかってきた。盛土には版築技法などを用いた形跡はないが、土の根固めに寺の礎石などを転用した個所はある。堤には竹が植えられ、竹奉行のおかれたときもある。

余談を一つする。今日の京都駅は大正天皇の即位大典にそなえ、大正三年に完成した。そのさい、もとからあった七条「ステンション」を少し南へ移動させたのが現在の京都駅で、東西に延びていたお土居を一番線ホームとして利用したのである。この個所でのお土居の位置は、明治一八年に出版された『改正新版　京都区組明細図　完』に黒い線であらわされている。

京都駅の一番線ホームは今日でも東西にたいへん長いが、これはお土居を利用、転用した結果なのである。ぼくは前に「御土居と京都駅一番ホーム」の一文を書いたことがある（『交錯の日本史』）。細かい問題はともかく、お土居の南限の位置がこれによって実感できるであろう。

寺町の創設

秀吉による京都の新しい町造りは、惣構《そうがまえ》としてお土居を町の周囲にめぐらせただけではなく、町割の一環として、京中に散在していた寺々を強制的に集めることをも実現させた。町割には、大名やその部下、所司代に勤める役人、それに公家たちの屋敷をも配置する必要があった。なによりも町中に散在していた寺を整理する必要があり、寺町をつくることになった。寺町とは多少事情は異なるが、寺之内の創設もあり、あわせて本願寺の建設もおこなわれた。西本願寺である。まず寺町から述べる。

ぼくは御幸町にある仕事場へ行くのに、いつも寺町を通る。この十年間ほどで、もっとも親しいのが寺町になった。

寺町は南北に長く続き、北は相国寺の北東の鞍馬口通の浄（上）善寺から始まり、南は七条近くの宗仙寺にいたるまで、約五キロにわたって百余りの寺々がほぼ一列に配置されている。上空から見ると一匹の大蛇が横たわっているようである。

各寺々の移転の時期などについては、なお研究すべきことは多いが、お土居の建設にあわせておこなわれたことは間違いなかろう。寺町にある寺には浄土宗の寺が半数あまりを占め、つぎに法華（日蓮）宗や時宗そのほかの宗派の寺があった。禅宗の寺がないのは、洛外にあったからであろう。注意されるのは浄土真宗、つまり本願寺派の寺が一つもないことである。

寺町の寺についていくつかを説明すると、前著（『洛東の巻』）で述べた祇園の大雲院は、昭和四八年まで寺町四条下ルにあった。織田信長の廟のある本能寺は寺町三条下ルにあるが、天正一〇年（一五八二）六月に、宿泊中の信長が明智光秀に襲われて殺された変のあったときの本能寺は、下京の四条坊門西洞院にあった。二〇〇七年の夏に発掘され、焼けた壁土や瓦とともに「能」の字を大きくあらわした丸瓦が出土した。

いずれ述べる寺町六角下ルにある誓願寺、ここは一遍と和泉式部の霊が出会った舞台（『一遍上人絵伝』）であるが、この寺も元は上京にあったし、前著（『洛東の巻』）で皮聖の行円に関して述べた革堂《こうどう》（行願寺）は、いまは寺町丸太町下ルにあるが、これも元は上京にあった。

京都御所の東方の寺町に西面して、鬼の法楽とも鬼踊ともいう節分会をおこなうので有名な廬《ろ》山寺《ざんじ》がある。寺町への移転前は船岡山南麓にあって、地名の廬山寺をのこしている。現在の寺地は紫式部の邸宅跡と伝え、それを示す石碑が建っている。この寺の裏（東）の墓地の東縁には、お土居の東辺としては唯一の遺構が長さ約一〇〇メートルにわたってのこっていて、何度か訪れたことがある。一八世紀に寺領として払下げられたものである。お土居と寺町の寺との関係のわかるところである。

このようにして新しい町造りにさいして京都の東辺に百余りの寺が配置されたのだが、この状況を東から眺めよう。まず賀茂川や鴨川の流路があり自然の濠となっている。秀吉のころの鴨川は、今日とは違って随所に細長い中の島が形成されていた。つぎにお土居が延々と続き、さらに各寺々の頑丈な塀と庭を含む敷地がある。このことは洪水対策でもあるとともに、戦時に備えた防禦であることはいうまでもない。

さきほど寺町の寺々には浄土真宗の寺がないことを注意したが、このことは一〇年にもおよんだ大坂の石山合戦などで、織田信長が浄土真宗の武装信徒勢力に長年手を焼いたこととも関係しているのであろう。もし石山合戦がなければ、信長の天下布武は早くに実を結んでいたことであろう。

本願寺の京都移転と本願寺の分立

お土居や寺町への寺々の強制移転がおこなわれた天正一九年に、本願寺を京都に戻すことが秀吉から本願寺の顕如に命じられた。

本願寺は山科から石山（大坂）をへて紀州の鷺森《さぎのもり》（和歌山市）、泉州の貝塚などを転々としたあと、摂津の天満宮に隣接して天満本願寺が建設中であった。

信徒の武力による抵抗はおさまったとはいえ、秀吉は天満本願寺の寺内町には濠をめぐらすことは許さなかった。その本願寺が、天正一九年に京都へ移ることになったのである。山科本願寺の撤収ののち、じつに六〇年がたっていた。

場所は六条堀川以南の広大な地、法華宗の大寺の本国寺の南の現在の西本願寺で、平安京では東市のあった土地である。なお本国寺は昭和四九年に山科へ移転した。

本願寺には、まず信仰の中心となる御影堂が天満本願寺から移築された。御影堂とは教祖親鸞の画像を祠る廟の性格をもつ場所である。さらにこれも信仰の中心となる阿弥陀堂の建設も始まった。

本願寺の建設工事のさなか、戦国の動乱を生きぬいた顕如が病によって死んだ。文禄元年（一五九二）のことである。顕如は蓮如の末裔である。

顕如亡きあとの本願寺のたどった道は、もどかしい限りであった。後継の門主をめぐるお家騒動がおこり、関ヶ原の戦によって政治の実権を掌握したばかりの徳川家康の介入もあって、慶長七年（一六〇二）に烏丸六条以南の地に東本願寺ができることになった。

家康も三河の一大名だったころ、一向宗の信徒勢力には手こずった苦い経験があったから、本願寺の内紛を利用して二つに分立させてしまったのである。

これ以来、もとの本願寺（本派本願寺）を西本願寺というようになる。なお西本願寺では、創建時の建物は文禄五年のいわゆる伏見大地震によって失われ、現在の建物は江戸時代になってからのものである。

余談を一つ。ぼくは西本願寺の門前東側にある、亀屋陸奥で売っている松風が好きである。あるときお菓子についている栞《しおり》に目をやると、石山合戦のときに籠城中の人びとが非常用の食物として工夫したものとある。そういえば一切れずつを手でつまんで食べやすい。石山合戦が生みだしたという伝承は、西本願寺の歴史をこの菓子が秘めているようにおもった。

ぼくには、以上のような分裂以後にたどった本願寺の歴史には興味はないが、いずれにしても本願寺（西本願寺）の建立が、秀吉による新しい京都の町造りのなかでおこなわれたことは重視してよかろう。それと、それより後にできた東本願寺には、徳川政権の成立が前提となっていて、二つの本願寺は豊臣から徳川へと移った歴史の流れのなかで創出されたことを痛感する。そこにはすでに武家政権によって牙を抜かれてしまった大教団の姿しか見出せない。

寺之内と法華宗の寺々

寺町は南北に帯状となって連なっているのにたいして、上京の寺之内（寺内とも書く）は東西の通りに寺々が固まっている。寺之内通の東端は相国寺の西側、西端は千本釈迦堂の手前（千本通り）である。距離も二キロたらずで、寺町にくらべ寺の数も少ない。

もう一つ気がつくのは、寺町の地名は秀吉の新しい京都の町造り以降にあらわれるものだが、寺之内はこの地に寺々が移転させられるよりも前から使われていた。それは比叡山延暦寺の東塔の里坊としての安居院《あぐい》があって、坊が群在しており、寺之内の地名が生れたといわれている。

隆盛をきわめた安居院も、このあたり（百々《どど》橋）が応仁の乱の主戦場となったため、焼失し廃絶した。そののち、ここにはもっぱら法華《ほっけ》宗の寺々が移転してきたのだが、移転の時期は天正一九年（一五九二）のお土居建設以前からのものがあって、寺町とは成立の事情が異なる。

寺之内の寺々のなかでは北東にある妙覚寺を例にとっても、天正一一年に四条大宮から移ってきている。この寺の門はもとは聚楽第の裏門と伝えられており、一見の価値がある。妙覚寺の南にある妙顕寺も、天正一二年に西洞院二条から移ってきたし、妙顕寺とは小川《おがわ》通をはさんで西側にある本法寺も、天正一八年に一条戻橋から移ってきた。小川は「こかわ」とも発音する。現在では大部分が暗渠になってしまったが、以前は夏に蛍の飛びかう川であった。

本法寺の扁額

本法寺の本堂には、大檀越《だんおつ》（施主《せしゅ》）だった本阿弥光悦の書いた「本法寺」の扁額がかかげられているし、『三巴《みつどもえ》の庭」と称する庭園も光悦が作庭したものと伝えられている。それと本堂の左手には、光悦お手植えと伝える松があるのもこの寺にふさわしい。本堂の前にある江戸後期の多宝塔も瀟洒な建物である。

寺之内は法華宗の寺が多いが、他の宗派の寺もある。寺之内通りの南側にある報恩寺は浄土宗の寺で、もと相国寺の北にあったが、天正一二年に寺之内へ移ってきた。寺之内通の北側に、人形寺として名高い尼門跡の宝鏡寺《ほうきょうじ》がある。臨済宗の門跡寺院で百々《どど》御所ともよばれ、春と秋に人形展がおこなわれることはよく知られている。

このほか寺ではないけれども宝鏡寺と小川通をはさんだ東側に、茶道で名高い表千家の不審《ふしん》庵と、裏千家の今日《こんにち》庵の質素な建物が南北に並んでいる。ぼくが同志社大学の新町校舎で授業をしていたころ、時々この近くまで散歩して、これらの茶室のある町の風情を見るのが楽しみだった。その西側の堀川通に面して裏千家センターの一つとして茶道資料館があって、年に二回、前期と後期に企画展がひらかれている。

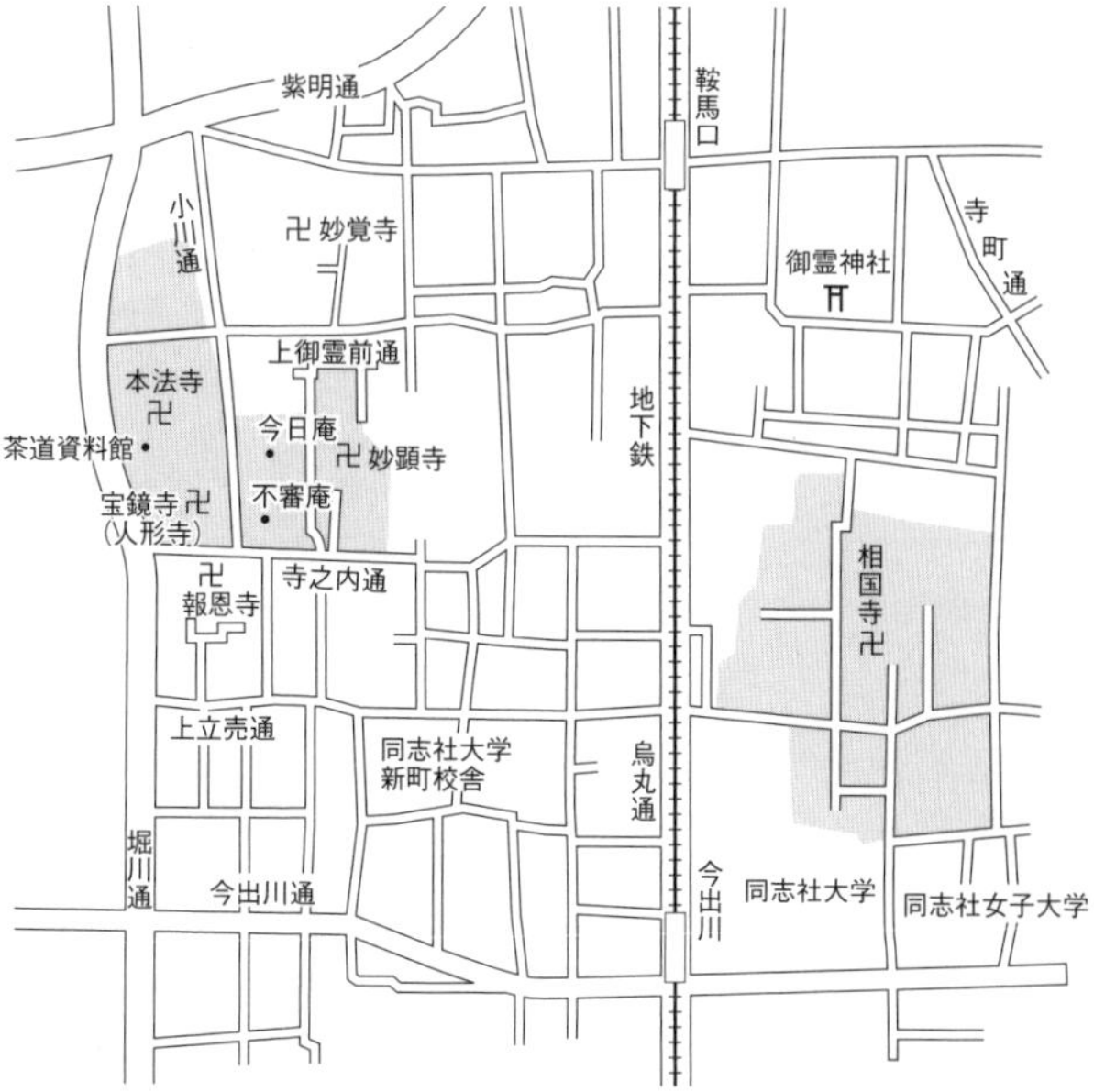

ぼくには茶道の嗜《たしなみ》はないけれども、両千家ともに何人かの知人がいるし、日本文化と茶については常々関心はもっている。どうして茶道の家元の拠点となる由緒ある茶室が寺之内にあるのかは宿題にして、先に進もう。

すでに述べたように、寺之内には法華宗

の大寺の多いことが目立つ。これについては京都所司代の前田玄以が法華宗の信者であったため、洪水の危険の少ない上京へ集めるための便宜をはかった、という風評がその当時からたっている（『京都町家旧事記』）が、この風評には根拠があったようにぼくはおもう。おそらく前田玄以の秀吉から託された権限内の配慮であろう。

いままでに法華宗の言葉を使ったが、明治九年（一八七六）に日蓮宗の名称が公認されるまで、法華経を至上のものとする教団として法華宗の総称があった。

応仁の乱後の京都では、町の復興にともない徐々に力を蓄えた町衆が輩出した。大商人として名高い茶屋の一族をはじめ、町衆に法華宗の信者が多くなった。さらに彼らのなかには自衛のため武装する者もあらわれ、なかには大名たちの争いに加担する者さえでてきた。

このようなことが背景となって、ついに天文元年（一五三二）から五年間におよんで、京都の町々で法華一揆の嵐が吹きあれ、前著（『洛北・上京・山科の巻』）で述べたように山科の本願寺も焼きつくされたのである。

この当時、京都には二十一カ本山と総称された法華宗の大寺が散在していて、京都の全域を掌握する勢いであった。すでに述べた妙顕寺、本国寺、本能寺などである。さらに強引な信者獲得にはしる者も多く、法華宗の躍進をおそれる比叡山や近江の六角定頼の軍勢によって弾圧され、法華宗の寺々は焼き払われた（天文法華の乱、天文五年）。ある法華宗の寺の説明板を読んでいると、法華宗に攻撃をかけた者に「山徒」の言葉を使っていた。徒とは叛徒、逆徒、徒党など少し悪い響きがある。山徒には、いかに山法師たちが憎まれたかの一端をのぞかせているようにおもった。

　このようにして一時は壊滅していた法華宗の寺々も徐々に復活し、さらに前田玄以の配慮もあって、寺之内に集ったのである。前に天正一九年以後の本願寺、とくに東と西の本願寺に分立してからの教団でみたように、法華宗も武家政権によって、牙を抜かれた教団として存続するのである。

秀吉の京都の構造と出入口

　天正一九年の秀吉による京都の新しい町造りについては、以上で概要を述べた。これほどの大工事に、あらかじめどの程度の設計がなされていたかなど、研究すべき問題点はまだまだ多い。

　前に述べたように平安京の設計では船岡山を基点として南北の中軸線（朱雀大路）が算出され、それに基づいて碁盤の目のような道路網や町割がおこなわれた。これにたいして秀吉の場合は、南北にのびる油小路を中軸線にしたとする見方はある。たしかに町割にさいして油小路を基準線にしたことは考えられるが、町の全体構造については、この説では説明しきれない。

　それに町全体の正面となる羅城門、あるいは城の場合の大手門に相当するような施設の存在は不明である。不明というより元々なかったとみたほうがよかろう。

　よくいわれるように秀吉の造った京都には七口、つまり七つの出入口があり、そこに門を設け、その個所のお土居の構造には工夫がなされた。

　だが七口とは〝多くの〟を意味し、実際には一〇口（あるいはそれ以上）があったとみられる。これらの出入口には古くから使われてきたところが多く、東西南北の各方面からの京都への出入口を踏襲したものとみてよかろう。

北から時計回りでみると、鞍馬口、大原口、北白川口（今道の下口・荒神口）、粟田口（三条橋口）、伏見口（五条橋口）、竹田口、鳥羽口（東寺口）、西七条口、四条大宮口、長坂口である。

ここで注意されることがある。京都の町から祇園社（感神院）へ詣るのに鴨川に四条大橋が架かっていた。ところが四条には口が設けられなかった。

前著（『洛東の巻』）で述べたように、鎌倉時代の『一遍上人絵伝』には四条の鴨川には立派な橋があって、たいへんな賑わいの様子が描かれている。ところがお土居では、四条通には「口」がなく閉じられてしまった。これはどうしたことであろう。

このことには豊臣政権が祇園祭での下京、とくに鉾町の町衆の団結の強さをおそれ、祇園社との関係を妨害する意図がみられる。その直後から町衆の働きかけもあって、やっと関ヶ原合戦の翌年になって、ここにも口が設けられるようになったのである。町衆は一〇年間ほど不便を強いられたのだった。

これらのお土居の口のうち、秀吉の時代に新たに設けられたのは伏見口（五条橋口）である。この出入口は伏見城との連絡のためでもあり、方広寺の大仏殿への参詣のためできあがった。

さらに注目すべきことは、五条大橋を架けただけでなく、元の六条坊門小路を拡大して東西に延びる新（現）五条通が建設されたことである。これらの工事がお土居の造営と同時か、それとも一、二年先行するかはまだ不明だが、ぼくは先行したのではないかとおもう。もしそうであれば東西に延びる新（現）五条通が秀吉の新しい町造の基準の一つになったのかもしれない。細かいことだが、秀吉ごろから使われだした地名に「正面」がある。方広寺のあたりをいうのだが、京都を大きく見たとき東辺に「正面」があったとする意識がうかがえる。いうまでもなく平安京の正面は南にあった。

この新（現）五条通の西端には、すでに述べた法華宗の大寺の本国寺があった。城構えにも似て濠をめぐらせた寺であったから、永禄一一年（一五六八）に、入京直後の将軍足利義昭がこの寺を宿所にした。その翌年には義昭に敵対した三好三人衆が本国寺を襲ったこともある。このあと義昭のために、織田信長は新たに上京に二条新第（二条御所とも）を造営することになった。

その後のお土居と明治天皇の皇都放棄

お土居はいつまで残ったのであろうか。江戸時代になると急速に破壊され、宅地になったとみる人もいる。たしかに江戸時代に作られた地図では、鴨川ぞいの二条から七条の間では失われている。だがそれは町を一周するお土居全体では東辺の一部にすぎず、視点をかえるとお土居の全体はよく守り続けられたのである。

前にも述べたように、お土居とは皇都としての都市造であったから、天皇が京都の御所にいた期間は原則としてお土居は残りつづけたのである。寛文一二年（一六七二）、元禄四年（一六九一）、安永三年（一七七四）にそれぞれ作られた地図（絵図）など、京都の町全体を描いた図でみると、東辺の一部以外はお土居が囲繞していた様子がよくわかる。

これは明治時代になっても受けつがれている。ぼくは明治二年（一八六九）に御用書林の石田治兵衛が刷った京都の町の全体地図を入手したことがある。寺とか主要施設の配置が丁寧に描かれていて、盆地全体の様子を巧みに一枚の地図につめこんでいる。お土居は太い点線で表されていて、鴨川ぞいで一条より七条までの間がないだけで、お土居は町を囲繞している。明治天皇が江戸（東京）へ移住してしまったのは明治元年だから、その翌年の地図である。

すでに紹介した明治一八年の『改正新版　京都区組明細図　完』でも、明治二年のお土居の全体の姿はよく保ちつづけている。このことは明治二五年に大日本帝国陸地測量部が発行した二万分の一の地図の「京都」と「伏見」にまたがって示された京都の町でも、お土居はなお残っていたことがわかる。このときには東寺の南側でもなお、お土居は残っていた。

大正三年に京都でおこなわれた大正天皇の即位大典にあわせての新(現)京都駅建設にさいして、南辺のお土居が一番線ホームに使われてしまったことはすでに述べた。それまでの京都駅は、現在の場所より少し北側の七条寄りにあった。このように天皇が東京へ移って二代めになると、お土居にたいする価値観が薄れてしまったことがわかる。

現在ではお土居は、北野天満宮西側など国の史跡に指定されている九ケ所ほかで断続的に残っているにすぎず、大半は破壊されつくした。大正・昭和の出来事である。九ケ所の大半は北区内にのこる北辺のものである。

それにしても明治元年に天皇が江戸（東京）に移ったことは、しばしば指摘されているように遷都の勅がでての行動ではなく、長期の行幸にすぎないという見方もある。将来のことだが、今上天皇が皇太子にもし天皇の位をゆずることがあるならば、京都に住んでほしいとする市民有志の運動もおこなわれているように聞いている。そうなれば京都御所の役割も復活することであろう。平安中期ごろから使われるようになった「京都」の地名は、あくまでも都であって、たんな

人が曳いて遡行する高瀬舟（『拾遺都名所図会』）

る大都市ではない。京都という用語は、たとえば永延二年（九八八）の「尾張国郡司百姓等解文」にもみえ、『吾妻鏡』では多く用いられている。

高瀬川の開通とお土居

京都の町の東辺、とくに鴨川ぞいの二条から七条の間は早くにお土居が姿を消した。このことは嵯峨において土倉《どそう》を営んだ豪商の角倉《すみのくら》（吉田）了以《りょうい》による運河としての高瀬川の掘削と関係する、とぼくはみている。

角倉は東南アジアとの朱印船貿易をもおこなったほどの事業家で、富士川や大堰（井）川でも流路の改修工事をおこなっている。流路の改修とは舟が通行できるようにすることである。

信長や秀吉のころまでは、淀川の舟を使って大坂から伏見まで運んできた物資は、伏見から京都までは牛馬や人力で運ばれていた。角倉は運河としての高瀬川を鴨川のすぐ西側に掘って、さらに七条から伏見までも運河で結んだのである。慶長一六年（一六一一）のことで、すでに徳川幕府の時代になっていた。

大坂から伏見までは三十石舟が運航したが、伏見からは高瀬舟とよばれる小型の舟に荷を積みかえ、川岸にある道から三、四人の男によって、舟にかけた綱で曳いて遡上していくのである。天明七年（一七八七）に秋里籬島が著した『拾遺都名所図会』に、高瀬川を遡上する舟とそれを曳く三人の男が描かれている。舟には薪と炭俵を積んでいる。

高瀬舟は大正九年まで運航していた。ぼくは残念ながらその頃の高瀬舟を見たことはない。

現在では七条から三条までの高瀬川岸には桜が植えられ、すでに大木に成長し、花見のころには見事な花のトンネルができる。先日、地元の青年有志が高瀬川に舟を浮かべ、希望者をのせていてほほえましかった。

何年か前に四条から少し上った高瀬川ぞいに、嵐山の大悲閣（千光寺）に置かれている、両手に石割斧（土木用具）を持って、巻いた大綱の上の立膝姿の了以の木像がご開帳されて、僧が説明していた。この近くに了以の銅像が立つのに因《ちな》んでおこなわれたのである。

高瀬川は鴨川から水を引いた運河であるから、二条、三条、四条、五条には物資の荷下ろしやそれを集散する九つの舟入などの施設が次々にできた。大規模な舟入（一之舟入、国の史跡）のある二条には長州藩邸があり、ついで加賀藩邸や対州（対馬）屋敷があり、三条と四条の間には彦根藩邸や土佐藩邸が設けられた。おおむね川の右岸であり、このように高瀬川の出現にともなう町の繁栄によって、お土居はつぎつぎに取払われた。木屋町は高瀬川の運用とともに栄えたのである。

高瀬川と鴨川の岸との間に料理屋や飲み屋の並ぶ先斗町《ぽんとちょう》がある。車の入れない町で、ぼくはこの町の石敷きの道を歩くのが好きである。この町の東側にある店は、夏になるといっせいに鴨川へ張りだした床《ゆか》を作るのも京都の風物詩になった。

先斗町の西側にある小料理店の「ますだ」へは、よく生前の司馬遼太郎さんと出かけた。この店には司馬さん揮毫の額がかけられている。司馬さんに精気があふれていたころを示す文言の額である。

第2章　七野の界隈あちこち

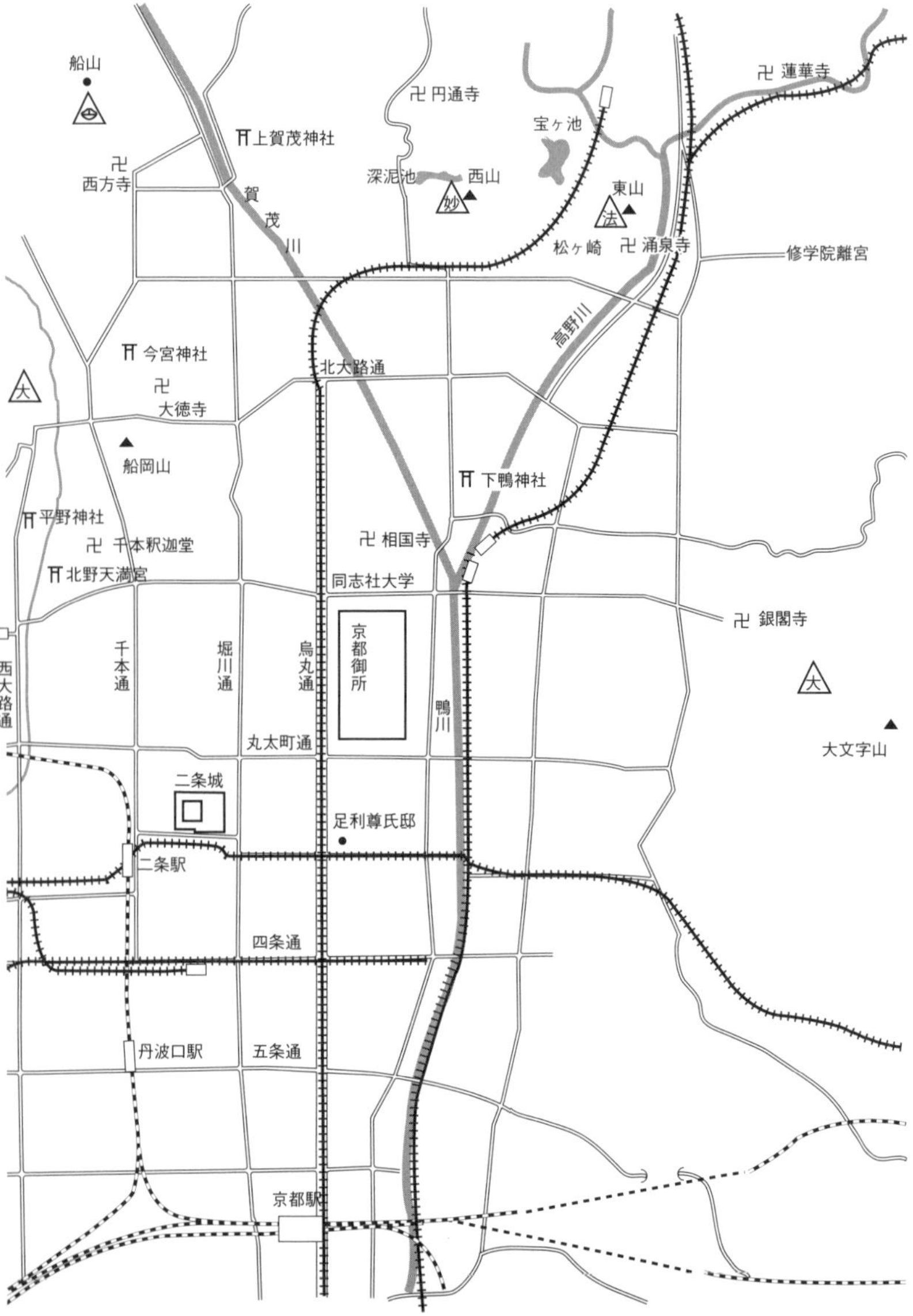

船山
上賀茂神社
西方寺
円通寺
宝ヶ池
深泥池
西山
東山
松ヶ崎
涌泉寺
蓮華寺
修学院離宮
賀茂川
高野川
今宮神社
大徳寺
北大路通
船岡山
下鴨神社
平野神社
千本釈迦堂
相国寺
北野天満宮
同志社大学
銀閣寺
京都御所
千本通
堀川通
烏丸通
西大路通
鴨川
大文字山
丸太町通
二条城
足利尊氏邸
二条駅
四条通
丹波口駅
五条通
京都駅

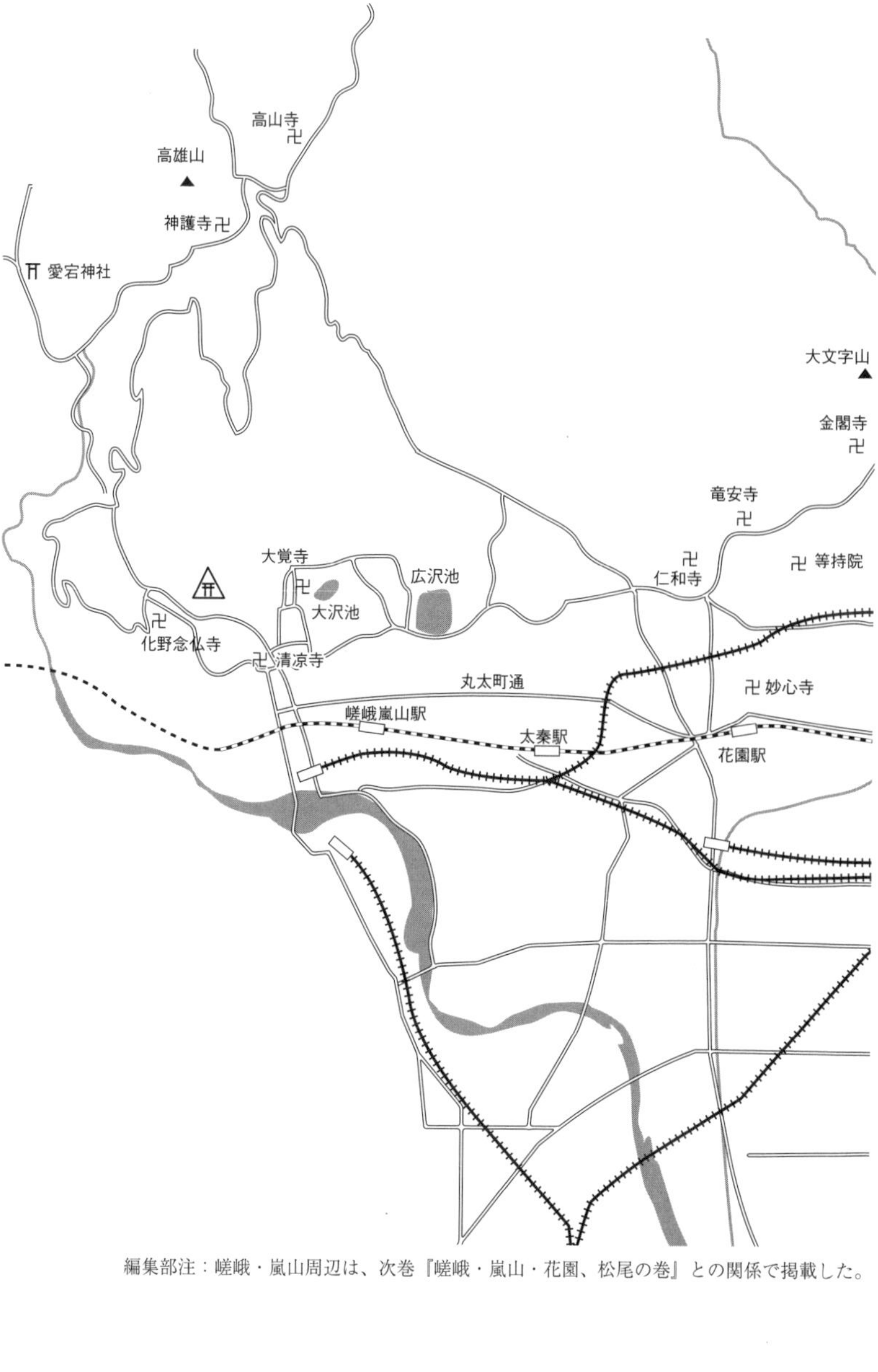

編集部注：嵯峨・嵐山周辺は、次巻『嵯峨・嵐山・花園、松尾の巻』との関係で掲載した。

「大文字」（中田昭氏撮影）

五山の送り火としての「大文字」

八月一六日の夜、京都市内ではビルの照明を弱くするなどして、この夜おこなわれる火のイベントをじっと待つ。鴨川の三条、四条、五条などの橋の上は、このイベントを見ようとする人が集り雑踏する。

お盆（盂蘭盆）の最後の行事としての五山の「送り火」ではあるが、最初に点火される東山の如意ケ嶽《にょいがたけ》（四七四メートル）の西側の前峰の大文字山（浄土寺山ともいう。標高四六六メートル）にちなんで、この行事全体を「大文字」とか「大文字焼」とよびならわしている。説明するまでもなく、お盆は先祖の死霊を家にむかえて供養する行事であるから、お盆の最後には死霊を送り返すのである。

ぼくも毎年、「大文字」を心待ちにしていて、何度かは同志社大学今出川校地の校舎の屋上から見たことはある。京都へ引越してきた当時は、まだわが家の周辺は家が疎らだったので、家から数一〇メートル登ると妙法や左大文字はちらっと見えた。

このような「大文字」をおこなうのは、お土居でかこまれた京都の外になる東山の麓や北山の

江戸時代の大文字山（『都名所図会』）

麓に古くから住む人たちだが、それを見る人たちは京都の町中の人が主になっている。「大文字」はそれがおこなわれる山麓から見上げるより、数キロ離れてみると五山を見回せるのでいっそう感動する。この「大文字」を、一九世紀の初めに江戸から京都を訪れた人が細かく記録している。滝沢馬琴《ばきん》である。

馬琴は江戸の小説家で、曲亭馬琴ともいう。ぼくには馬琴の代表作とされる『南総里見八犬伝』があまり面白くなく、しばらく忘れた存在になっていた。

ところが馬琴は多方面のことに関心をもち、たとえば筑後（福岡県）の山門《やまと》の車塚古墳から出土した後漢鏡を、拓本付で記録していることを知り、しだいに注目しはじめた。

馬琴が世に知られる契機となったのは、享和二年（一八〇二）五月九日から八月二四日におよんだ東海から京阪方面への長期の旅で、京都には二〇日間の滞在だった。それが七月だったので「大文字」を見ることになった。そのときの旅の記録が『羇旅漫録《きりょまんろく》』で、知識人による上方《かみがた》の案内記としてよく読まれた。ぼくは昭和二年発行の「日本随筆大成」本を、古本で見つけて愛用している。いま読んでも江戸人の目に映った京都はなかなか面白い。

京都では馬琴は木屋町の旅館に泊まり、各地に足を運んだ。その間に見聞した食物のことから遊女のことなどをも、微に入り細を穿って書きとめている。さらに芝居や六道《ろくどう》（珍皇寺《ちんのうじ》）の槇《まき》うりのことをも書いている。槇とは高野槇のことで、「江戸人にはめづらし」と感想を述べている。おどろいた話がある。「女児の立小便」の項である。京の家々では厠《かわや》の前に小便担桶《かつぎおけ》（「たご」のこと）があって、「女もそれへ小便をする。故に富家の女房も悉く立ち居てするなり。ただし良賤とも紙を用ず（下略）」。

今日では想像のできない行為が、町中でおこなわれていたのである。一杯になった担桶の小便は、近郊の農家が肥料として引きとり、そのさい若干の野菜をくれたから、小便も貴重な財だったのである。なお担桶はぼくの子供のころの河内の日常用語では〝タンゴ〟であった。

馬琴は、七月一六日に「旅の盆　附大文字の火」の項で、五山の送り火を詳しく書いている。今日では太陽暦によって八月一六日の夜におこなわれるが、当時は、旧暦の七月一六日におこなわれた。

馬琴は「大文字の火」の起源をつぎのように述べている。延徳元年（一四八九）七月一六日に「将軍義輝追悼の為はじめてこれをなす。これ冥土光明の故なり。義輝前年正月一六日に薨ず。

（中略）大文字の筆畫《ひっかく》（画）は慈船庵の筆也。そのこと今出川相国寺の伝記にくわし」とある。

足利義輝は二条の武衛陣（斯波《しば》氏の旧邸）で松永久秀や三好三人衆に襲われ、激戦ののち自害したことはよく知られている。ただし文中の延徳元年は馬琴の記憶違いで、義輝が死んだのは永禄八年（一五六五）のことだった。

それはともかく、五山の送り火の起源を若き将軍足利義輝の壮絶な死の追悼とする伝えは捨てがたい。おそらく馬琴は京都で、土地の人からそのような伝承を聞いたのであろう。この伝承が正しいとしても、今日見るような五山の送り火ではなく、ごく簡単な火焚が大文字山でおこなわれたのであろう。

馬琴はさらに説明している。「大文字は一六日夕方より同時に火を點ず。誠に一時の壮観なり。はじめに妙法の火、次に左り文字、次に大文字なり。（ところが）一六日昼より雨ふり黄昏に雨やみぬ。しかれども今夕大文字は火をともさず。十七日の夕火を點ぜり。その余はみな一六日にてありし。昼より薪をつみをきて下る。もし久しく山にあるものはかならず病むといふ。陰鬼のおのづから集るにや」。「つみおきて」とは「積置きて」であり、左り文字は、左大文字のことだろう。

この文では一六日には大文字山は雨がひどく点火を中止したが、他は予定通りおこなったらしい。船形と鳥居形のことはでていないが、船形は次の歌によまれているので馬琴も見たことがわかる。

ほのほのと　あかしをともす　夕くれに　山かくれなき　船をしおもふ

馬琴は「大文字」の起源として、一三代将軍足利義輝の死に関連した伝承を記録した。これよりもさらに前に起源をもっていこうとする説もある。

「大文字」の起源と足利将軍家

中世史研究者の脇田晴子氏はその著の『室町時代』（中公新書）のなかで、八代将軍足利義政に「大文字」の起源を求める口承のあることを述べ、義政や日野富子の「東山時代（一五世紀後半）、応仁・文明の大乱（一四六七―七七）の終ったころに始原をもつことはいえるだろう」と述べていて、ぼくも賛成である。

江戸前期の黒川道佑が著した『日次紀事《ひなみきじ》』の七月一六日の「大文字」の項に、「大」の字は「凡筆ノ及ブ所ニアラズ」としたあと「伝エ言ウ。室町家ノ繁栄ノ日ハ遠望ノ観トナシ。之ニ點ゼシム」（もと漢文）とある。

義政と富子の子である義尚は、九歳で将軍職をついだ。成人してから、六角氏の勢力をおさえるため近江の栗東《りつとう》に出陣中に病死した。このような不運のことから〝室町の足利家の繁栄が遠のいた〟とされたのであろう。

大文字山は義政の建立した銀閣寺の裏に聳《そび》えていて、両者は関係がありそうである。さらに「大」の字の筆者を義政とする伝承もある。それと「大」の字が左右均等に見えるのは花の御所とする見方もある。伊藤梅宇の『見聞談叢』には、義政が銀閣より見るため相国寺の横川《おうせん》和尚に「大」の字を書かせたとある。

左大文字山は金閣寺（鹿苑寺《ろくおんじ》）の北方すぐのところに聳えていて、標高は二二四メートルである。二〇〇七年四月に久しぶりに金閣寺を訪れると、日ざしのつよい日中ではあったが、寺の入口付近から北方すぐにある山腹に大の字がくっきりと見え、銀閣寺と対をなしているとの思いを強くした。

銀閣寺と対をなしているとはいえ、左大文字の起源を金閣を建立した義満のころまで遡《さかのぼ》ることは考えていない。銀閣寺裏山の「大文字」が世間の注目を集めてから、金閣の裏山でも同じような行為をおこなうようになったのであろう。いずれにしても二つの大文字のおこなわれる麓に、足利家ゆかりの寺があるのは事実である。左大文字でも起源となる簡単な火焚は、室町時代に遡るとみられる。

左大文字という言葉についてであるが、これは左文字（裏返しの字）というわけではない。ぼくの見通しでは、中央に松ヶ崎の山で「妙」と「法」の送り火がおこなわれ、それより左のほうにある「大」の字の意味で左大文字といわれているのであろう。大文字と左大文字は直線距離で東西に八キロ離れていて、「妙」と「法」はその中間点で北方へと弧状に奥まった位置にある。

松ヶ崎と「妙」「法」の送り火

「妙」「法」の送り火を、強い団結によって守り続けているのが松ヶ崎である。高野川と賀茂川にはさまれた三角地帯の山寄りの集落で、その山のすぐ北方が宝ヶ池公園になっている。下鴨神社の北方に位置しているといってもよい。古代には愛《お》宕《たぎ》郡栗栖《くるす》郷に属しており、栗栖郷松崎とした史料もある。松ヶ崎は古くから知られた地名であって、近世まで大きな農村（村）であった。

『源氏物語』の夕霧の巻には、夕霧が小野山荘を訪ねる途中に、「松ガ崎の小山」の景色を描写している。これより先の弘仁元年（八一〇）一〇月に松崎川で禊をおこなっていて、「大嘗会《だいじょうえ》に松崎川とは高野川へ流れこむ川であったと推定される。さらに中世には松ヶ崎に氷室《ひむろ》があった。縁《よ》ることとなり」（『日本紀略』）とあって、この地が聖地視されていたことがわかる。

さきほどあげた馬琴の文では、送り火で最初に点火するのは「妙」「法」だったとあって注目される。この日は局地的夕立により大文字山の点火は中止されたが、「妙」「法」が最初というのは、夕立には関係がなかったように説明されている。このことは五山の送り火のなかでは「妙」「法」が特異であることとも関係しそうだし、五山全体のほぼ中央にあることからもぼくは注目している。

松ヶ崎は比叡山に近く、平安時代には天台宗の寺があった。だが鎌倉時代に日蓮が法華宗を始めて間もなく、弟子の日像が日蓮の遺命で京都布教をおこない、松ヶ崎は一村をあげて法華宗に帰依し、現在までその伝統は続いている。そのさい信仰の拠点となったのが妙泉寺である。大正七年に妙泉寺と本涌寺が合併して新たにできたのが涌泉寺《ゆうせんじ》である。

日像は日蓮と同じく東国の出身で、京都に法華宗をひろめた先駆者で、先にのべた寺之内の妙顕寺の開祖でもある。北朝の光厳《こうごん》上皇にも接近していて、町衆にも信者が多かった。

法華宗がお題目として「南無妙法蓮華経」を唱えることは、よく知られている。これは「妙法蓮華経」（略して法華経）を所依《しょえ》することと関係があって、「妙」「法」が法華宗と関連することは明白である。

前著（『洛北・上京・山科の巻』）の「室町幕府」の項で、花の御所の一画とみられる土地の発掘についてふれた。そのさい文明九年（一四七七）四月廿八日と記した石碑が出土し、「妙法蓮華経法祐霊位」の銘文があって、法華宗の信徒の墓碑と推定された。京都での法華宗が隆盛をきわめていたときの墓碑であろう。

ぼくの推定では、「妙」「法」の送り火、とくに先からあったとみられる「妙」の送り火は、法華宗の示威と、天文法華の乱で命を失った法華信徒の死霊を慰めるためにおこなったのが起源ではなかろうか。天文五年（一五三六）には、松ヶ崎も比叡山衆徒によって寺も村もともに焼かれて多くの死者がでた。

やがて弾圧も終って天正三年（一五七五）には寺も再建され、京中の法華宗も回復しはじめた。このように考えると「妙」の送り火の起源は一六世紀後半ではなかろうか。将軍でいえば義輝か義昭のときというのも候補となる。

以下は五山の送り火全体にいえることだが、送り火のおこなわれる山の手入れを一年中つづけ、さらに大量の薪を運びあげて字画を火で示せるように火床に配置する。送り火の当日は順序を間違えずに、次々に火床に点火する。これには多くの労力を必要とするだけではなく、結束力と指揮力があって可能となる。ある人は送り火をおこなう集落（江戸時代なら村）にたいして「共同体」と表現しているが、そのような団結力はたしかに共同体としての結束の強さとみることもできるし、結束の背後に信仰がある場合もある。祇園祭の山鉾を維持してきたのが「町衆」であるのにたいし、送り火を支えてきた人たちに「村衆」の言葉があってもおかしくないとぼくは考えている。

「妙」「法」の送り火がほぼ終るころ、麓の涌泉寺境内では松ヶ崎の男女によって純朴な題目踊《だいもくおどり》がおこなわれる。広くいうと盆踊ではあるが、団扇《うちわ》太鼓と男女の唱える題目だけの伴奏となる。なおこの踊は一五日の夜にもおこなわれ、踊の男女は「妙」「法」の二字と二つの山形を染めたお揃いの浴衣を着る。

ここで「妙」「法」の送り火のおこなわれる山の説明をする。左側の万灯籠《まんとうろう》山（妙法山とも松ヶ崎西山とも）で「妙」が、右側の大黒天《だいこくてん》山（松ヶ崎東山）で「法」が点火される。「妙」が最初からあって「法」が後から加わったと推定されているが、江戸前期には「妙」も「法」もあった。ぼくは「妙」の字はなかなかの能筆と感じている。なお火床の数は「妙」が一二五、「法」が七五で、それぞれの火床の火の点が字となって、遠方から眺めるとひとつの文字になるのである。西山の頂上付近には約一〇基からなる古墳後期の古墳群があって、この地の開発の古いことがわかる。

「妙」「法」のおこなわれる山は、五山の他の山にくらべると低く、松ヶ崎の南の北山通ぞいに、最近建築されつつある鉄筋コンクリートの建物で送り火が見えなくなるおそれがある。建物の高さの制限をする必要があることを痛感する。

鳥居形と船形の送り火

五山の送り火といいならわされているが、江戸時代の末にはもう少し多かった。しかし現在は五山の送り火として定着している。すでに述べた三ケ所の送り火のほか、左大文字の北東の、奥まったところにある船山でおこなわれる「船形《ふながた》」と、嵯峨の化野念仏寺《あだしのねんぶつじ》近くの曼荼羅《まんだら》山でおこなわれる「鳥居形《とりいがた》」である。

「鳥居形」を支えてきた土地は嵯峨の鳥居本《とりいもと》である。この地名は送り火の鳥居形に由来するのではなく、愛宕山《あたご》（九二四メートル）の山頂に鎮座する、愛宕権現社の参詣道の第一の鳥居があることからついた地名とみられる。第一の鳥居から山頂の社殿まで五〇丁（五四五〇メートル）の山道である。

京都人は古くから愛宕権現社を鎮火（火伏）の神として信仰し、愛宕詣が盛んであって、登山口は旅籠《はたご》や土産物屋で賑った。

すでに述べたように五山の送り火は仏教のお盆の行事であって、そこに神社の鳥居の形が火で表現されるのは違和感はあるが、鳥居本の土地がらを考えると、愛宕信仰の示威としておこなわれたのであろう。

さきで扱うように、化野念仏寺《あだしのねんぶつじ》はおびただしい死者の菩提を弔う寺としてよく知られ、八月二四日の地蔵盆での千灯供養は名高い。そのような土地がらということも関係することはいうまでもない。

「船形」は西賀茂鎮守菴町北方の船山でおこなわれる。船の形であることは明らかだが、中央に高い帆柱がたち、その先端から船首と船尾に太い綱を張った形で、一見して精霊舟《しょうりょうぶね》をあらわしていることがわかる。

精霊舟はお盆の行事としておこなわれ、供え物などを舟に積んで川や海に流す。麦ワラや麻ガラで作った舟で火をつけて燃やすところもある。ナスやキュウリに竹串をさして牛や馬の形にして舟にのせることもある。ご先祖様がそれに乗って帰るのだという。

京都で精霊舟の風習がどの程度あるのか、ぼくは知らない。しかし五山全体からみて舟形が精霊舟だとすると理解がしやすい。

船山の南麓に浄土宗の西方寺があって、山号は来迎山《らいごうざん》である。送り火とともに寺の境内で六斎念仏踊がおこなわれる。空也《くうや》踊の古態をつたえるものといわれている。空也とは前著（『洛東の巻』）で述べた市聖《いちひじり》（市の聖）のことである。

五山の送り火は、東は銀閣寺裏山の大文字山から西は鳥居本の鳥居形まで、直線距離で一三キロにおよぶ一大イベントである。その全容を見ることのできるのは歴史用語での上京《かみぎょう》が最適であり、どうやらこの行事を五山の送り火として仕上げた人が、上京にいたらしい。それが個人の才能によるのか上京の町として湧きあがった力であったのかは、ぼくにはまだ解けない。以上デッサンだけは描けたが、解明にはまだ時間がかかりそうである。

大文字の二つの余話

駒敏郎氏の『大文字』（駸々堂ユニコンカラー双書）を読んでいると、毎年の八月一六日以外に、大文字山で火が焚かれたことがあるという。

明治二三年に琵琶湖疏水が完成し、その竣工式のおこなわれた四月八日の夜にあった。それから日露戦争がおこなわれた明治三八年に、日本の海軍がロシアのバルチック艦隊を破った日本海々戦のあとの六月一日、さらにそのときの連合艦隊の司令長官だった東郷平八郎が凱旋した一一月二五日である。いまの若い人には東郷平八郎といってもピンとこないだろうが、国民的英雄だった。国民的英雄以上といってもよいだろう。

余談をひとつする。昭和五一年の冬、ぼくは古代のガラス器研究のため欧米を旅し、最後に北欧へ行った。すると人びとが飲んでいるビールの容器に見覚えのある軍人の顔が印刷してあって、銘柄の名を見ると「トーゴー」とあって驚いた。たしかフィンランドのビールでノルウェーで見たと記憶する。

北欧諸国は長年にわたって大国ロシアの軍事的圧力に苦しんでいたので、日本が無敵艦隊といわれていたバルチック艦隊を破ったことに、北欧の人たちも拍手喝采したようである。日本では東郷さんの名を忘れかけているのに、北欧では長く英雄扱いなのである。

征露ノ師ハ東亞治亂ノ關紐ニシテ我帝國安危ノ係ル所ナリ聯合艦隊ハ國家ノ重寄ヲ負ヒ其機先ヲ制シ首ニ旅順仁川ヲ衝キテ奇捷ヲ奏セシヨリ艦ヲ碎キ港ヲ封シ連戰連勝其海權ヲ收メ遂ニ旅順攻圍軍ト水陸相應シ神機百出利器ヲ妙用シ敵ヲシテ氣沮シ膽落チ復戰フ能ハス其東洋艦隊ヲ擧ケテ全滅スルニ至ラシメ以テ旅順ノ降服ヲ速ニス此レ我皇上威德ノ遠覃廟算素定ノ致ス所ニ由ルト雖モ抑亦將軍ノ指麾宜ヲ得テ萬衆一心左右相助ケ忠勇義烈命ヲ鴻毛ニ比シ以テ報效ヲ圖ルノ結果ニ非ルハナシ顧フニ旅順開戰已來玆ニ十有餘月風濤ノ險寒暑ノ變朝夕測ラレス而シテ百難ヲ排シ萬艱ヲ凌キ堂々タル艦隊渤海ノ形勝ヲ扼シ終始威嚴ヲ失ハス以テ露國第二艦隊ノ東航ヲ邀擊スルノ餘勇ヲ示ス將軍ノ深謀遠慮ヲ以テ精銳無比ノ艦隊ヲ率キ益我武ヲ宣揚シ以テ有終ノ美ヲ收メンコト健次郎等翹望シテ措カサル所ナリ玆ニ東旋ヲ機トシ其偉勳ヲ頌シ併セテ前途ノ成功ヲ祝ス

明治三十八年一月二十日

東京帝國大學總長　理學博士　山川健次郎

聯合艦隊司令長官海軍大將東郷平八郎閣下

東郷平八郎への東京帝国大学総長の祝電

駒さんは明治三八年の二度にわたる臨時の大文字焼を、大文字の本質を見失ったたんなる見せ物と書いているが、ぼくには当時の日本人の歓喜の度合がわかる気がする。

余談をもうひとつ。ぼくは前に明治三八年

一月二〇日の日付のある、東京帝国大学総長の山川健次郎が連合艦隊司令長官の東郷平八郎に送った祝電のコピーを手にいれたことがある。これとは別に、旅順を攻め落とした陸軍の乃木希典《のぎまれすけ》あての祝電もある。

冷静であるべき大学総長でもこのような行動をするのだから、大文字山で火を焚いて喜びの気持をあらわした人たちの行動は、ぼくには理解できる。以上のことは大文字の説明とは直接の関係はないが、珍しいとおもうので、東郷平八郎あての祝電を挿図として示しておこう。足元から歴史をさぐる場合、こんな資料も役に立ちそうである。

北山殿と西園寺公経、それと承久の乱

北山殿《きたやまどの》といえば足利義満が大文字山（左）の麓に造営した山荘で、のちに鹿苑寺《ろくおんじ》となった金閣のある通称金閣寺を頭に浮かべる人が多いだろう。だが歴史的にはそうではなく、鎌倉時代に藤原（西園寺）公経《きんつね》が造営した寺の性格が強い山荘が前身なのである。

公経の造営した北山殿には、寝殿をはじめとする建物や滝と池を配した広大な庭園があったけれども、本堂や五大堂など多くの仏舎もあって、寺にウエイトを置いて西園寺《さいおんじ》といった。この名称にちなんで、藤原北家の流れをくむ公経よりあとのこの家柄を西園寺家とよび、公経をも西園寺公経とよんでいる。

西園寺家は後に述べるような事情で政界に重きをなすようになり、多くの荘園をもっていたが、鎌倉幕府の滅亡後には力を弱めている。戦国時代には一九代当主の実充《さねみつ》が、所領のある伊予国宇和郡へ下向して、松葉の黒瀬城を拠点として戦国大名的な行動をしている。黒瀬城跡はずっと前

に現地を見たことがある。

有力な公家が荘園を直接支配したことには前例がある。前著（『洛東の巻』）で述べたように、関白の九条政基が和泉国の日根荘に下向し、四年のあいだ滞在して支配したことがあった。西園寺家の場合はそれをさらに強力におこなったのである。

興味ぶかいのは、以上のように西園寺家と九条家には共通性が見出せることである。その一つが、これもすぐ後で述べるけれども、両家とも公卿としては鎌倉幕府に接近していたこと、いいかえれば時代の進展にいち早く適応したことである。なお明治時代になると、西園寺家から憲政史上に名高い西園寺公望《きんもち》を生みだした。公望は大正時代まで活躍し、何度も首相となった。

公経の造営した北山殿の結構については後で述べるが、どうして一公卿の公経がこのような大工事をおこなえたのであろうか。ここで鎌倉幕府との関係、とくに朝廷との軋轢《あつれき》が頂点に達しておこった承久の乱について説明する必要がある。

鎌倉幕府の三代将軍である源実朝が暗殺されるに及び、朝廷側は幕府が弱体化したと判断した。そのころ都では独裁的に権力をふるっていた後鳥羽上皇が近臣たちと謀って、在京の武士や近国の武士を動員して幕府打倒の戦争をおこそうとした。承久三年（一二二一）のことでこれを承久の乱とよんでいる。このとき公経は、事前に朝廷側の情報を幕府に伝えた。このこともあって、公経は息子の実氏《さねうじ》とともに上皇側によって逮捕され拘禁された。

乱の最初のころ、上皇側は京都守護の伊賀光季を襲って殺すなど局地的な勝利はおさめた。このとき鎌倉幕府の御家人のあいだに動揺がおこった。すると亡き源頼朝の妻である北条政子が御家人の結束を説いて、動揺をおさえたことは名高い。政子が尼将軍とよばれた所以《ゆえん》である。

このときの幕府の執権は北条義時であった。義時は北条泰時と時房を大将軍として大軍を率いて上洛させ、まず美濃で上皇軍を破った。さらに幕府軍は近江の勢多、山城の宇治、芋洗《いもあらい》(一口)、淀などでも上皇軍を破った。すでに情勢の不利を察した上皇によって禁を解かれていた公経は、いち早く泰時の陣に使者を送った。すると泰時は武士を遣わして公経の邸を警固させた。

承久の乱で、上皇側の武士の中心となったのは御家人の三浦胤義《たねよし》だった。三浦氏は頼朝の幕府創業からの有力な御家人で、相模の三浦を根拠地としていた。ところが京都で検非違使に任じられていた関係で、上皇側に加担することになった。上皇側が敗退したあと胤義は太秦《うずまさ》で自害した。

在京の御家人たちのうちには、やむなく上皇側に加担した者もいて同情を禁じえない。とくに胤義にはぼくは関心がある。三浦氏と武蔵の畠山氏については、関東の武士のうちでも、とくに武士らしい武者としてぼくはみている。

乱のあと幕府は六波羅探題を置いて、朝廷や西国への監視を強めた。六波羅探題には南《みなみ》方と北《きた》方の二機関がある。初代のそれぞれの探題には戦争で大将軍を務めた泰時と時房が任じられた。

この乱で幕府が勝利をおさめたことによって公経の地位は躍進し、乱の翌年には太政大臣になった。公経が北山殿の造営を終って供養をおこない、北山殿に西園寺の名をつけたのは乱のあと三年たった元仁元年(一二二四)一二月二日のことだった(『百練抄』)。

これによって西園寺公経があらわれることになったのだが、このような経過をたどると北山殿は承久の乱が生みだしたともいえる。いずれにせよ公経が時代の動きをいち早く見抜いて行動にあらわしたことの賜物といってよかろう。

承久の乱より以前から、幕府との交渉をおこなう朝廷側の窓口として関東申次《もうしつぎ》があった。後鳥羽上皇が設置した機関であり、乱後は九条道家が務めていた。しかし四代将軍の九条（藤原）頼経がある事件をおこして失脚したとき、父の道家もその職を解かれ、公経がつとめることになった。さらに西園寺家が世襲することになった。

小さなことだが頼経のことは前著（『洛東の巻』）の「法性寺と西寺古鐘」の項で、法隆寺の宝物を法性寺で見た人としてふれたことがある。これも小さなことだが頼経の父は九条道家で母は西園寺公経の娘だから、九条家と西園寺家との親密な関係がうかがえる。

西園寺の滝と石の不動明王

公経のときの北山殿の様子を伝える建物は、一宇ものこっていない。しかし鹿《ろく》苑《おん》寺《じ》（金閣寺）の広大な回遊式の庭園の構造、具体的にいえば地形の利用や鏡《きょう》湖《こ》池《ち》とその上段にある安民沢《あんみんたく》の二つの池の配置は、公経の北山殿の庭園が原型となっているようにぼくは考える。

『増鏡』は中世にできた歴史物語で、承久の乱をおこした後鳥羽天皇（上皇）の誕生から、鎌倉幕府の滅亡によって後醍醐天皇が流されていた隠岐から帰京するまでを書いていて、公経の西園寺の造営の経過や結構について「内野の雪」で詳しく書いている。そのなかの庭園や建物の配置の一部を紹介しよう。

「池のほとりに妙音堂、滝のもとには不動尊。この不動は、津の国より生身の明王、蓑笠うち奉りて、さし歩みてをはしたりき。その蓑笠は宝蔵にこめて、卅三年に一度出さるとぞうけたま

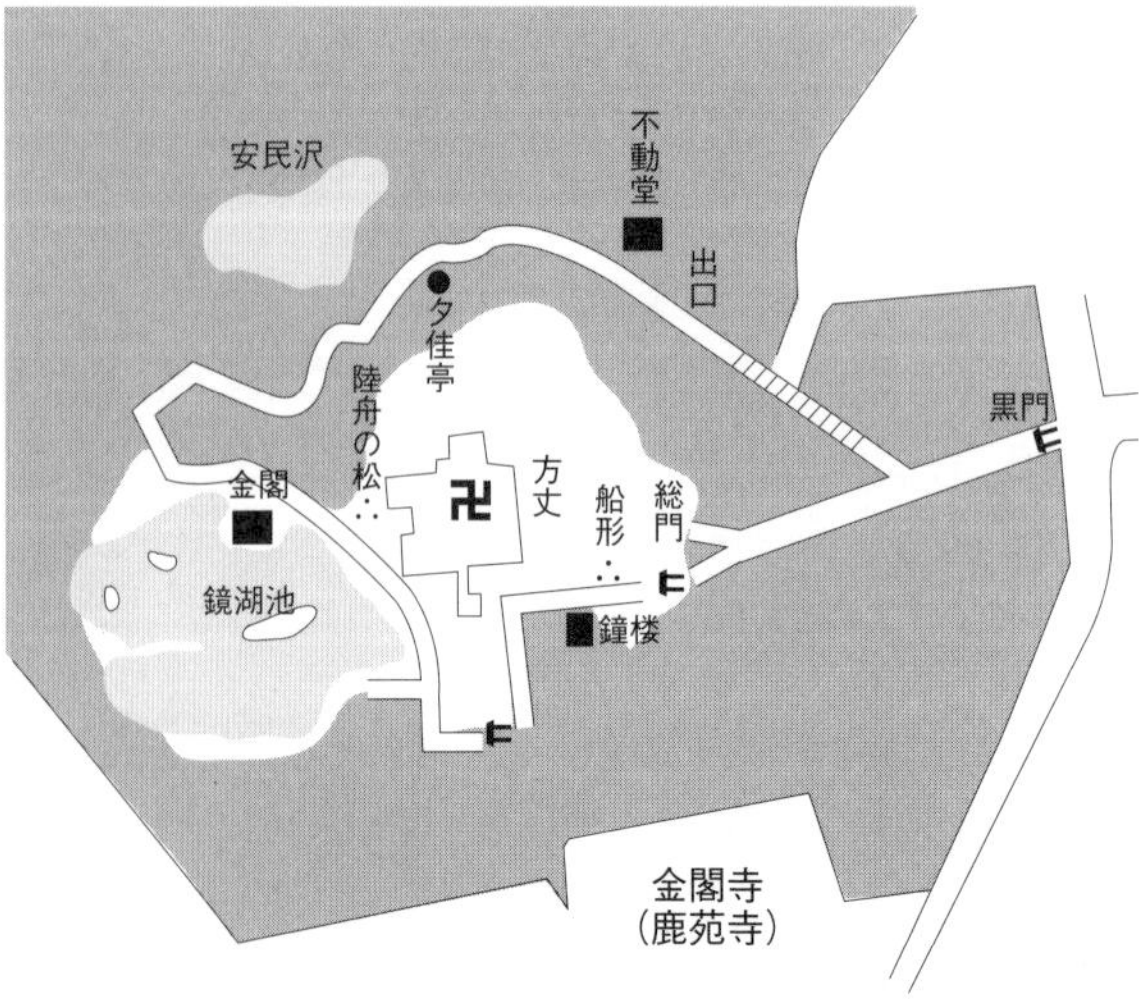

はる。石橋の上には五大堂。（以下略）」このほか法水院、化水院、無量光院などがあったことも記し藤原道長の法成寺にも劣らないと述べている。

「池のほとりの妙音堂」の個所は、今も池（鏡湖池）のほとりに仏舎利殿としての金閣がある情景をおもわせる。それよりも「滝のもとには不動尊」の個所とそれに続く不動尊を安置するまでの伝承から、この不動尊が西園寺の信仰のうえで重要だったことをおもわせる。この不動尊とは、いまも鹿苑寺の境内の不動堂の奥の岩窟に秘仏として祠られている石（砂岩）の不動明王とみてよかろう。

この不動堂は文明一七年に火災で焼けていて、それを天正年間に秀吉の武将であった宇喜多秀家が再建した。最初の不動堂は嘉禄元年（一二二五）に建てられていた。なお現在の不動堂は二月三日の節分と八月一六日には開扉して法要が営まれている。

臨済宗の鹿苑寺のなかでは違和感のある空間であるが、それを裏付けるように鹿苑寺の境内にありながら本坊とは独立して運営されている。この不動堂を訪れるには、鹿苑寺の黒門を入ってすぐ右側の道をとり石段を登るとすぐ右側にあって、金閣寺の入場料を払わなくても行くことができる。

久しぶりに鹿苑寺の境内を散策してみる。総門から北方を眺めると小高い山の山腹に大の字が土色にくっきりとある。左大文字である。総門を入って受付を通ってさらに進むと大きな池がひろがっている。鏡湖池である。

この寺を訪れる人はすこぶる多く、うち約半数は外国人、とくにアジア系の人である。池の南岸から水面の向うに金閣を眺めるスポットは写真を撮る人で混みあい、ぼくは時間をかけてやっと眺められた。たしかに素晴らしい景色である。

このあと逆時計回りで池を半周し、金閣のよこを通り山麓を東へ進む。この山麓にはところどころに湧水（泉）があり、

金閣寺石不動明王尊影（2007年10月６日入手）

中世のものとおもわれる石仏も数個所に集められている。さらに進むとゆるやかな山道となる。これは山の尾根の先端部を横切っているのである。江戸時代の数寄屋造の茶室としての夕佳亭《せきかてい》のよこを通ると道は下りになり、すぐ西面して不動堂があった。

正徳元年（一七一一）に刊行された『山州名跡志』の鹿園《ママ》寺の項の「石不動堂」をみると、本尊の不動明王は高さ六尺二寸（一八六センチ）の石の立像だったことがわかる。さらに堂の奥に岩窟のあることもわかる。岩窟とは石窟といってよかろう。さきほどの『増鏡』の説明では〝滝のほとりに不動尊〟のあったことはわかるが、お堂についての記述がなく、おそらく滝壺のほとりにある石窟にまつられていたのであろう。

『日次紀事』には八月一六日の項に、法会《ほうえ》として「巌屋山不動詣」がある。同じ不動尊のことだろう。巌屋とは岩屋と同じで、石窟のことである。そのような通称があったことがわかる。

この石の不動尊については、石造美術の研究者であった川勝政太郎氏が実見されたことがあり、「北山石不動とその信仰」上と下を書いていて「鎌倉初期を下らぬ古像であろう。（中略）鹿苑寺時代のものではなく、西園寺家の西園寺の遺像とするのが妥当」と述べている（『史迹と美術』第二九〇号と第二九一号、一九五九年）。掲載されている写真では立像であって、まるで木彫のような製作をしている。細工は丁寧で稀な石仏である。ぼくも二〇〇八年二月三日に実見できた。

このようにして、滝のほとりに祠られた不動明王が西園寺での重要施設であったことと、今日まで石の不動明王が伝わっていたことがわかった。あと研究課題としてのこるのは、この石像が津の国（摂津）のどこにもとあったかの問題である。

大阪府の富田林市の丘陵地帯に滝谷不動があって、ここには一一世紀の製作とわかる木の不動明王像がある。この寺はもと嶽山《だけやま》にあったと伝えられていて、滝があったとすればその山にあったのであろう。いずれにしてもこの寺は河内にあって摂津ではない。

摂津には有名な箕面《みのお》の滝があって、滝のほとりに滝安寺《ろうあんじ》はあるのだが、不動明王のことは聞かない。

不動堂のご開帳の日
（2008年２月３日、滝はお堂の左手すぐ背後にあった）

北山殿の四十五尺の瀑布滝

『増鏡』によると、西園寺の不動尊は滝のほとりに安置されているとあった。この滝については公経が西園寺の完成の供養をおこなった元仁元年（一二二四）の翌年に、北山殿を訪れた歌人の藤原定家が日記の『明月記』に記している。元仁二年正月一四日のことである。

毎物珍重、四十五尺瀑布（この二字墨かすれる）滝碧、瑠璃池水、又泉石之清澄、実無比類、未《ひつじ》時許帰盧

翌年とはいえ供養のおこなわれたのは一二月二日だったから、その翌月に行っていて、おそらく定家は公経の招待をうけて出かけたのであろう。巳《み》時に北山に向い、一〇時ごろに家をでて二時ごろには帰っているのだから、定家は西園寺に二時間ぐらい滞在したとおもう。定家も後鳥羽上皇の怒りをかい閉門となったことがあったから、承久の乱のあと公経と親交を結び、北山殿の訪問となったのであろう。

北山殿での定家は見る物はみな珍しく、とくに「四十五尺」の瀑布滝の碧さと瑠璃池(鏡湖池の前身か)の水や泉石の清澄さが実に比類なしとして、印象にのこった。

ところで「四十五尺」の滝は「四十五尺」を実数とみて一三・五メートルの大滝と速断する必要はなさそうである。中国では「四十五尺」を大きさをいいあらわすのに使うことがあるから、定家がそのような古典からえた知識によって、大滝を表現するのに「四十五尺」を形容詞代わりとして使ったかとおもう。

地形からみてこの滝は不動堂のすぐ裏山にあったとみられる。おそらく人工の水路を山の斜面に掘ってきて造られた人工の滝であろう。鹿苑寺境内の調査にたずさわった東洋一氏は「西園寺四十五尺瀑布瀧と北山七重大塔(上)」(『研究紀要』七、京都市埋蔵文化時研究所、二〇〇〇年)において、大文字山の東縁にそって掘られた水路のルートを推定している。

この瀧は西園寺家の衰退とともに消滅したとみられ、江戸時代の地誌には記載がみいだせない。人工の滝とはいえ、地形からみて垂直の崖は高さ六～七メートルである。さらに常時豊富な水量が運ばれて落下していたとは考えにくい。来客があったときなどに一気に水を流して落下させたのであろう。

そういえば瀑の字には「にわか雨」の意味があって、一度にどっと降る雨のことだから、定家が「四十五尺瀑布滝」の表現にしたのであろう。どうやら和歌山県の那智の滝、大阪府の箕面の滝、岐阜県の養老の滝のような壮観さはなかったとみられる。とはいえ洛中洛外では最大級の滝とみられたのである。

西園寺家の所領と貿易

承久の乱のあとでの公経のときに、西園寺家は昔日の摂関家をおもわせるような膨大な財をきずいた。

ぼくは中世史の網野善彦さんと学問上の親交があって、しばしば対談をおこなった。ぼくの生涯のなかで、もっとも自分の血となり肉となった時間をすごせた。

対談のなかでは従来の荘園にたいしての研究者の姿勢が充分ではなく、それでは本当の歴史が読めないことを何度もうかがった。そのさい例にあがったのが西園寺家の荘園（所領というべきか）だった。

このことを網野さんは『続・日本の歴史をよみなおす』（筑摩書房、一九九六年）のなかでまとめて語っておられる。荘園といえば、よく米の収穫量の多い土地を取りこんだとおもわれがちだが、西園寺家の荘園や所領はそうではない。

たとえば京都郊外では、宇治の槙島（真木島）に別邸をもっていた。別邸とはいえ商業活動の拠点である。淀川の入口に近い吹田にも別邸があった。どちらも淀川水系の水上交通の要地である。さらに、かつて鳥羽離宮のあった鳥羽をも管理している。鳥羽は水上交通の要地であるとともに江戸時代に高瀬川ができるまでは、ここから人力や牛馬の力で物資を京都に運んだから、陸上交通の要地でもあり町ができていた。

西園寺家の荘園はさらに西国、とくに瀬戸内海や東シナ海に面した土地に散在していて、それらは海上交通の要衝をおさえたようにみえる。備前国の下津井をもつ通生荘《かよう》、安芸国の沼田荘《ぬた》、ここは三原市とその周辺で通生荘とともに港を擁していた。伊予国の宇和郡についてはすでに述べたが、この地は弥生時代から九州を介して大陸との交流のあった土地で日振島もこの郡にある。なによりも平戸島から五島に及ぶ宇野御厨《みくりや》がある。すでに前著（『洛北・上京・山科の巻』）の「安祥寺」の項でふれたように、五島の奈（那《な》）留《る》島（鳴浦《なるうら》）は中国の江南への渡航の要地で、日明貿易でも奈留島としてしばしば史料にでている。

このように展望すると、米の収量だけを目的とした荘園は時代遅れといえそうである。貿易、とくに中国との貿易をおこなううえで海沿いの要所要所を所領とするのが新しい荘園（所領）経営といえそうで、西園寺家はそれを実践していたとみられる。

このような荘園はすでに平家に先例がある。有明海に面した肥前国の神崎荘がそれである。この地は弥生時代の一つの国邑とみられる吉野ケ里遺跡とも重複していて、網野さんとの対論の『馬・船・常民』（講談社学術文庫）で話題になったことがある。

仁治三年（一二四二）といえば、公経が西園寺を建立してから一八年たっていたが、この年に公経が沙汰（取仕切）した唐船が帰朝し、銭十万貫、能言鳥（オウム）一羽、水牛一頭などをもたらした（『経光卿記』〈『民経記』ともいう〉）。すでに述べた西国に配置した所領網がこの回の貿易にも威力を発揮したのであろう。これによって公経が中国貿易にも手を出していたことがわかる。

前著（『洛東の巻』）の「東福寺の造営と新安沖沈没船」の項で、九条家も中国貿易をしようとしていて大量の銅銭をもたらそうとしたことを述べたが、この点でも両家には共通性があったのである。

西園寺は、のちに足利義満がこの地を入手して北山殿を造営することになったので、室町通へ移され、さらに天正一八年のお土居の建設にともなった寺々の移転によって寺町へ移された。寺としての西園寺は今日も相国寺東方の高徳寺町、天寧寺の南に隣接してあり（浄土宗、宝珠山竹林院西園寺）、公経の法体姿の木像を開山堂に安置しているという。ぼくは未見でそのうちに拝観しよう。

南北朝期の北山殿

足利義満が北山殿を河内国の所領と交換して手にいれ、山荘の建設をはじめたのは応永四年（一三九七）であった。応永四年といえば朝廷の持明院統（北朝）と大覚寺統（南朝）の対立が北朝の勝利という形で終息した、いわゆる両朝合一の五年後であった。天皇は北朝系の後小松で、将軍職はすでに義持に譲っていたとはいえ、足利家が政治的絶頂期をむかえつつあったころである。義満の北山殿の説明に入るまえに、南北朝の西園寺家がどうなっていたかに簡単にふれよう。

足利尊氏が将軍だった貞和三年（一三四七）に、光厳上皇は西園寺公衡の三十三《（ママ）》回忌の仏事に出席するため北山殿に行っている。これによって、南北朝になっても西園寺家が北山殿を保持していたことがわかる。

光厳上皇の息子の後光厳天皇は、一時、南朝勢力に京都を追われ、近江国の近江八幡市にあった武佐寺へ移っていた。やがて二代将軍の足利義詮《よしあきら》たちの北朝勢力が京都を回復して、後光厳天皇は京都に戻ることになった。康安二年（一三六二）のことである。だが御所が荒廃していたので西園寺の旧宅、つまり北山殿に一カ月あまり滞在することになった。

このときの様子は『太平記』巻三七に記されている。それによるとかつて「丹青を尽セル妙音堂、瑠璃ヲ展タル法水院、年々ニ皆荒ハテヽ、見シニモアラズ成ヌレバ」とあって、妙音堂や法水院はあったものの、以前とはすっかり変わってしまっていた。やがて里内裏の修理もでき、後光厳はそちらへ移った。どうやら当時の西園寺家にとって、広大な北山殿の維持は重荷になっていて、義満の強い希望もあって手放したのであろう。

北山殿から鹿苑寺へ

鹿苑寺《ろくおんじ》には舎利殿つまり金閣はあるが、金閣を建立した義満の在世中には鹿苑寺という名称はなかった。そのことに入るまえに義満について説明しておこう。

義満は義詮の子、つまり尊氏の孫である。義詮の死によって一一歳で家督をつぎ将軍となった。管領細川頼之に補佐され、花の御所を拠点とし、明徳二年（一三九一）には六分一衆とよばれていた有力大名の山名氏清を討った。このときの戦は花の御所の西方の内野でおこなわれ、義満の直轄軍である奉公衆が力を発揮した。この戦が明徳の乱である。この翌年には南朝を消滅させ、室町幕府は最盛期をむかえた。

応永元年（一三九四）には義満は将軍職を義持に譲り、自らは太政大臣になり翌年には出家した。三七歳のときだった。鹿苑院は義満の法名の一部である。義満が室町殿を義持に譲ったため、北山殿へ移るのはさらにその後の応永四年のことだった。

義満は応永一五年三月に北山殿へ後小松天皇を迎え、天皇は二〇日も滞在した。この盛儀のあと一カ月ほどして、義満は五一歳で死んだ。そのあと四代将軍の義持が父の菩提を弔うために、北山殿を縮小して寺としたのが鹿苑寺である。くどいようだが応永四年に建立をはじめたのは北《きた》山殿《やまどの》（第《だい》とも別業《べつぎょう》ともいう）であって鹿苑寺ではなかった。

義満が死んだあと、後小松天皇の考えもあって朝廷は義満に太政法皇の尊号を贈ろうとした。だが将軍義持はそれを辞退した。とはいえ足利氏の菩提寺である相国寺の過去帳には「鹿苑院太政天皇」とあるし、嵯峨の臨川寺の位牌にも「鹿苑院太政法皇」とある。このことは佐藤進一氏が『南北朝の動乱』（中公文庫）のなかで書いている。義満も武士の棟梁としての自覚より、公卿としての地位にあこがれていた節がある。そういえば北山殿には城郭としての機能はなく、「御所」を意識した施設だったのである。

戦後間もなくの昭和二五年に、金閣は放火によって焼失した。犯人が僧侶見習いの大学生ということだったので、大学生のぼくは複雑な気持で新聞を読んだ。この人はその後服役中に病死した。事件の直後に、この青年の母親は列車から保津峡に飛込み自殺している。まだテレビのなかった時代だった。

幸い昭和三〇年には金閣は復元再建された。これが現在の金閣である。すでにこの建物もそれなりの古色をおびてきて、見学者のなかには義満のときの建物だとおもって見ている人もあるようだし、昭和二五年の事件を知る人も少なくなってきた。ぼくも戦後の建物とはいえ、室町時代をしのぶのに不都合は感じなくなった。

金閣と七重の大塔

鹿苑寺は通称を金閣寺というように、金閣の名はひろく知られている。銀閣にくらべ広大な池のほとりにあるし、背後の山や木々ともよく調和している。

三重殿閣ともよばれたように金閣は三層の建築だが、二重めの屋根の張り出しが大きくそれが建物全体をひきしめている。三層の屋根の頂には大きな金銅製の鳳凰をとまらせていて、幻想的である。しかも屋根は瓦葺きではなく耐水性のつよい椹《さわら》の薄板をかさねた柿葺《こけらぶき》であり、これも周囲の自然を乱さない。

二層と三層の壁には漆をぬった上に金箔が張られていて、文字通り金閣である。この点は、銀閣とはいうものの銀箔を張った形跡のない銀閣と対照的である。なお金閣という呼び方は、この建物ができてから間もなくいわれだしている。

とはいえ、義満が建立した舎利殿は三層めだけに金箔がほどこされていた、という建築史学者宮上茂隆氏の説があって、なお研究の余地はある。だがその説をとっても三層めが金張りだったことは変わらない。

建物に金箔を張った先例としては、奥州平泉の中尊寺の金色堂がある。宇治にも平安後期の白河金色院があったが、その文殊堂に金箔が使われていたかどうかはわからない。

相国寺の鹿苑院蔭涼軒主の日記である『蔭涼軒日録《いんりょうけんにちろく》』によると、二層めには観音像、三層めには阿弥陀三尊と二十五菩薩が安置されていた（文明一七年一〇月一五日の条）。なお金閣の初層は寝殿造で法水院《ほっすいいん》とよび、二層は潮音洞《ちょうおんどう》、三層は究竟頂《くっきょうちょう》とよばれている。

注目されるのは、法水院はすでに述べたように『増鏡』や『太平記』にでている西園寺家の北山殿の主要建物だし、これも主要建築だった妙音堂と金閣の二層めの潮音洞が、妙音と潮音の表現によって相通じるものがありそうであって、西園寺家の北山殿の主要建築が金閣に凝縮されたとも考えられる。とくに『太平記』に「瑠璃ヲ展タル法水院」といっている個所は、金閣の壁面装飾と通じるものがある。

ある午後の金閣

それにしても金閣の初層は寝殿造とはいえ、ここで義満が夜を過したことがあるのだろうか。寝殿造といわれるけれども、実用性があったかどうか、ぼくは疑問をもっている。

北山殿で義満が寝起したのは寝殿としての北御所である。前に記した後小松天皇もここに滞在した。幸いこの建物については指図（設計の図面）がのこっていて、桁行七間、梁間五間の建物であったことがわかる。この復元平面図は『近世の胎動』（京都の歴史三巻）に掲載されているが、ぼくの印象ではずば抜けたといえるほどの壮大さはないようである。

北御所のほかに南御所があって、ここには夫人の日野康子が暮らしていた。前著（『洛北・上京・山科の巻』）

で日野氏のことにふれたが、義満も日野家出身者を妻にしていたのである。この夫人は義満の死後も北山院として北御所で暮らした。

応永一一年（一四〇四）といえば義満の在世中だが、北山殿に七重の大塔を建立している。ことによると義満も北山殿を寺とすることを考えはじめたのであろうか。一〇〇メートルをこすほどの大塔だった相国寺の七重塔については前著（『洛北・上京・山科の巻』）で述べたけれども、相国寺の大塔は完成ののち四年たった応永一〇年に、落雷によって早くも焼失した。

ということは、焼失後すぐには相国寺には大塔を建設しないで、同じような大塔を北山殿に建立したのである。北山殿での大塔の位置はまだよくわかっていないが、西側にある黒門の北方、現在第一駐車場になっているあたりかと推定され、相国寺の大塔の位置に似ている。

北山殿の七重大塔については史料は多くないが、応永二三年に雷火によって焼失したことを醍醐寺座主《ざす》の満済《まんさい》が日記に記している（『満済准后日記《まんさいじゅんこう》』）。このあと北山殿では大塔は建てておらず、しばらくたって相国寺で再建されたようである。だがその塔もまた雷火で焼けている。大塔は地震には強かったが落雷には弱かったのである。

修羅の埋置

鹿苑寺境内では防災施設工事や建物の建替などの機会を利用して、学術調査が何度もおこなわれ、その成果が『鹿苑寺（金閣寺）庭園―防災防犯施設工事に伴う発掘調査報告書』（一九九七年）として刊行された。

そのなかで注目されるものとして、一九八九年に金閣の東約五〇メートルで検出された二つの修羅《しゅら》がある。

修羅とはＶ字状の巨木の股を使って作られた重量物の運搬具である。修羅が初めて出土したのは、一九七八年に大阪府藤井寺市の二ツ塚古墳の濠底で、古墳時代終末期のものと推定される大小二基の修羅の発掘だった。

そのあと、この修羅と同じものを鹿児島県徳之島産の木で作って実験することになった。幸い当時の同志社大学田辺校地には広大な空地があったので、ぼくの提案によってそこで大石をのせて、何トンまでを運搬できるかを実験した。この修羅は発掘直後には巨大古墳の多い古墳中期のものとおもわれていたが、二ツ塚古墳の年代から古墳時代終末期のものとみられるようになった。

鹿苑寺境内出土の修羅も大小二つが組合さって出土し、出土状態が二ツ塚古墳の濠底出土の修羅に似ている。それに出土した位置が小さな池のなかで、水中に保管した状況になっていて、この点もよく似ていた。

大きいほうの修羅は長さ四・七メートルでケヤキを材としており、小さいほうの修羅はクリを材としていて長さ三・五メートルあった。

北山殿には各地から多数の大石を搬入した史料があって、この修羅はそれに使用され、さらに次の使用まで池に保管されたとみられる。もう一つの可能性は、摂津国から運んできた石の不動明王の運搬に使われたとする見方である。以上のことは修羅の年輪から、いつごろの修羅であるかを調べる方法がのこっている。いずれその結果によってこの修羅の役割はわかるであろう。

等持院と
足利将軍歴代の木像

鹿苑寺に関連して三代将軍足利義満については述べたので、つぎに足利政権（義満以後は室町幕府）の創始者である足利高《たか》（尊）氏《うじ》についてもふれておこう。

高氏はもと鎌倉幕府の有力な御家人だった。足利氏は清和源氏の家柄で、高氏の入京までは下野国《しもつけのくに》足利荘（現在の足利市）を本拠としていた。足利氏の邸宅跡は鑁阿寺《ばんなじ》となって、よく旧態をのこしていることについては前著（『洛北・上京・山科の巻』）で述べた。

高氏は足利氏宿年の野望もあって、鎌倉幕府を裏切って六波羅探題を滅亡させた。その意味では後醍醐天皇による建武の新政権樹立の第一の功労者ではある。

高氏は、北条政権最後の執権であった北条高時の、高の一字をもらって名としていた。しかしそれを捨て、後醍醐の名の「尊治《たかはる》」の一字をもらって尊氏《たかうじ》と改めた。高氏が武蔵守に任命された元弘三年（一三三三）八月のことである。

北条高時の次男の時行は、北条政権滅亡後は信濃に逃れていたが、建武二年に挙兵して鎌倉に攻めこみ鎌倉を占領した。これが中先代の乱である。この乱に先立って京都の公卿の西園寺公宗《きんむね》が反乱を企て公宗は逮捕され殺された。鎌倉幕府と親しい関係にあった西園寺の家柄として理由のある行動だったが、これによって西園寺家は一時没落することになった。

尊氏は中先代の乱を鎮定する名目で鎌倉へ行ったが、早くもそこで建武の新政権に反旗をひるがえし、武家政権をつくるかまえをみせ、京都に攻めのぼった。だが京都では敗退したのち九州で勢力をもりかえして、再び入京し後醍醐を吉野へ追いやったのである。

尊氏は自らが擁立した光明天皇（後伏見の皇子）から征夷大将軍に任じられた。暦応元年（一三三八）のことである。なお尊氏は将軍に任じられたとはいえ、のちには弟の直義の離反もあって政権はなお不安定だった。

尊氏が京都での拠点としていたのは三条坊門第《だい》だった。この邸は北を二条大路、南を三条坊門小路、東を万里小路《までのこうじ》、西を高倉小路でかこまれた南北二町、東西ほぼ一町の範囲であった。御池《おいけ》通の高倉通を上った東側の保事協会館の玄関前に、尊氏の邸跡を示す石碑が立っている。

この邸内には御所八幡がまつられていたが、その社は今日までのこっている。ただ太平洋戦争中の強制疎開によって御池の南側へ移され、現在では御池通に北面している。等持寺八幡とも高倉八幡ともよばれ、さらに親しみをこめて「むし八幡」ともよばれている。なお足利将軍の邸内に八幡をまつることは、室町第《むろまちだい》（花の御所）でもおこなわれていた。

建武二年に尊氏が鎌倉へ下向して反乱の気配をみせたとき、後醍醐側の新田義貞が尊氏の三条坊門の邸を威嚇している。『太平記』巻一四によると、内裏を出発した義貞軍は
「二条河原へ打出テ、先《まず》尊氏卿ノ宿所二条高倉へ舟田入道ヲ指向テ、時ノ聲ヲ三度擧《あげ》サセ、流鏑《かぶら》三矢射サセテ、中門ノ柱ヲ切落ス」

とある。

足利尊氏邸・等持寺跡の石碑

新田氏は足利氏と同じ清和源氏で、さらに本拠のあったのは上野国新田荘で地縁的にも足利氏と近く、それもあって邸を攻め落とさずに合戦の挨拶としての威嚇行為をしたとみられる。

武家社会にはさまざまの仕来《しきた》りがあって、鏑《かぶら》

矢《や》をうちこんだり中門の柱を切るのも、その仕来りであったようである。

三条坊門の尊氏邸は、尊氏の死後には尊氏の法名の一部をとって等持寺とした。尊氏も禅宗に帰依していて、暦応二年（一三三九）に後醍醐が吉野で亡くなると、その追善のため夢窓国師のすすめによって、弟の直義とはかって嵯峨に天竜寺をひらいたことは名高い。なお等持寺についてはは不明のことが多い。

応仁の乱の兵火で等持寺は荒廃し、これから述べる北区にある等持院《とうじいん》に合併（吸収）された。等持院は暦応四年に尊氏が等持寺の別院として建立したと伝えている。なお足利氏が邸宅跡を寺としてのこすことは、先にみた下野《しもつけ》の鑁阿寺《ばんなじ》にも先例がある。以下、等持院について述べる。

尊氏は五四歳で三条坊門の邸で病死した。背中にできた悪性のでき物をこじらせたようである。死のあと

「衣笠山ノ麓等持院ニ葬シ奉ル。鎖龕《さがん》ハ天竜寺ノ龍山和尚、起龕ハ南禅寺ノ平田和尚、奠茶《てんちゃ》ハ建仁寺ノ無徳和尚、奠湯ハ東福寺ノ鑑翁和尚、下火ハ等持院ノ東陵和尚」（以下略、『太平記』巻三三）

とあって京都の臨済の大寺の僧を動員して仏式による葬式をおこなっている。一連の仏事のなかに下火とあるのは、尊氏の遺体を火葬にしたことを示している。

尊氏の葬儀にはじまり、そのあと歴代の足利将軍の葬送は、いずれも等持院で将軍の後継者によっておこなわれるようになった。

等持院は金閣のある鹿苑院の南南西一キロのところにあって、義満も等持院で葬儀がおこなわ

れた。院内の霊光殿（祠堂）には、本尊の地蔵像のほか上間と下間の二段に衣冠束帯姿の等身大の尊氏以下の足利将軍の木像を安置している。なお義持の死後に像を法体にするか俗体にするかの議論があった。しかし例のとおりの俗体姿で作られた。

足利将軍とともに徳川家康の像もある。これは家康の四二歳の厄除けのため作られたという。これらの将軍たちの像に対していると、歴史のすごさを感じないわけにはいかない。

有名な事件がある。江戸時代末の文久三年（一八六三）二月二二日の夜、京都で尊皇攘夷の運動が激化したとき、過激な浮浪の徒（浪士）たちが等持院を襲って、尊氏、義詮、義満の木像の首を切って逆臣として三条河原にさらしたことがある（『京都守護職始末』）。そののち木像は修理され、何事もなかったかのように安置されている。

境内にある尊氏の墓と伝える石塔には、江戸後期の尊王家の高山彦九郎が尊氏の罪状を数えながら鞭うったという伝説もある。彦九郎は寛政の三奇人に数えられてはいるが、『海国兵談』を著した林子平や『山陵志』を著した蒲生君平にくらべ、これといった業績はないようにぼくはおもう。パフォーマンスで目立ったというだけの人のようである。

等持院の方丈の玄関をはいったところに、天竜寺の管長だった関牧翁《せきぼくおう》の描いた達磨の絵がある。専門の画家の絵ではないが、力強さと面白さで印象にのこった。なおこの方丈は天正二年（一五七四）に、豊臣秀吉の武将の福島正則が妙心寺から移したものである。

第3章　北野の土地と北野神社

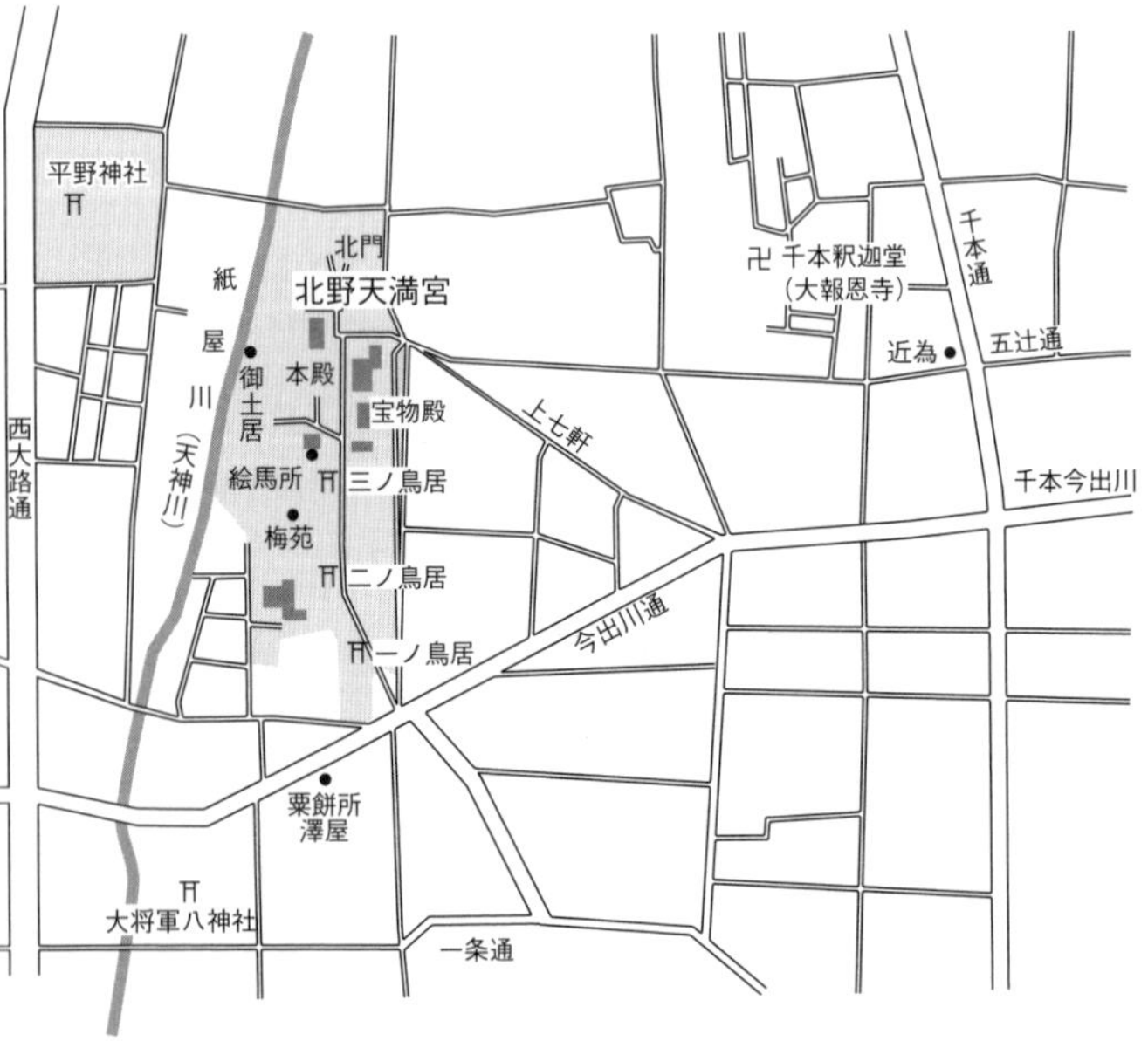

北野天神と北野天満宮

北野天満宮という名称は古くからあったけれども、戦後すぐの昭和二一年から正式の名称として使われるようになった。ぼくの日常の言葉では北野の天神さんか北野神社である。神社の西を流れる紙屋川も、天神川ともよばれているし、代表的な絵巻物の名称も「北野天神縁起」である。

天神縁起の絵巻には「松崎天神縁起」など数多くあって、北野天満宮に伝えられる「北野天神縁起」は平安末期から鎌倉前期の状況を映したもので、強烈な色彩と雄渾な筆致で描かれている。承久本といわれているが、縁起として重要な北野社の建立の件がなく、未完成の絵巻である。以下この絵巻をいう場合は承久本「北野天神縁起」ということにする。

天満宮、天満神社、天神宮、天神社、菅

原神社など菅原道真をまつる神社は全国にすこぶる多く、後で述べるように京都市とその郊外にも洛陽二五社がある。それらと区別するために、地名をつけて北野神社とか北野天満宮とよんでいる。すでに述べたように北野や紫野は「七野」のうちの代表的な野であった。

ところで天満二字の語意については、説明されたものを読んだことがない。後に述べるように、地名としての天満についての説明はよくなされているが、肝心の天満の語意についての説明は目にしない。

大宰府で死んでからの道真は、あとでもふれるようにその怨霊が怖れられた。怖れられた直接の理由は、雷をあやつり、怨敵の命を奪うことのある火雷天神と考えられたからである。その意味ではまさに天魔であり、妖鬼を心のままに(自在に)あやつれる天神として、天満大自在天神とよばれるようになったのだろう。天魔の魔の字を同音で柔らかい意味のある満におきかえたとぼくはみる。このことを言った先人はいるとおもうが、確かめられなかった。

すでに一〇世紀には天満宮天神とか天満天神廟さらに天満自在天などの言葉はできていた。永延元年(九八七)の一条天皇の宣命の一節に「掛畏支《かけまくもかしこし》 北野爾《に》坐天満宮天神」とあって、北野にいます社を天満宮天神といったことがわかる(『菅家御伝記』)。

このように北野神社も早くから天満宮とよばれたことはわかりながらも、大阪育ちのぼくには天満宮といえば、つい大阪市内の大川にかかる天神橋近くに鎮座する天満の天神さん、正式には大阪天満宮が頭に浮んでしまう。

大阪の天満は室町時代から地名として使われ、天満本願寺のあったことは前にふれた。このように北野では、天満は地名化することはなかった。それにたいし大阪での天満は地名化し、いつしか天満といえば大阪が浮ぶようになったのである。

北野神社ができるまでの北野の土地がらを説明しておこう。北野は桓武天皇のころには遊猟に適した野がひろがっていた。ところが注意してよい史料が、すでに平安前期にあらわれている。

北野の土地がら

承和三年（八三六）二月に「遣唐使のために天神、地祇を北野で祠《まつ》る」（『続日本後紀』）とある。これは第一五回の遣唐使が無事に使命を果たすようにと天神地祇に祈ったもので、これが最後の遣唐使となるのである。

すでに承和元年に長官の藤原朝臣常嗣以下のメンバーが決められたけれども、準備に時間がかかり出発がおくれた。メンバーのなかには、道真の叔父である菅原朝臣善主が判官として参加しているし、山城の豪族の山代宿禰氏益も録事として名を列ねた。このほか僧の円仁も随行することになっていた。

前に説明したように、藤原葛野麻呂を長官とした延暦二二年（八〇三）の遣唐使（第一四回）は、道真の祖父の菅原朝臣清公が判官として加わったし、なによりも僧の最澄や空海が随行したこともあって、もち帰った知的な成果はすこぶる多かった。今回の長官の藤原朝臣常嗣は葛野麻呂の第七子である。

第一五回目の遣唐使は往きの航海で船が難破するなど困難をきわめ、帰りには新羅船を雇うなどしてやっと帰国している。このことがやがて道真が遣唐使廃止の建言をするようになる一つの原因となったことは見逃せない。

以上の歴史的な事件とは別に、承和三年に遣唐使船の無事を祈願する祭事がどうして北野の地でおこなわれたのであろうか。このような土地がらが、北野に道真をまつることになることとどこかで関係があったのか気にはなる。だがそれはひとまずおいて、先に話をすすめよう。

北野の土地がらを示すもう一つの史料がある。源高明が平安中期に書いた『西宮記《さいきゅうき》』の裏書に、延喜四年（九〇四）二月一九日のこととして
「この日、左衛門督《かみ》藤原使臣を使《つかい》て、雷公を北野に祭らしむ。この祭の本意を左大臣に誘《たず》（尋のことか）ねるに曰く、この故は太政大臣昭宣公が元慶中に年穀のため雷公を祈り感応あり。因《ちなみ》て毎年秋にこれを祭る」（もと漢文）

とある。

この文によって、穀物の豊穣のため雷公を北野で祭ることを元慶中（八七七〜八八五）に太政大臣藤原基経がおこなったことがわかる。雷公《らいこう》とは雷に親しみをこめていっていて、雷さま、つまり雷神のことであり天神といってもよい。

北野は北山に近く雷が発生しやすく、北野の南にあたる大内裏に落雷することもあった。のちの時代のことだが、義満の北山殿の七重の大塔が落雷で焼けたことは前にも述べた。

延長八年（九三〇）六月二六日に、北山の西方にある愛宕山で涌いた黒雲が東へ進み、大きな雷声がして清涼殿の柱に落雷した。諸卿が請雨のことで会議中だったが、大納言藤原清貫《きよつら》が胸を裂かれて死に、右中弁平希世《まれよ》も顔を焼かれて倒れた。この事件に衝撃をうけた醍醐天皇も道真の

怨霊をおそれて病床につき、やがて命を落とすことになった（『日本紀略』）。

『十訓抄』によると、醍醐が亡くなってから吉野の金峰山《きんぷさん》で修行中の日蔵上人（道賢）も死に、地獄などの六道の世界を見て回った。すると地獄にいる帝に出会ったという。

日蔵はそののち蘇生してこの話を語ったという。この話は、多くの天神縁起の詞書《ことばがき》にはあるが、肝心の承久本「北野天神縁起」にはこの部分の詞書はない。筆者が書くことをためらったのであろうか。なおこの話は『扶桑略記』第二五に「道賢上人冥途記」として引用されている。

このように雷は人を殺したり建物を焼くなどの脅威の原因となるが、一方では雷をともなう雲がでると雨を降らし農作物には恵の雨をもたらす。雷はカミナリ（神鳴）と考えられたとみられ、神（雷神）の発する音であった。このように雷には善と悪との二面性があることによっても、雷神や天神として祭られるようになるのである。

菅原の家の誕生

菅原道真の曽祖父の古人《ふるひと》は、もとは土師宿禰《はじのすくね》だった。同族の土師宿禰道長らとともに、土師氏の遠祖の野見宿禰《のみのすくね》の功績を申上して、居住地の名によって菅原と改めることを願いでた。

菅原は大和国添下郡内にあって、平城京のうちにある。ここには菅原伏見陵とよばれる巨大前方後円墳の宝来山《ほうらいざん》古墳（現、垂仁陵）がある。野見宿禰の埴輪創作の話は、垂仁天皇のときのこととして語られていることとも関係がありそうである。

古人の申請は天応元年（七八一）六月のことで、桓武天皇の即位の直後であり、間もなく山代《やましろ》（背）国への遷都となる少し前でもあった。この申し出は承認され、菅原という氏が誕生したのである。もし古人の申請がなかったら、道真は土師道真の名であったはずである。
この改姓を大和の別の地にいた古人の弟は知らなかった。そこで次の年の延暦元年（七八二）五月に、秋篠にいた土師宿禰安人らも、遠祖野見宿禰の功績を述べたあと居住地に因んで秋篠と改めることを申出て、秋篠氏が誕生した。

秋篠のすぐ北部は山代（城）で、木津町（木津川市）上人ケ平遺跡では埴輪の生産がおこなわれるなどして、土師氏の居住を見出せるから、秋篠の土師氏は山代南部の土師氏を管掌していたとみられる。

土師氏は古代の雄族である。埴輪の製作を含め、陵墓の造営にあたっていた。よく辞書では土師器を製作していたとあるが、それはなかろう。壮大な前方後円墳を造営するとなると、当時としてはいろいろの技術や学問を総合する必要があったから、古墳時代から土師氏は学問を心がけていたとぼくはみている。

土師氏は大和の菅原と秋篠のほか、河内の志紀の土師郷と和泉の百舌鳥《もず》（毛受）の土師郷にも居住地があり、重要な生産拠点でもあった。土師氏に四腹があるといわれる所以である。

このうち和泉の百舌鳥の土師氏は、孝徳天皇の死にさいして、小山上《しょうせんじょう》の百舌鳥《もず》土師連《はじのむらじ》土徳《つちとこ》が殯宮のことを担当している。

有名な話だが、桓武天皇の母、つまり光仁天皇の夫人の高野新笠《たかののにいかさ》の母（桓武からみて外祖母）は土師真妹《まいも》である。真妹は土師四腹のうちの毛受《もず》（百舌鳥）腹だから、和泉の土師氏に属していたことがわかる。なお高野新笠の父（桓武からみて外祖父）は百済の武寧王の後裔の和乙《やまとのおと》継《つぐ》だから、桓武の血に百済の王家の血が混じっている。

和泉の百舌鳥の土師氏は、六世紀代からその一部が山代に移住していたとみられ、今も物集女《もずめ》の地名をのこしているし、乙訓《おとくに》郡に物集郷もあった。土師真妹は死のあとの延暦九年に正一位を追贈されたとき、大枝朝臣《おおえのあそん》真妹と名もかえ、さらに大枝氏が誕生した。

大枝氏は大江と書くことが多く、平安時代には菅原氏とともにいくたの学者を出した。このように平安時代の学者を輩出した二家が、ともに遡ると土師氏だったことは、意外と意識されていない。

古人・清公・是善のこと

菅原の家は代々学者として誉が高い。これは初代の菅原氏となる古人《ふるひと》にもすでにうかがえる。古人の子は、桓武のときの延暦二二年（八〇三）に遣唐使で判官として参加した菅原朝臣清公である。

承和九年（八四二）一〇月の清公の薨伝のなかで、父の古人のことにふれている。古人は「儒行世に高く人と同じからず、家には余財なく諸児寒苦し清公年少にしてほぼ経史にわたる」。そのあと経歴を述べて〝秀才をあげる〟といっている（『続日本後紀』）。生活を切りつめて勉学にはげんでいた様子がよくわかる。「儒行」は儒学者としての行い、「経史」は儒学の経典と史書で、「秀才」は当時の最高の任官試験のことである。おそらく学者の家には、中国古典の書物が蓄えられていたことであろう。

道真の父の是善は清公の子である。文章博士や参議をつとめ、文徳天皇と清和天皇の二代におよんで学問を教授する侍読となり、六国史のひとつである『文徳天皇実録』の撰者となった。

平安京での是善の家は、烏丸通下立売下るの堀松町にあった菅原院と伝え、そこには菅原院天満宮がある。境内には菅公が産湯を使ったと伝える井戸がある。

菅原院天満宮の場所に是善の邸があったことはよいとして、ここで道真が生れたかどうかはわからない。当時は母方の里で子を出産することがあったからである。道真の母は伴氏《ともうじ》（もとの大伴氏、母の名は伝わらない）であり、それもあって北野天満宮の三の鳥居脇には母をまつる伴氏《ともうじ》社《しゃ》がある。今は小さな社になっているが、『延喜式』には山城国葛野郡に伴氏神社があって、大社の扱いをうけていた。

菅原院天満宮

京都市南区吉祥院政所町に吉祥院天満宮がある。西高瀬川の西岸にあって、この川も人が掘った運河である。吉祥院天満宮の創建については不明の点はあるが、古人が長岡京造営にさいしてこの地を

吉祥院天満宮の吉祥天女社（昔の吉祥天女堂）

宅地として賜ったと伝える。さらに清公が遣唐使での入唐にさいして、海で風波の難をうけたとき、吉祥天の加護によって難をまぬがれたので、帰国ののち邸内に吉祥天女をまつり、菅家の守護神として吉祥院と称したとも伝える。捨てがたい伝承ではある。

境内の北側には、江戸中期に再建された吉祥天女社がある。おそらく神仏分離以前は吉祥天女堂だったのであろう。

『扶桑略記』によると、後冷泉天皇の治暦二年（一〇六六）三月に、「吉祥院ニ天神宮ヲ新造シ尊像ヲ移シ奉ル」の記事がある（もと漢文）。尊像とは道真の像である。

天神信仰の研究をつづけている竹居明男氏によると、吉祥院は道真自身が深くかかわって「父是善が没する前後の時期に建てられたものと推定される」と述べている（『平安京の不思議』所収の「菅原道真と平安京―吉祥院のことなど」）。

道真の業績と左遷

ここで道真の左遷にいたる経緯を簡単にたどっておこう。道真の政治家としての全盛期は宇多天皇の在位期間だった。宇多と道真とのコンビによって、さまざまの政治的な成果があがったといってよかろう。

ところで宇多は天皇即位にいたるまでが多難だった。宇多は光孝天皇の第七皇子ではあったが、源朝臣として臣籍に下っていた。しかし光孝の臨終にさいし突如として親王に戻され、皇位継承者となり、光孝の死んだ日に即位した。

宇多は右大臣の藤原基経を排し、道真を重用し、ついには右大臣に任命し、寛平《かんぴょう》の治と称される治世を実現させた。すでに述べたように、寛平六年には道真の建議によって遣唐使が廃止された。このことの意義は大きい。寛平は宇多の在位の大半におよぶ元号である。

道真にとっての不幸は、宇多が三一歳の若さで長子の醍醐天皇に譲位してしまったことである。このとき醍醐はまだ一三歳だった。醍醐の誕生についての『今昔物語集』の話は前著（『洛北・上京・山科の巻』）で述べた。

醍醐も最初のうちは道真の意見をきいていたが長続きせず、即位の三年後の延喜元年（九〇一）に、道真を大宰権帥《だざいのごんのそち》として大宰府に左遷してしまった。権帥《ごんのそち》は左遷目的で仮に任じる官名である。このことが道真の怨念として怖れられた事態の発端となった。

このとき宇多は法皇となっており、自らが造営した御室《おむろ》の仁和寺《にんなじ》に籠って仏法にはげんでいたが、道真の失脚によって発言力を低下させた。なお仁和寺については本シリーズ、次の巻で述べる。寛平の前の仁和の元号を名につけた寺で、仁和四年（八八八）に建立された。

醍醐は左大臣（のちの太政大臣）の藤原時平《ときひら》を重用した。道真を失脚させて左遷させたのは時平の讒言による、と世間ではみていた。細かいことはさておき、道真の左遷は醍醐と時平によっておこなわれたのは事実とみてよかろう。

前に死後の醍醐は地獄に堕ちたと当時の人びとが思いこんでいたことについては述べた。これは多くの天神縁起絵巻や『十訓抄』が述べていることである。時平についてもその子孫が断絶したのは道真の怨念によると人びとは噂しあった（『大鏡』や『十訓抄』）。

とはいえ醍醐と時平のコンビによって、世に延喜の治と称されるほどの政治を実現させた。延喜の荘園整理令もそのひとつである。

数年前、あるテレビが道真のことをドラマにしているのを見た。道真が勉学にはげんでいるのにたいして、時平は女を侍らせ酒をのんでいるという設定だった。ぼくはこれは歴史の改竄《ざん》だとおもった。時平はあの膨大な『延喜式』の編纂をはじめた人で、高い学識があった人なのである。

時平は道真の死の六年後の延喜九年に重い病にかかった。この病は道真の怨念の仕業と考えられた。念力があるとして何度か名のでた浄蔵貴所をよんで祈祷させた。すると時平の耳から龍の頭が出て、道真の言葉として浄蔵の祈祷をやめるように訴えた。浄蔵が祈祷をやめると時平は死んだ（承久本「北野天神絵巻」）。

梅の木と道真との会話

大宰府に左遷中の道真が詠んだ名高い歌がある。ぼくも小学生のときからよく口ずさんでいた。

東風《こち》吹かば　にほひおこせよ　梅の花　主《あるじ》なしとて　春な忘れそ

東風は東から吹く風で、都のほうから風が吹いてきたら、自分の京都の邸に植えてある梅の花の匂いを届けてほしい。主がいなくても春がきたら咲いてほしい。

この歌によって全盛期の道真が暮らした京都の邸には梅の木があったことがわかる。梅の花は天満宮の梅鉢とよぶ神紋になっているし、道真の薨去の日にちなんでおこなう祭を梅花祭といっている。北野天満宮の境内には広大な梅苑がある。ぼくも一度だけ花盛りの梅苑にでかけて楽しんだことがある。

梅は中国から渡来した植物で、『万葉集』に宇梅とか烏梅とあることから、古い発音も「ウメ」だったのである。

『十訓抄』はこの歌につづけて話を展開している。あるとき、都の道真の邸の紅梅殿から梅の枝が飛んできて、そのまま生えついた。これも道真に超能力があるとみて生まれた話であろう。

ある日この梅の木に向って道真は次の歌を詠んだ。

ふるさとの　花のものいふ　世なりせば　いかに昔の　ことをとはまし

故郷の花が物をいう世であれば、いかばかり昔のことを花に問うことだろうか。

このような歌を作って梅の木を見ているとなんと木が漢詩で答えてくれた。

先人於旧宅　籬廃於旧年
麋鹿猶棲所　無主独碧天

ぼくなりに解釈すると、人が昔住んでいた家は垣根もこわれてしまった。いまでは鹿たちの棲《すみ》

処《か》となった。主人はいなくなっても空だけは碧《あお》い。

これらの話の最後に、以上のことは「あさましともあわれとも、心も及ばれぬ」と結んでいる。ぼくもこの話の詮索はしないでおこう。真偽は別にして、大宰府での道真の淋しさがよく伝わってくる。

紅梅殿と菅家邸跡

梅の木のあった道真の紅梅殿や菅家累代の邸のあったところは、下京の鉾《ほこ》町のうちの船鉾町と岩戸山町、つまり南北に並ぶ二つの町に及んでいる。船鉾町と岩戸山町の中間には菅大臣町《かんだいじんちょう》の地名ものこしている。

道真の漢詩を集めた『菅家文草』に収められた「書斎記」に「東京宣風坊有㆓一家㆒」ではじまる詩でこの書斎のことを述べている。

この書斎には学問所あるいは私塾の観があって大勢の学者の卵が出入していた。学者の卵は建物の廊（廊下）で学び、そのなかから百人ほどの学者が生まれたので、人びとはここを龍門といった。登竜門の意味であろう。また山陰亭ともいったという。さらに一株の梅があったとも記している。紅梅のことであろう。

詩の冒頭の東京は左京のこと、宣風坊は五条三坊にあたり、そのなかの二町めの区画に紅梅殿はあった。この町の北にもう一町の区画があって北に四条大路がある。西には西洞院《にしのとういん》大路がある。紅梅殿のある町の南には菅家累代の邸（天神御所）があり、さらにもう一町があってから東西に五条大路が走る。

このように南北に並ぶ四町が、さらに東のほうに三つ並んで、一六町で一坊ができていた。平安時代のいつ頃から宣風坊の名があったかは不明だが、道真のときにあったことはわかる。

菅大臣神社

菅家邸址

ぼくは坊名の歴史には疎いが、大正五年に刊行された『京都坊目誌』によると左京には北辺坊、桃花坊、銅陀坊、教業坊、永昌坊、宣風坊、淳風坊、安寧坊、崇仁坊、陶化坊があった。

このうち銅陀《どうだ》は学区や小学校の名としてよく耳にするし、崇仁《すうじん》や陶化《とうか》の地名も目にすることがある。

平安京のこれらの坊名が揃うのがいつ頃かはともかく、日本の都城制では、藤原京ですでに林坊があったことは知られている。平安京では、唐風文化に傾倒した嵯峨天皇のときからよく使われだしたとも聞く。

紅梅殿の跡にできた祠

『都名所図会』では菅氏の邸址にできた菅大臣社の境内図を載せ、本殿の斜め前方に囲いのなかの梅の木を描き、「飛梅《とびうめ》」としている。なお書斎にあったのは紅梅、邸にあったのが白梅とする伝えもある。

菅大臣神社は南に高辻通、西に西洞院通、北に仏光寺通があり、その各々に鳥居があって境内に入ることができる。今日の本殿は明治に下鴨神社の旧社殿を移築したものであり、江戸後期の建物である。なお本殿の前方の牛の石像のかたわらに、梅の木が植えられている。

菅大臣神社から北方への鳥居をくぐると、仏光寺通の北側に紅梅殿への参道がある。参道の奥に屋根を梅鉢文の瓦で葺いた小さな社殿があって、紅梅殿として崇められている。

菅家の邸や紅梅殿は道真の左遷のあとも菅原家が利用していたようだが、治承元年(一一七七)の四月の失火によって大火となり、大極殿や豊楽院をはじめ二万余戸が焼け、紅梅殿も灰燼の地となったと『平家物語』は述べている。

道真の死と渡唐天神伝説

道真は延喜三年(九〇三)二月二五日に、大宰府で五九歳の生涯を終えた。その二月二五日にちなんで北野天満宮では毎年、梅花祭をおこなっている(昔は菜種の御供といった)。ここで大宰府について述べておこう。

大宰府は「遠《とお》の朝廷《みかど》」ともよばれていた。平城京や平安京の繁栄にくらべると劣るだろうが、それでも政庁や学校院、さらに官の大寺としての観世音寺もあって、九州一の賑わいがあった。たしかに「この府は人物殷繁にして天下の一都会なり。子弟の徒、学者稍《よう》く衆《おお》し」として中国の書籍の充実を願いでた(神護景雲三年十月の大宰府からの申請『続日本紀』)。

論者によっては、道真はたいへんな田舎に流されたかのように強弁する人もいるが、それはかなり事実と違うとぼくはみている。平安京にくらべると大宰府は外港としての那津《なのつ》(のちの博多)が近く、ここには唐の商人たちも活発に往来していて、異文化との接触地であった。前に述べた安祥寺を開いた恵運を例にとっても、大宰府滞在中に唐の商人と知りあって、力をあわせて五島で船を造り渡唐を実現させている。

この点についてぼくはまだ不勉強だが、大宰府に左遷されていた道真に、自分の逆境をはね返して新しい肥《こやし》とするような馬力は感じられない。せっかく大陸に近い土地としての大宰府へ来ていたのに、惜しいことだった。

道真は遣唐使の大使に任命はされたが、自らの建策によって遣唐使を廃止したのは名高いことだし前にも述べた。ついに生涯に一度も異国には足を踏みいれなかったのである。

この事とは矛盾するようだが、道真が東福寺の開山の円爾の助言をえて、唐に渡って禅の高僧から衣を授けられたとする「渡唐天神」の俗説が、道真の死後かなりたってから盛んとなった。道真と円爾では年代があわず、荒唐無稽の話である。だが道真をあらわすために、梅の枝をもった多くの「渡唐天神像」が描かれている。このような俗説が生れた背景には、せっかく大宰府に行ったのに渡唐しなかったのは惜しいことだとする人びとの思いが生みだしたのであろう。

話を戻す。中世にできた『帝王編年記』によると、道真の死にさいして門弟の味酒守行《みさけもりゆき》がつきそって、牛にひかせた車に遺骸をのせて大宰府の郊外へと運んでいた。すると牛は四肢を折りまげて突然動かなくなった。

これは道真が牛にのりうつって意志を伝えたのだと判断し、その場所に道真の墓を営むことになった。この場面はどの天神縁起にも描かれていることである。

各地の天満宮に、石や銅で作った四肢を折りまげた牛の像が置かれている。これは以上の場面を現しているのである。

先日、北野天満宮の牛の像を見直しにでかけたが、石製や銅製の像を参道の両側だけで九個も見たけれども、どれもこの姿勢の牛であった。そのあとで見た吉祥院天満宮や菅大臣神社にも同じ姿勢の牛の像があった。その意味では、牛は天神の使いとするだけでなく化身とみてよかろう。

牛は農業にとって鋤をひいて田畑を耕すなど大切だといわれるが、前著（『洛東の巻』）の清水寺の項で述べた坂上田村麻呂の父の苅田麻呂の上表文をもう一度みることにする。

苅田麻呂は延暦四年（七八五）六月に桓武天皇へ上表文を提出した。「臣らはもと是れ後漢霊帝の曾孫阿智王の後なり。漢の祚の魏に移るとき阿智王は神牛の教に因《よ》りて出でて帯方に行き（あとは略す）」（『続日本紀』）とある。つまり魏に変わったとき阿智王の集団が「神牛の教」によって本国から朝鮮半島の帯方へ移ったというのである。

北野天満宮の銅製の牛（どちらも脚をまげて伏している）

この苅田麻呂の上表文によって、渡来集団を代表する阿智王（使主）の子孫、つまり東《やまとの》（倭）漢氏《あやうじ》が神牛の教をもっていた。この教は帯方を介して他の渡来系集団、たとえば秦氏にも影響をあたえていたのではないかと考える。渡来系集団だけでなく、高野新笠でみたように、百済系の和氏と縁組をした土師氏にも影響していたことが考えられる。

どういう意味かは理解できていないが、「牛にひかれて善光寺詣」の諺を耳にすることがある。信濃の善光寺は日本の仏教史上では不思議な存在である。豊臣秀吉も京都の方広寺に善光寺の阿弥陀像を移そうとして果たせなかったことには前にふれた。中世から善光寺詣りが盛んとなるが、まだまだ神秘に包まれた寺である。

このように善光寺の歴史についてはなお不明の点はあるが、いずれにしてもその創設にさいして百済人が大きく関与していることは間違いなさそうである。さきにふれた帯方の地は五、六世紀には百済の領域となるから、神牛の教が伝わっていたとしてもおかしくはない。天神さんにとっての牛や、善光寺の牛の諺の問題はさらに宿題として先に進もう。

安楽寺から太宰府天満宮へ

太宰府の安楽寺は、延喜五年に道真の祠廟《しびょう》を建立したのが最初だと伝えられている。道真を葬った墓を中心にできた寺であるから墓寺といってもよいし、墓辺寺として出発した。そののち急速に大きな寺となり、平安後期には荘園を所有する勢力となった。

明治初年の神仏分離令以後は安楽寺は廃絶し、今日では太宰府天満宮として参詣者で賑っている。注意してよいことがある。吉田東伍《とうご》が明治三四年に刊行した大著の『大日本地名辞書』の西国篇には、太宰府天神宮として収載されている。今日も境内の楠の森を「天神の森」とよぶように、古くは天神としての道真を意識していたのである。安楽寺の歴史も面白いが京都のことではないので、以上ふれる程度にしておこう。

道真の祟《たたり》と天神への道

道真は延喜三年に死んだ。そのとき都では醍醐天皇の治世で左大臣は藤原時平《ときひら》だった。道真を左遷に追いやったこの二人のうち、まず時平が延喜九年に若くして死んだ。世間では時平の死は道真の怨霊の仕業だと噂した。この噂をさらに深刻なものとする事件が延喜二三年（九二三）の三月におこった。

その前年には流行病（咳病）によって、皇族にも次々と命を落す人がでて、とうとう四月に元号を延長とかえることになった。命を長く延ばしたいとの願いをこめた改元である。

ところが改元の直前の二月には醍醐の三女の慶子内親王が死に、三月には参議の藤原兼茂も死に、ついに二一日には皇太子保明《やすあきら》親王が二一歳の若さで死んだ。

そのとき「天下庶人にして悲しみ泣かざるはない。その声は雷の如く世をあげて云う。菅帥霊魂、忿《いかり》を宿してなすところ」と、はっきり道真の怨霊のなせることとみたのだった（『日本紀略』）。

保明は醍醐の第二皇子で、次の天皇候補としての皇太子だから、人びとへの衝撃は大きかった。道真の死後から保明の死までは二〇年もたっていたが、道真の祟《たたり》は猛威を振るいだしたのである。

保明の死んだ翌月に醍醐は詔をだして、故従二位大宰権帥菅原朝臣をもとの官の右大臣に復し、さらに正二位を追贈し、同時に道真左遷の詔を破棄した。

それでも不幸な出来事はつづき、前に述べたことだが延長八年六月には会議中の清涼殿に落雷し公卿たちが命を落とした。この事件を道真による報復とみた醍醐は、病の床について死に至るのである。醍醐は死んだだけでなく、地獄に堕《おと》されたと当時の人びとが信じたことも前に述べた。

醍醐は醍醐寺を建立するなどの行為はあったものの、道真を左遷したことは、それでは償いきれない悪行とみなされたのだった。

清涼殿への落雷やそれにつづく醍醐の死のあった延長八年から六二年もたった正暦三年（九九二）の一二月に、筑前の安楽寺の禰宜《ねぎ》が廟君の託宣があったことを報告してきた（『扶桑略記』）。安楽寺については天元四年（九八一）に道真の曾孫の菅原輔正《すけまさ》が大宰府大弐《だいに》として赴任し、安楽寺の建立にも協力し大きな寺になりつつあった（『古今著聞集』）。大弐《だいに》は帥《そち》（長官）につぐ次官である。

この報告のなかの廟君とは安楽寺に葬られ廟の営まれた道真のことだったから、都の一条天皇たちをあわてさせた。

正暦四年五月には道真に正一位を追贈し、さらに十月には太政大臣の称号を贈った。死後とはいえ、道真は臣下として最高の官位をえたのである。

北野神社、つまり北野天満宮ができる背景には、以上に述べたような道真の怨霊を信じ、その報復と考えられた事件の頻発と深くかかわっていたことはいうまでもない。高い官位を死後の道真に贈るだけではなく、そのことに見合う神社が造営されるようになるのは当然のことといってよかろう。

北野天満宮ができるまで

奈良時代や平安前期に、不運な死をとげた人たちの怨霊を御霊としてまつって鎮めるため、御霊神社ができたことについては前に述べた。

道真の場合は、雷神をあやつって報復をする、その怨霊のすさまじさが怖れられたのである。

見落としてはいけないことは、それだけではなく、道真の学者や歌人としての才能によっても神とするに値するとみる風潮もすでに平安中期には生れかけていた。これについては後でさらにふれる。

ところで個人をまつる神社としては、北野天満宮はずば抜けて早く成立した。織田信長をまつる建勲神社、豊臣秀吉をまつる豊国神社、徳川家康をまつる日光東照宮、明治天皇をまつる明治神宮、桓武天皇や孝明天皇をまつる平安神宮はよく知られているが、いずれも近世か近代の創建である。

「北野天神縁起」の話では、天慶五年（九四二）に右京七条二坊十二町に住む多治比文子《たじひのあやこ》という者に道真の託宣があったので、道真のため家のほとりに小祠を建てた。ところが再び託宣があって、天暦元年（九四七）に社を北野の右近の馬場にまつれとあったので、社を北野へ移した。今日ではこの天暦元年を北野神社、つまり北野天満宮の鎮座の年としている。

多治比氏について略述すると、この氏は丹比と表記することが多く、時代が下ると丹治と書くこともある。本拠地は河内国南部の丹比郡である。七、八世紀にはかなりの豪族と推定され、遣唐使となって入唐する者もいた。

堺市に合併されるまでの美原町（現、堺市美原区）に多治井の集落がある。その集落内に塔心礎をのこす寺院址があり、飛鳥後期の創建とみられる。多治比氏の氏寺であり多治比氏の本貫の地でもあろう。

河内国の丹比郡は河内国の土師《はじ》郷とも和泉国の土師郷とも近く、土師氏（菅原氏のもとの氏）

と丹比《たじひ》氏（多治比氏）との間に地縁的な関係があったことが考えられる。いまは多治比文子についてはとくに書くことはない。ただ文子のいた右京七条二坊十二町は西の市に近く、市にともなって発生した市神をまつる巫女とみる説はある。

今日も北野天満宮の本殿の東側に文子社《あやこしゃ》が祠《まつ》られている。さらに下京《しもぎょう》の枳殻亭《きこくてい》の北西に文子天満宮がある。この社は道真の乳母だった文子が建てたという社伝をもっている。さきほどの「北野天神縁起」のなかの多治比文子と同一人物かどうかはわからない。

学問の神としての道真

今まで道真の怨霊とその祟《たた》りを人びとが怖れたことを列挙してきた。だが見方をかえると、怨霊を怖れた人とは身におぼえのある人であるし、さらに怨霊の存在を信じない人も多くいたとおもう。『今昔物語集』の多くの話を読むと、現世肯定的で来世の存在にも関心をもたないような人が多くいたとみられる。

道真にたいして超能力を認めるよりも、学者としての才能と、さらに和歌と漢詩についても秀でた才能をもつことに敬服した人も少なくなかった。ぼくは現代人で和歌と漢詩の両方をつくれる人をおもいつかない。

『池亭記』を著した慶滋保胤《よししげやすたね》は学者としての道真に敬服した一人である。保胤は賀茂氏の出だが、ゆえあって家名を慶滋とかえている。保胤は文章博士の菅原文時に師事したのだが、文時は道真の孫にあたる。なお保胤には『日本往生極楽記』の著書もある。

保胤は寛和二年（九八六）に、北野天満宮に漢文で書いた願文を出した。「就㆓天満天神廟㆒、会㆓文士㆒、献㆓詩篇㆒、以㆓其天神㆒、為㆓文道之祖、詩境之王㆒也」とある。書き下すと、「天満天神廟に詣って文士が会して詩を献ず。天神（道真）を文道の祖、詩境の王と考えるからである」。詩篇とは詩集のこと、和歌づくりを文道、詩づくりを詩境として対比させ、その各々で祖と王の地位にあるといったのである。このように一〇世紀の終りのころには、学問の神としての道真が姿をあらわしだしたのである。

一〇世紀末から現れた道真を学問の神として崇めることは、今日も脈々とつづいている。北野天満宮へ行くと夥《おびただ》しい数の合格祈願の絵馬が奉納されているし、毎年の一月二日に、大勢の小学生が集って神前で書初めをする筆始祭の風景は、毎年、テレビで放映されている。ということは道真を書道の神様と信じてのことだが、道真の書がどの程度だったかはぼくは知らない。今日のこる道真の自筆の書跡は、たとえば空海にくらべるときわめて少なく、見た記憶がない。

室町時代になると尊氏以後の足利将軍家の帰依もあって、北野信仰は隆盛期をむかえた。嘉吉二年（一四四二）一〇月一九日には後花園天皇によって、石清水、賀茂、松尾、平野、稲荷、春日などの神社に北野神社を加えての七社が朝廷からの奉幣《ほうへい》の対象となった。この七社のうち春日神社が大和にあるほかは、いずれも山城にある神社である。

この日に北野神社へ派遣された奉幣使は、文章博士の菅原朝臣在綱《ありつな》であった。このことから、一五世紀になっても菅原家から文章博士が出ていたことと、北野神社へは道真の子孫の者を選んで奉幣使にしたことがわかる（『康富記』）。なお北野神社が加わるまでの七社には都の西郊にある大原野神社が加わっていた。

いま文章を引いた『康富記』は中原康富の日記である。中原家が隼人司を管轄していたこともあって、室町時代の近畿各地に散住していた隼人の記事が『康富記』にあるので、ずっと前に隼人のことを書くとき読んだことがある。

さきほどの記事の少し前の九月二四日の条に「今夜ヨリ北野社ニ参籠ス」（もと漢文）とあって、連歌を作り二六日の早朝に北野より還っている。この記事はふと目にとまったので多くのうちの一例としてあげておいた。

足利将軍家もしばしば北野社参りをおこない、天神を慰めるため連歌会をおこなっている。たとえば義満は明徳二年（一三九二）二月には、七日間も参籠し一日万句の連歌会をおこなっている。このような神仏に手向ける連歌や歌会、さらには猿楽、田楽、能などは北野社法楽として喧伝されるようになった。

多治比文子が口ばしった託宣には、北野の右近の馬場があった。ここは右近衛府の舎人《とねり》たちが競馬や騎射をしたところだが、北野天満宮の東の土塀の東側に今もその跡地があって、この南北に長い広場で芝居などもおこなわれた。

注意してよいことがある。これらの催しはたんに将軍や公卿だけの楽しみとしてではなく、義持が応永二〇年（一四一三）七月におこなった観世大夫による猿楽の興行にさいしては、〝これを望む人は貴賎を論ぜず、老若をいはず見物あるべし〟の触書《ふれがき》をだしている（徳川幕府が編纂した室町時代の歴史書『後鑑《のちかがみ》』）。このことはやがて秀吉によっておこなわれる大がかりな北野大茶湯《おおちゃのゆ》へとつながるのである。

秀吉の北野大茶湯

秀吉による九州平定の戦が成功裏に終った直後の天正一五年（一五八七）一〇月一日に、秀吉は北野神社で大がかりな茶会を催した。

茶の湯を好む者は、唐国の者であっても参加してよいし、身分を問わず参集するようにとのお触を高札で掲げた。

この日は北野神社の社殿の前にある拝殿に、秀吉、千利休、津田宗及、今井宗久がそれぞれの茶席を設け、合計八〇三人に茶がふるまわれた。利休、宗及、宗久の計三人は当時の代表者な茶人である。三人とも泉州の堺と関係があった。今井宗久はその姓名からみて大和の今井にもゆかりのありそうな豪商である。津田宗及も茶人であるとともに豪商であった。堺も今井も町の周囲に濠をめぐらした環濠都市であり、京都にもこの茶会の四年あとにお土居で町を囲繞《いぎょう》する（とりかこむ）ことになる（「豊臣秀吉の京都大改造」）。

この日境内の右近の馬場などでは、一五〇〇余りの簡素な茶席が武士、公卿、神官、僧侶、町人らによって設けられ、それぞれ自慢の茶器を持参して茶を点じた。はじめこの催しは一〇日間おこなう予定だったが、佐々成政が治める肥後国で国人《こくじん》や土豪による一揆がおこり、そのため大茶会は一日で終った。

筆者は不明だが、この日のことは『北野大茶の湯之記』（『茶道古典全集』所収）として、秀吉らの茶席の図いりで記録している。茶の湯に執心があれば、若党、町人、百姓以下でも参加できるという建前だったから、低い身分から出世した秀吉の庶民性がでたとみてよかろう。

この日、秀吉は愛用の組立式の三畳の黄金茶室を持ちこみ、さらに高価な茶道具類をも見せびらかし、成金趣味もちらつかせた。

利休、宗及、宗久とともに秀吉もお手前を見せるといっても、利休は天下一の宗匠、宗及と宗久も利休に次ぐ茶人であって、立居振舞などに雲泥の差があったのであろう。このことも影響したのか、それから四年後の天正一九年二月に突然、利休は自刃を命じられた。この日、葭屋《よしや》町にあった利休の屋敷は上杉景勝ら三千の軍兵にかこまれ、そのなかで利休は七一年の生涯を終った。

利休がなぜ切腹を命じられたかについては古くから議論はあるが、北野の大茶湯で茶の達人らと共演したときに秀吉が味わった劣等感もひびいているのではなかろうか。

豊臣秀頼による社殿の造営

平安中期に北野神社ができたとはいえ、神社を維持する経済の基盤は不安定で、それは鎌倉時代にもつづいた。北野神社に経済的な基盤ができるのは室町時代のことで、足利将軍家の配慮によるところが大きかった。

とくに当社の神人《じにん》がたずさわっていた北野の麹座《こうじざ》にたいして、麹室《こうじむろ》の独占権が応永二六年(一四一九)に幕府から認められたことは大きい。

室町時代には京都の酒造業が大発展し、酒屋は土倉《どそう》とともに京都の富裕層を代表する職業となった。土倉とは金融業者のことである。

酒屋のなかには麹室をもって、酒造りに必要な麹を自家生産していたところも多かったが、応永二六年以後はそれが出来なくなり、麹は北野の麹座での生産物を買わねばならなくなった。北野天満宮には、このとき酒屋が麹室を一切造らないと誓った起請文が多数伝えられている。

秀吉が大茶湯をおこなったあと四年後に、京都の町のまわりにお土居が造営されることになり、北野神社の西側の土地がお土居となった。今日でもお土居が旧態をよくのこす個所である。このとき替地として秀吉は大藪、西京、西院などに六百石余りの土地を与えた。

大茶湯から二〇年のちの慶長一二年（一六〇七）に、秀吉の子の豊臣秀頼が荒れ果てていた北野神社の社殿を建替えることになった。短期間での建築ではあったが、それまでの特色のある社殿造りを忠実に受けついだのは見事とおもう。

というのは室町時代に描かれた「北野社絵図」が伝わっていて、権現造の本殿の中央に衣冠束帯姿の天神が手に笏を持ち腰には太刀をはいて座っているが、そこに描かれた建物の様子や外側にある摂社、末社の配置などが今日までよく伝えられている。

本殿は桁行五間、梁間四間で、拝殿は桁行七間、梁間三間で本殿も拝殿も入母屋造である。これらの高低のある屋根が組合わせられて一体となっていて、このような建物を八棟造とも権現造《ごんげんづくり》ともいう（この項、『神道大辞典』の「北野神社」の項を参考にした）。

北野天満宮の本殿は、建てられた年代は一七世紀初頭だが、中世の趣をもよく伝えていて、京都の神社建築のなかではぼくの好きな建物である。本殿の前にある中門（三光門）や本殿を取囲む回廊、それに三つの鳥居のある参道の終るところにある楼門など、どれもが檜皮葺《ひわだぶき》であり、そのことも見る者に落着きをくれている。

これらの秀頼が寄進した建物は、着工から完成まで三ヶ月で終っているから、当時の大工の技術力の高さと責任感の強さがわかる。拝殿の擬宝珠《ぎぼし》には、「右大臣豊臣朝臣秀頼公再興（中略）慶長十二暦　霜月吉日　片桐東市旦元　奉施」の銘文が刻まれている。

北野天満宮の本殿が建ってから約一〇年のちに徳川家康の廟として日光東照宮が建つのだが、権現造の建物の構造や随所にほどこされた装飾は、北野天満宮の秀頼の再興した建物からの影響をうけたもののようである。豊臣家は滅亡させてしまったが、豊臣がのこした文化遺産は徳川がより豪華な形としてうけついだのだった。

神仏分離令以前の北野神社

室町時代に描かれた「北野社絵図」を見ると、土塀でかこまれた境内の南東の隅（今日、宝物殿のあるあたり）に、二層の多宝塔が建っている。本殿の東方にも鐘楼がある。

これらの寺の建物は江戸時代にもあって、たとえば安永九年刊行の『都名所図会』にも、多宝塔と鐘楼が室町時代と同じ位置に描かれている。ただし鐘楼は「北野社絵図」の建物と同じではなく、慶長一二年に秀頼が建立したものである。

北野神社にあった仏教的な建物は明治元年に、明治政府によって強行された神仏分離令によって破却または他へ移され、今日の北野神社には神仏習合の様子は一切消し去られている。ただし神仏分離令の以前には寺でも神社でも神仏が習合しあっていたのが普通で、そのことが日本の宗教の大きな特色だったとぼくはみている。この実例については祇園社（明治以降の八坂神社）、上賀茂神社、下鴨神社でも本シリーズの『洛東の巻』や『洛北・上京・山科の巻』でみた通りである。

北野神社の鐘楼はすでに『洛東の巻』で述べたように明治初年に八坂の大雲院に梅鉢文の瓦とともに移築されている。この鐘楼にはもと感神院の室町時代の鐘が下っている。

浅井与四郎氏の『北野の史実』（平成一〇年）によると、もと北野神社（北野宮寺というべき

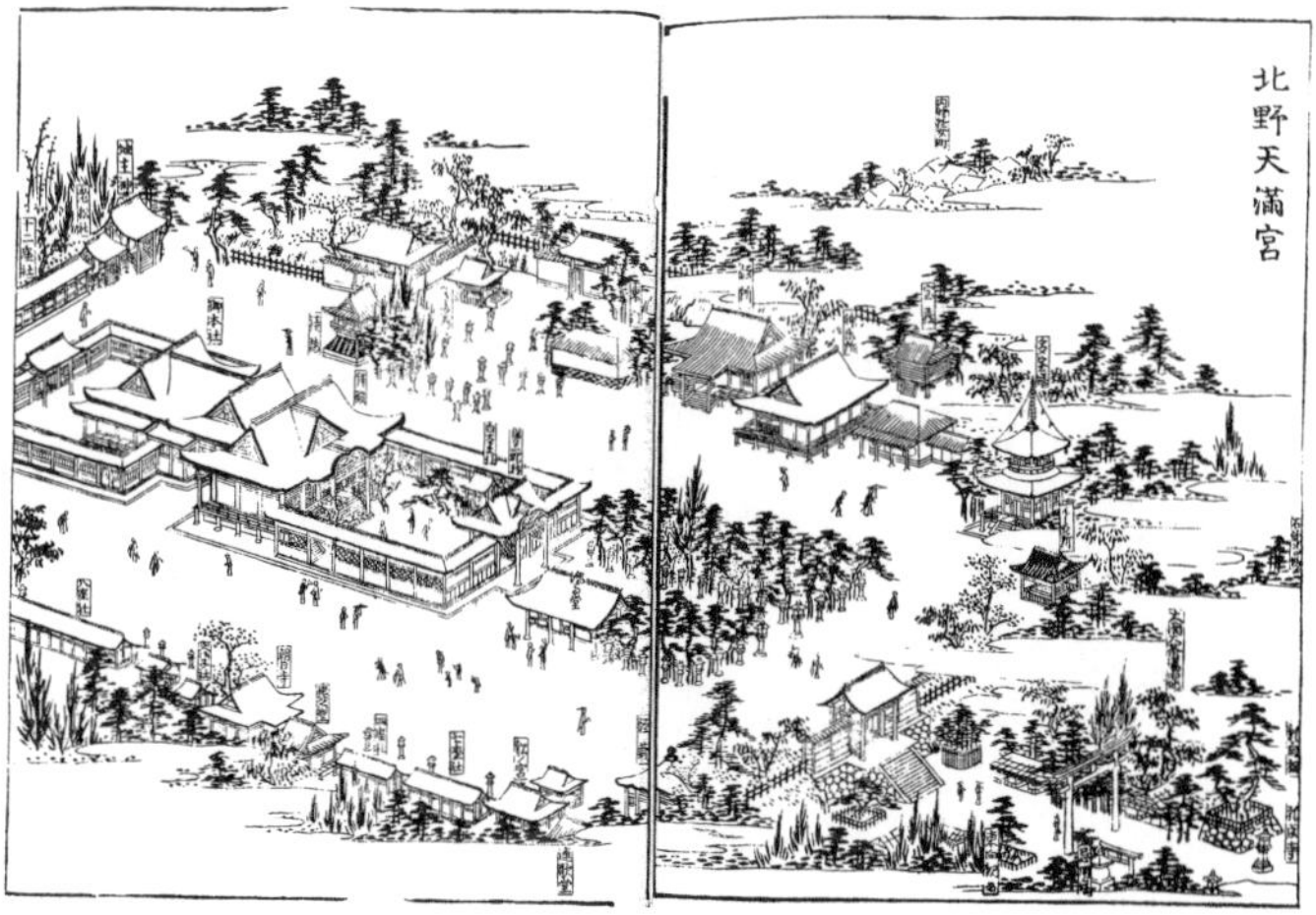

江戸時代の北野天満宮（『都名所図会』）

か）の鐘は滋賀県大津市上田上町桐生にある正休寺にある。室町時代の延徳三年（一四九一）に鋳造されたもので、陽鋳の銘文がある。明治二年に正休寺へ移った。現在、大雲院にあるもと感神院の鐘の銘文も陽鋳で延徳四年の年号をもっており、おそらく三条釜座の同じ工人の手になるものであろう。

北野社ができるころ、その位置に北野寺があったとする史料もあるが、北野寺の具体的内容や北野社との関係はさらに深める必要がある。いずれにしても、明治初年以前の北野神社は、仏教と習合していたのであることは、記憶しておいてよかろう。

北野神社にあった仏教色のことを書きだしたが、ここでいま一度、平安中期へ戻る必要ができた。一条天皇の寛弘元年（一〇〇四）曼殊院《まんしゅいん》の僧、是《ぜ》算《さん》を北野社の別当職に兼補させ、それ以来、北野社の別当職は代々曼殊院が担当することとなり、この仕来りは神仏分離令のおこなわれるまでつづいた。別当は、今日の事務局長といった役割である。

曼殊院《まんしゅいん》は左京区一乗寺にある天台宗の門跡寺院であるが、是算が道真と同じ菅原氏の出身ということもあって、北野社との関係ができた。このように考えると、北野神社とはいえ北野宮寺ともいえるわけである。

曼殊院は比叡山への昔の登り口のあった一乗寺の山麓に建っており、門跡《もんぜき》寺院だけあって寺というより山荘といってよく、大書院や庫裡《くり》の台所も広い。ぼくが訪れた日は紅葉のシーズンにあたっていて、見学者で賑っていた。

大書院の前にひろがる庭園は岩石を配し、白砂を敷きつめ、それと形のよい松の木が程よく調和した枯山水の庭園で、廊下に座って眺めると気持が落着いた。建物内の狩野探幽作と伝える襖絵や、さりげなくある額と屏風の書にも味わい深いものがあった。だがこの日のぼくの目的は、北野天満宮との関係を示す天満宮を見つけることである。入口の受付で尋ねても知らないとのことである。

秋里籬島の『拾遺都名所図会』には「曼珠《ママ》院・天満宮」の絵がのせてあるから、江戸時代には境内に天満宮があったことは間違いなかろう。絵では境内でも山寄りに天満宮を描いている。ながらく北野天満宮の別当をしていた寺だから、境内に天満宮をまつっていたのは当然のことであろう。

ぼくが訪れた日、タクシーが曼殊院につく直前の左手（北側）に、小さな鳥居があるのに気づいていた。曼殊院を見学したあと、その場所へ急いだ。曼殊院の門前の坂道を下りかけた、すぐ右（北）側である。鳥居のかたわらの石燈籠には、大きな字で「天満宮」と刻まれていていてほっとした。

鳥居を入ると弁天池があって石橋の奥に弁天堂があり、その右側に天満宮の小さな社殿はあっ

大雲院に移築された北野天満宮の鐘楼

正休寺へ移された北野天満宮の鐘

た。社殿正面の蛙股《かえるまた》の彫刻はかなり古いものを転用しているように見えた。江戸時代のある段階で、境内からこの地に移したと説明板にはあった。

　弁天堂の西側に茶店があって、みたらし団子を商っていた。ぼくも天満宮に参詣できたのでここで一服した。

曼殊院天満宮の社殿

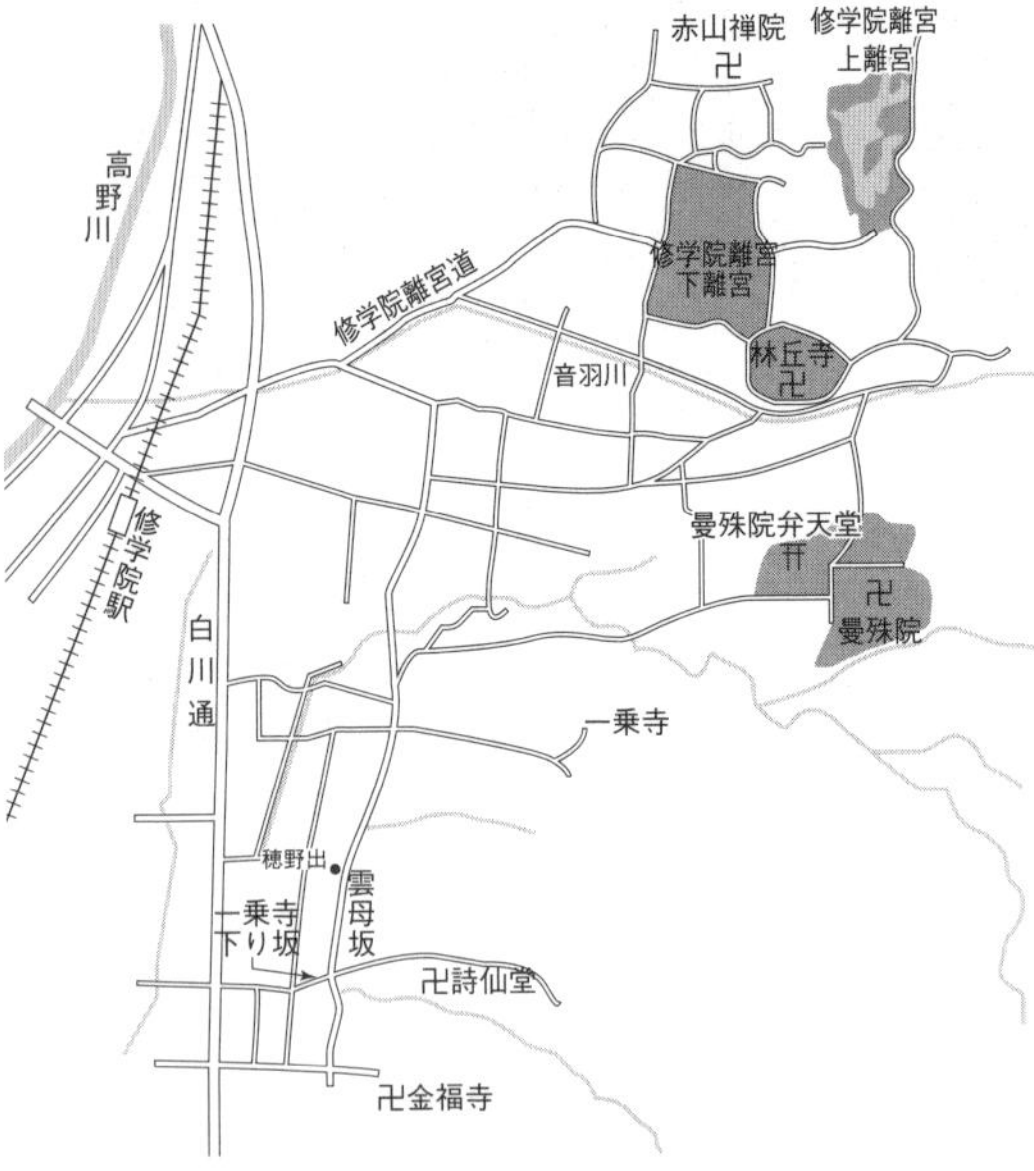

曼殊院のある一乗寺は比叡山への最短の山道の登り口ということもあって、昔は人通りも多く、金福寺《こんぷくじ》には芭蕉が寄宿したといわれ、与謝蕪村が再興した芭蕉庵がある。その山道を雲母《きらら》坂というが、そこに名高い雲母漬《きららづけ》の店（「穂野出《ほので》」）があるので、帰りは坂道を下って寄ってみた。

久しぶりに麹味噌に漬けた小ナスを味わう。チラシに「お味噌もいつしようにたべとおくれやす」とあった。今回の曼殊院行は、天満宮に参ることと雲母漬を求めることが最初からの目的のなかにあった。

神仏分離の直前に移した陀羅尼碑

東寺のことはこのシリーズを南へと書きつづけたときに書く予定である。しかし北野天満宮の摂社の宗像宮のほとりに建てられていた陀羅尼碑《だらにひ》が、江戸時代最後の年号の慶応四年（一八六八）四月に東寺へ移された。この碑のことはさきに書いておこう。

慶応四年は九月から明治元年となる激動の年である。その年の一月には京都で鳥羽・伏見の戦があって徳川幕府は崩壊し、天皇親政の新政府（のちに明治政府といわれる）が誕生した。新政府は発足とともに神仏分離の方針をだし、三月二八日には神仏判然令を出した。このことを新しい時代の動きと判断し、やがて廃仏の嵐が吹き荒れることを予測して、陀羅尼碑が東寺へ移されたのであった。

この花崗岩製の碑は大きな亀の背のうえに建てられており、高さ三メートル五〇センチ、幅一メートル二〇センチの豪壮な砂岩製の碑である。正しくは仏頂尊勝陀羅尼碑といわれるもので、題字は天台座主《ざす》の尊勝親王が書き、円文のなかにおさめられた陀羅尼の梵字は魚山《ぎょざん》晋賢院の宗淵

北野社から東寺へ移された陀羅尼碑（中央）

が書き、文様の二頭の竜は蔵人所の冷泉為泰《れいぜいためやす》が画いている。幕末の混乱期の嘉永六年にこれほどの充実した内容の石碑ができたことは驚きである。

碑文には三蔵法師が経文を西域から中国へ持ってきたことや、その経文を高宗が宮中に蔵してしまったこと、三蔵がそれらの経文を民衆のために遷してほしいと高宗に訴えたことなどを書いている。高宗は梵字の教本だけを遷してくれたので、それを翻訳したのが尊勝陀羅尼経である。それを弘法大師が輪のなかに写しとって日本へ持ち帰り、その後火災にあうなどしたが、なんとか伝えられてきた。

嘉永六年はちょうど比叡山の千日回峯《かいほう》行《ぎょう》の満願にあたっているので、それを記念してこの石碑を作り北野の聖廟に建立したという。すでに述べたことだが、明治初年まで北野社の別当は天台系の曼殊院の僧が兼ねていたのであった。

この碑文の内容が弘法大師にも関係していることから、廃仏の嵐が吹く前に弘法大師ゆかりの東寺の境内へ移したのであろう。

東寺の北西の隅に、読経と香の煙のたえない一郭がある。御影堂とも大師堂ともよばれる南北朝時代の建物があり、その裏手（南側）にもと羅城門の楼上に置かれていた兜跋毘沙門天《とばつびしゃもんてん》像をまつっていた毘沙門堂がある（このお堂の毘沙門天像は現在は宝物館に移されている）。現在も兜跋毘沙門天像を模した金色の像が安置されている。

毘沙門堂の西側に、元禄一一年の宝篋印塔《ほうきょういんとう》をはじめ宝塔などが一列に並べられており、東から二番めに北野天満宮にもとあった陀羅尼碑が建っている。

先日御影堂の縁《ふち》に座って眺めていると、初老の男女二人が現れ、この石碑の亀の頭や足を撫で始めた。まず男性が撫で終わると女性も撫でた。これは毎月二五日に、北野天満宮での例祭のときに牛の像を撫でる風習が伝播したものといわれている。この日は二五日でも二一日でもなかった。なおこの項は浅井与四郎氏の「東寺の陀羅尼碑」（『北野の史実』所収）を参考にした。

二〇〇七年の一一月四日にも訪ねてみたがやはり初老の男性が、この石碑を拝んだあと亀の頭を撫でていた。

松浦武四郎の奉納した大銅鏡

北野天満宮の宝物館に、日本列島の地図を文様にした二面の超大型の銅鏡がある。どちらも面径九六センチの稀な大型鏡である。

そのうちの一面は、豊臣秀吉の武将の加藤清正の奉納品と推定されている。この鏡は加藤清正の奉納とする伝えを裏付けるように、背面の四ヶ所の鈕座《ちゅうざ》のやや上方に、加藤家の家紋としての桔梗紋を鋳出している。鏡背の中央下部に「天下一木瀬浄阿弥作」の銘が鋳出されており、一六世紀後半から一七世紀前半にかけて京都で活動していた鏡師の手になったものである。なおこの銘文のうち「天下一」の三字を消そうとした痕跡があるのは、天和二年（一六八二）に幕府が天下一の乱用を禁止したときの措置とみられている。

この鏡の鏡背には、日本列島のうち九州島、四国島、本州島を鏡の幅いっぱいにあらわし、陸奥から出羽、大隅から薩摩に至る六〇余の国々の境と国名を鋳出し、さらに天草、小豆、児島、大島（伊豆）、見付（どの島か不明）の位置と島名をも鋳出している。背面の余白には海をあらわす青海波文で満たしている。

「日本地図鏡」とよばれているものの、東方では蝦夷地（北海道）がなく、西方では五島、種子島、屋久島さらにその以西の南島は描かれていない。この点で辺境への気配りがなく、そのこともあって、明治八年に松浦武四郎《たけしろう》が北辺の地図鏡を奉納して、北方への重要性を喚起することになったのである。

この超大型の銅鏡は、明治八年（一八七五）に伊勢出身の松浦武四郎が奉納したものである。鏡背いっぱいに樺太、北海道、千島とカムチャツカ半島の一部、さらに陸奥の北部と満州地（山北）の一部の地図を鋳出している。

北海道には、石狩、天塩、十勝、日高、釧路、北見、渡島などの地名と利尻、礼文、奥尻の島々も明示し色丹島をも醜丹として表記している。色丹島は、終戦後に軍事出兵してきたソ連軍（ロシア）によって不法占拠されている島々の一つである。余白の海を青海波文で満たしていることは加藤清正の奉納鏡と同じである。武四郎は清正の奉納鏡に日本列島の北辺が省かれていることを知ってこの鏡を製作して奉納したのであろう。

鏡背の余白に武四郎は一つの歌をのせている。

歳としか　おもいふかめし　北の海　道ひくまでに　なしえつるかな

意外と知られていないことだが、蝦夷地にたいして北海道の名をつけたのは武四郎である。武四郎が明治維新後に、蝦夷地開拓使の役人に任官していた明治二年のことと伝えられている。原住民のアイヌ人に深い理解を示していた武四郎は、開拓使の方針とあいいれず、明治三年三月には辞職している。

官を辞任したとする境遇が、不運な生涯を送った道真に共感することがあって、この銅鏡の奉納となったのであろうか。

鏡背にはさらに「明治七戌年五月吉日、松浦武四郎安部弘　山城国金森彌輔作」の鋳出銘がある。金森は西京の鏡師である。なお日付に五月吉日とあるのは、鏡製作にさいして古くから用いられた吉祥句で、必ずしも五月中に作られたということではない。それと武四郎が安部弘の名を併記している。九州の松浦氏が東北の安倍（安部）の流れとする伝承によったものであろう。

武四郎は一言でいえば探検家であり、その見聞を書いた著作者でもある。北方探検家とよくいわれ、たしかに若いころから北海道、樺太、千島を跋渉《ばっしょう》し、アイヌ人とも深い交友があった。武四郎の著した「近世蝦夷人物志」は、在地の人たちの立場で書いた類《たぐい》稀な好著である。

武四郎の探検は海岸部を通るだけではなく道のない内陸部へも足をふみいれ、その経験がかわれ幕府は蝦夷地御用掛に採用したし、明治政府も開拓使では判官に任じ、道名、国名、郡名の制定に尽くした。

武四郎は関西、四国、九州の旅もおこない、それぞれの旅行記をのこしている。さらに注目すべきことに「他計甚麼《たけしま》雑誌」を嘉永七年にのこしている。「竹島雑誌」のことである。この島は戦後に韓国軍によって武力侵略されつづけている島根県の竹島である。この島のことは漁夫・猟人の話によってまとめたものだが、地図ものせ、武四郎の辺境への配慮が北辺ばかりでないことをよくあらわしている。武四郎のこの警鐘を島根県当局などが早くに理解していたのであれば、今日のような不様な事態はおこっていなかったとぼくはおもう。

武四郎は明治八年に東京上野の東照宮にも地図鏡を奉納している。これには「北の海、南の小嶋、西の国えそ」を東を左に、西を右に図示していて、ほぼ日本列島全域をあらわすことに努めている。なお「西の国」の下の「えそ」は「北の海」の下にいれることを鏡師が間違ったのであろう。この「えそ」について誤解はあるものの根拠があるという見方のでる余地はある。弘安二年（一二七九）に宋から帰国するさいに僧がもたらしたと伝える宋拓（宋代の拓本）「輿地図」（東福寺栗棘庵《りつしあん》所蔵）には、流求の南のほうに「蝦蛦」と記入されていて、北方の「毛人」とは別に南に「蝦蛦」がいたとする中国人の知識のあったことが知られる。

武四郎は考古学的な遺物にも造詣は深く、晩年に絵師の河鍋暁斎《かわなべきょうさい》の協力をえて『撥雲余興《はつうんよきょう》』上下二冊を刊行している。ぼくもよく利用する本である。

武四郎は和歌づくりにもすぐれ、この点からも道真を敬っていたのであろう。なお生れ故郷の三重県松阪市小野江町に松浦武四郎記念館があって関係資料が展示されている。

武四郎の天満宮めぐりの双六

北野天満宮と武四郎との関係でもう一つ見落とせない資料がある。武四郎は晩年の明治一九年（一八八六）に、双六《すごろく》の形で各地の天満宮や道真に関係があった土地二五を選び、絵入りで配列し、北野天満宮を二五番めの上《あが》りにして一枚の刷物にしている。題は「聖跡二十五霊社順拝双六」とある。

この双六は武四郎の死後の明治三四年に、生前の武四郎と親交のあった根岸武香が「千歳記念御神跡女皇梨《めぐり》全図」として複製している。武香は幕末から明治時代に活躍した国学者であり、考古学についても関心があった。「千歳紀年」というのは道真の没後から千年たったという意味かとおもう。「女皇梨《めぐり》」の三字をここに使っているのは「巡」とか「廻」のことであろう。

二五の天満宮や道真の遺称地は、武四郎が明治一四年の初夢に見たと伝えられている。その順番からはそれなりに歴史がさぐれるから、天神信仰のおさらいとして紹介しておこう。

一番は菅原院天神で、今日は菅原院天満宮といっている。この神社については「古人、清公、是善のこと」の項で紹介した。武四郎は道真の降誕の地としている。

二番目は錦天神で、ぼくの仕事場からも近い。ここも現在では錦天満宮といっている。錦市場を東に突当たったところに鳥居の両端が左右の商店にくいこむようになっていて、境内に塩竈社があるなど、歴史をさぐるのに恰好の場所である。塩竈神社は宮城県にあって陸奥国の一宮である。塩竈は平安時代に都の人が郷愁をおぼえた名所である。でもどうして武四郎が錦天神を二番に位置づけたのだろうか。さらに考えてみよう。

三番はここもすでに述べた道真の書斎（私塾）のあった紅梅殿で、武四郎は菅大臣としている。

四番はここもすでに述べたが菅原家が京都での最初の拠点にした邸の跡にできた吉祥院天満宮で、武四郎は吉祥院としている。道真の五〇のお祝いのときに「白衣したる老翁、願文に沙金一袋を添て席上の机にのせて何処ともなく立去りしと」の神秘的な古伝を記している。

第五番は長岡天神、京都西郊の長岡京市にあって、阪急京都線に長岡天神の駅がある。現在では長岡天満宮といっている。さらに五番の関連として山崎休石天神と大和国菅原社をのせている。山崎は淀川右岸の津のあったところ、また対岸の橋本へと渡る山崎橋もあった。

大和国菅原社のある菅原は、菅原家発祥の土地（近鉄「大和西大寺駅」の南西）、いまでは菅原神社といっているが、至近のところに菅原寺（喜光寺《きこうじ》）がある。菅原氏の歴史をたどる意味では重要な土地であるし、関係する歴史遺産はすこぶる多い。

六番は長谷与喜山《よきやま》。長谷は観音信仰で名高い。「長谷寺縁起文《きぶん》」は道真の執筆によると伝えられているが、この伝承によって武四郎は収めたのであろうか。六番関連として吉野の宮滝もいれている。宮滝は吉野宮のあった土地で、大海人皇子《おおあまのおうじ》が挙兵の拠点としたことは名高い。風光明媚な地で道真も寛平一〇年（八九八）に訪れたことがあって和歌をのこしている。

七番は吉野大威徳である。金峰山寺《きんぷせんじ》の蔵王堂《ざおう》などのある吉野山を道真が訪れたかどうかは別として、この地で修業していた日蔵上人がトランス状態になって地獄を見てきて（見たと錯覚し）、そこで死後の醍醐天皇に会ったとする伝えについては前に述べた。その関連で吉野をいれたのであろう。

八番は道明寺《どうみょうじ》天神である。ここは河内国の土師氏の本拠地で、土師《はじ》神社から発展したとみられる道明寺天満宮があって、道真の遺品と伝える国宝の青白磁の円面硯を所蔵することは有名である。

九番は河内国の佐田天神である。守口市の淀川左岸近くにあって、いまは佐太天満宮といっている。

一〇番が天満天神（大阪）である。六月二五日の夜におこなわれる神事の絵をのせている。現在では七月二五日の夕刻から船渡御《ふなとぎょ》がおこなわれ、その光景をぼくは『古代史おさらい帖』の表紙カバーに使った。天満天満宮についてはすでに述べた。

一〇番に副えて北野天神がある。間違っていけないのは、この北野は大阪市北区にあって、大阪の府立高校の前身の一中の北野中学があることはよく知られている。ちなみに二中はぼくの出た堺中である。北野天神は綱敷天神社とも北野天満宮ともいうことがある。

一一番は露《つゆ》天神である。大阪市北区の曽根崎にあって、いまはお初天神の名で知られている。ぼくが大阪へ行くと、この神社の隣にある阿弥彦の焼売を食べに寄る。

一二番は大阪市の福島天神、いまは福島天満宮である。ここより道真は船にのったと伝える。

一三番は道真が福島よりのった船が海が荒れたので船を下りた地と伝える尼崎長洲である。古代の尼崎はアマの崎、つまり海人の崎というように海人の拠点で、漁も盛んで良い津があった。

一四番は須摩《ママ》（磨）綱敷、一の谷に近く綱敷天満宮といっている。

一五番は明石休天神で、いまも山陽道の北に休《やすみ》天神社として鎮座している。道真が休んだ明石の駅と伝えている。

一六番めは曾根天神。一七番の檜笠天神。これらは道真の大宰府行の途中の山陽道での伝承の地であろう。

一八番に瀧宮天神がある。ここは香川県にあって、道真が讃岐守として四年間滞在したこととの関係であろう。瀧宮は古い社であって、近くの十瓶山《とがめやま》の須恵器窯址の調査中に、境内で出土していた瓦を拝見したことがある。

一九番は尾道御神社。ここは道真の大宰府行にさいしての船の寄港地であろう。尾道も瀬戸内航海にとっては重要な港があった。

二〇番が聞島連影屋、絵には賑やかな家並があるがぼくにはどこかわからない。「聞島」の二字については再検討の余地がある。

二一番は周防宮市で山口県防府《ほうふ》市にある松崎天神、古くから北野天満宮との関係が深く、今日の防府《ほうふ》天満宮である。当社にある「松崎天神縁起」は、数多い天神絵巻のなかでの代表作品である。古代に道真と同族の土師氏のいた形跡のあることも注意してよい。

平成一四年に、なんの記念だったかにぼくは当社から書の揮毫を求められ、「生涯不熟」の下手な字を送った記憶がある。境内は広大で付近に古代遺跡も多く、重源《ちょうげん》が東大寺再建にさいして拠点とした阿弥陀寺がある。ぼくは「周防の鯖と佐波郷」のことを『食の体験文化史』(中央公論社)に書いたことがある。

二二番は博多綱場で、道真が船の綱を巻いてそこへ座ったとの伝承がある。付するに雑餉隅《ざっしょのくま》(隈)のきぬかけの松。道真が松に衣をかけたという伝承である。さらに榎寺《えのきでら》をもあげていて、道真死去の地としている。もう一つ天拝山《てんぱいざん》もあげている。晩年の道真が七日間この山の頂で自分の無罪を天に訴え超能力をえた山である。

二三番は大宰府で、大宰府の天満宮が描かれている。道真の墓に営まれた廟から発展した。

二四番に近畿へ戻って摂津国島上郡田辺村上宮の野見郷にある摂州上宮天神をあげている。高槻市天神町にある上宮天満宮である。

道真に正一位左大臣を遺贈したさい、勅使の菅原為理《ためまさ》がお伴をした御輿が動かなくなったので、ここにも廟を作ったと伝える。

その伝承とは別に、この地には古代に濃味《のみ》（野身）郷があり、式内の野見神社もあり、菅原氏ひいては土師氏の先祖の野見宿禰に関係した土地柄によって重視されたという見方もできるだろう。古墳時代の土師氏がこの地にも拠点をもっていた可能性は高い。ちなみに武四郎が書いている田辺村は古代の田部からの地名とみられる。

二五番、つまり双六の上りは北野天満宮である。絵では楼門と参道中心に描き、わずかに拝殿の一部が左端にでている。説明のなかに「託宣有て一夜に松一千本生ぜしより此処へ始て造営有り」と書いている。この一夜に松千本が生えたとする古伝は、今日でもよく使う千本通りの地名の由来ではなかろうか。千本通は、平安京の朱雀大路をほぼ踏襲した、南北一直線の道路である。京都人になじみ深い千本の地名も道真にゆかりがあるようである。

以上のように武四郎は天神信仰に深い関心をもっていた。この双六は古本にでることは稀で、『松浦武四郎紀行集』（富山房）上巻の巻頭写真に「聖跡二十五霊社順拝双六」が、下巻の巻頭に

「千歳記念御神跡女皇梨全図」がカラー印刷で収められている。松浦武四郎記念館にも展示されているのでそれらを見てほしい。

武四郎が、この双六におさめたすべての神社などを参拝していたのかどうかにも興味はあるが、ぼくはまだ半数ほどしか訪れていない。しかも今回のこのシリーズ執筆にさいしての参拝が四、五社ある。武四郎は七一歳で他界しており、すでにぼくはそれよりは長生きしているのだが、がんばらないと武四郎に追いつくことはできそうもない。

ここまで書いて、ふと小さいころに口ずさんだ歌の一節が浮んできた。

通りゃんせ　通りゃんせ　ここはどこの細道じゃ　天神さまの細道じゃ　（中略）
この子の七つのお祝いに　お札を納めにまいります

ここでも神となった道真が歌われている。この天神さまは埼玉県川越市の三芳野天神のことだと聞いたことはある。本居長世の編曲である。この歌からも道真の偉大さがわかるようにおもえてきた。

北野天満宮のずいき祭
―まず里芋のこと

北野天満宮の秋祭にずいき祭があることは前から知っていた。「ずいき」は里芋の葉柄（茎）である。それを御輿の屋根に使うのだから野菜御輿といってもよい。

北野と野菜とは直接には関係なさそうにおもうが、今日でも一の鳥居の斜め向いの澤屋では粟餅を売っている。アワは日本の深層的な穀物で、『毛吹草』の山城の名物に「茶屋粟餅」とあるのは北野の粟餅のことであろう。

北野天満宮では「ずいき」に瑞饋の字をあてているが普通は芋茎と書く。平安時代の『和名抄』に「以毛加良《いもから》、一云以毛之、俗用芋柄二字」とあるから、古代の発音に「いもし」と「いもがら」の二つのあったことが知られる。

それにしても「いもし」や「いもがら」がどうして「ずいき」になったのだろう。芋の字に「ず」とか「ずい」の音があるわけではない。

南禅寺や天竜寺、それに西芳寺の建立に関係した禅僧の夢窓疎石《むそうそせき》の歌に「いもの葉に置く白露のたまらぬは　これや随喜の涙なるらん」があって、この随喜からついたともいわれている。たしかに里芋の葉にたまる露は動きまわって安定せず、そのうちにこぼれ落ちる。とにかく「ずいき」の語源はぼくには不明ということである。

「ずいき」の語源は不明とはいえ、北野天満宮の秋祭の御輿の屋根に「ずいき」の葉柄が使われているのだから、もう少し歴史をさぐるため「ずいき」の説明をしよう。

ぼくが南河内に住んでいたころ、母はよく「ずいき」を炊いてくれた。想いだすといずれも「赤ずいき」だった。「赤ずいき」は里芋のなかでも八つ頭《やがしら》の葉柄で、加賀野菜といわれるように石川県で栽培される。石川県の隣の富山県や福井県でもお盆や秋祭で「赤ずいき」はよく食べられている。

京都に住むようになってから、木屋町の「れんこんや」で「白ズイキ」を時々食べるようになった。これは山津水芋や蓮芋の葉柄で佐賀県や高知県に産する。栽培される土地の条件から田芋ともいうが、要するに里芋の仲間である。里芋は奈良時代には家芋（いえついも）といった。

京都には「えび芋《いも》」といって形の変わった里芋がよく栽培され、北野の秋祭の御輿の屋根に葺いてあるのはえび芋の葉柄という（林義雄『京の野菜記』）。

里芋は山芋にたいする言葉で、この場合の「里」には人が栽培するの意味がこめられていて、「山」には自然とか天然の意味がこめられている。山芋の仲間のジネンジョ（自然薯）はうまくつけられた名称である。

ぼくの友人に民俗学の坪井洋文氏（故人）がいた。日本の深層文化にイモのあったことを提唱しておられた一人だが、そのイモとは里芋のことである。里芋は花粉をのこさないので、花粉分析からはかつて栽培されていたことを証明しにくい。とはいえ米以前の澱粉として重要な食材であったことは、充分予測される。

里芋には親芋のまわりに小芋がたくさんつくし、孫芋のできるときもある。このことを子孫繁栄の縁起物とみて、藤田三郎君（奈良県田原本町教育委員会）の結婚式の席上で、里芋の歌を合唱する人たちに出会ったことがある（奈良県の北山村）。

京都では正月の雑煮に里芋の親芋をいれ、それを頭芋《かしらいも》、または略して頭《かしら》といった。わが家の正月の煮染にもえび芋か小芋の煮たものがはいっているし、妻の実家（大阪市）では雑煮に里芋をいれたという。八坂神社東方の円山公園にある平野屋では、えび芋と棒鱈の炊き合せが「いもぼう」として知られており、ぼくもときどき頂く。

紀貫之の『土佐日記』に芋茎がでている。承平五年（九三五）の元日に、土佐の大湊での出航をひかえた船中での記録として「芋茎・荒布も歯固もなし。かうやうの物なき国なり。求めても置かず。ただ押鮎の口をのみぞ吸ふ」とある。〝押鮎の口を吸ふ〟とは、骨までしゃぶったのであろう。

この芋茎は「ずいき」のこと、それも乾燥させた「ずいき」であろう。荒布も乾燥させた食品とおもわれ、乾燥させた里のものと乾燥させた海のものが長寿を祈念しての歯固めの材だったことがわかる。なお奈良時代のアラメは滑海藻とか荒海藻と書き『和名抄』では荒布となっている。『延喜式』では志摩国と紀伊国で産することがわかる。

ようするに貫之が日記に書いたのは、土佐で入手できる食材ではなく、都の生活を回想したとおもわれるから、乾した芋茎、つまり「ずいき」は都にあった食材とみてよかろう。

兼好の『徒然草』に芋（里芋）をこよなく好む高僧の話がでている（第六〇段）。眞乗院の盛親僧都は「芋頭といふ物を好みて、多く食ひけり。談義の座にても、大きなる鉢にうづたかく盛りて、膝もとに置きつつ、食ひながら文をも読みけり」という有様だった。

病気になってもよい芋頭をえらんでいつもよりも多食し「万《よろず》の病をいやしけり」とある。この僧の師匠が死にしなに、銭二〇〇貫と坊一つを譲ったが、それらも良い芋頭を買うのに使ってしまった。眞乗院とは仁和寺に付属する寺であり、おそらく仁和寺に近い当時の七野やその周辺では里芋が栽培されていたのだろう。

以上のように、ぼくは里芋とは親芋や小芋と葉柄の「ずいき」を食べることは知っていたし、好きな食材である。ところが二〇〇七年秋の春日井市のシンポジウムで、里芋について開眼する発言があった。

このときのシンポジウムは第一五回めであり、テーマは「日本の食文化に歴史を読む―東海の食の特色を探る―」である。参加者に醸造学者で食の達人でもある小泉武夫氏と、歩く民俗学者として常々敬服している野本寛一氏が加わっていて勉強になった。

この機会に野本氏は里芋の葉を炊いて食べる山村のことを話され、ぼくは目から鱗が落ちた。このことは、その時「伝えておきたい岐阜県山間部の食」の一文をレジュメに寄せていただいた民具学の脇田雅彦氏からもその例が知らされ、ぼくはいっそう里芋を身近に感じだした。日本の食糧自給率が四割を切ったとも聞くが、昔の日本人が食べていた身近にある食材の知識に注目することも、将来大切な対策となるだろう。

ずいき御輿の観察

「ずいき」のことを説明できたので、北野のずいき祭について述べよう。

ずいき祭は一〇月一日から五日間おこなわれ、その期間はずいき御輿が御旅所に安置される。

北野天満宮の御旅所は天満宮の南西方向、西大路通りの下立売西入るにある。祭のあいだ御旅所を拠点として御輿は町内を巡行するから、一日中御旅所に安置されているわけではない。

ぼくは一〇月二日の午前中に出かけたが、表千家の家元による献茶祭がおこなわれていた。御輿はすぐその西側に置いてあったので四方からよく観察できた。

この祭は室町時代から続いているといわれており、現在では西の京の氏子が祭を担当しているそうである。最盛期には八基の御輿がでたようだが、今は一基だけが作られている。

この御輿はそれほど大きくなく、屋根が「ずいき」を並べて葺かれ、四隅の柱には唐獅子（らしいもの）の彫刻をほどこした「ずいき」を立てている。扉には金箔のかわりに切った麦藁を貼りつけ、稲穂を釣り下げたりトウモロコシの毛を使うなどさまざまの野菜で飾っている。

ずいき神輿（中田昭氏撮影）

四日めの遷幸祭は重要で、「おいでまつり」の名があるように、大宰府で亡くなった道真の御霊が初めて神様として北野の地においでになった故事を再現しているという。

ぼくにとっても楽しい参拝となった。でもこのような御輿はいつまで作りつづけられるだろうか。それを心配するより一年でも早く見ておくにこしたことはない。

道真と野菜とはそれほど関係はなさそうにみえるが、道真の死んだ二月二五日にちなんだ梅花祭は、昔は菜種の御供といった。この日はお供《そなえ》のご飯に一葉の咲いた菜の花を挿すように聞いている。

作家の司馬遼太郎さんを偲ぶ会は「菜の花忌」とよんで毎年盛大におこなわれている。このときの祭壇をいっぱいの菜の花で飾っている。

道真と司馬さん、この二人は類稀な文才の点ではたしかに共通点はある。漢詩と和歌では道真がすぐれ、文章では司馬さんがすぐれている。司馬さんと京都とも縁は深く、前に建仁寺の項で少しふれた。

第4章　平野神社、今宮神社から千本通り

北山通
今宮神社
孤蓬庵
大徳寺
北大路通
金閣寺
船岡山
建勲神社
紙屋川
引接寺（えんま堂）
立命館大学
等持院
平野神社
千本釈迦堂
（大報恩寺）
雨宝院
西大路通
北野天満宮
お土居
今出川通
北野廃寺跡
七本松通
千本通
北野白梅町
大将軍八神社
中立売通
一条通
天神川

今来の神としての平野神社

平野神社が、北野社つまり北野天満宮の北西に紙屋川をへだててある。この神社は平安遷都ののち間もなくの、延暦年間に大和国から移されたとみられている。長岡京のとき大原野へ移され、それから平野へきたという伝えもある。いずれにせよ北野天満宮よりも早く平野の地に鎮座した。「平野」も「北野」もすでに述べた「七野」の地名だから、二つの神社とも地名をつけて神社の名となったのである。

平野神社の西端は西大路通に面しているが、もとはさらに西にひろがっていた。昭和になってから西大路通を六車線にひろげたときに社地を割譲して現在の社地になった。この工事は昭和一八年に完成した。それでもなお境内は広く春の「平野の夜桜」は名高い。

平安前期から平野神社という名があったのではなく、平野の地に祠《まつ》られている神々という意味があった。今日の平野神社の本殿は四つの社殿からなっており、今木神《いまきのかみ》などの四神をまつっている。注意してよいことがある。『延喜式』の神名帳には、山城国葛野郡の大社一四座のうちに「平野祭神四社」とある。

「平野祭神四社」とは神名帳の神社名としては奇異であり、ほぼ同格の四神を平野の地にまつっていた様子が垣間《かいま》見える。とはいえ現在では第一の社殿にまつってあるのは今木《いまき》大神である。

今木は今来とも書き、〝新来〟とか〝異国〟の意味をもっていて、〝新〟一字であらわすこともある。今木の漢《あや》として雄略紀にでているのは、百済系の人びとのことをいっている。このほか畿内に移住していた隼人にも、今来隼人《いまきのはやと》として移住の新旧を区別することもあった。

奈良時代の「愛宕郡某郷計帳」に戸主の今木直《あたい(え)》粳《うるち》が見え、その戸のなかに今木直兄麻呂、今木稲売《いなめ》らがいて、平安遷都よりも前に今木を氏名とする集団がいた。

仁明天皇の承和三年（八三六）一〇月に、従四位上の今木大神に正四位上を、従五位下の久度と古開の両神に従五位上を授け、さらに嘉祥元年（八四八）七月には正四位上今木大神を従三位に、従五位上の古開神と久度《くど》神に正五位下に、無位の合殿比咩《あいどのひめ》（咩）神に従五位下を授けていて（ともに『続日本後紀』）、四神それぞれの名と格の高さの違いがうかがえ、比咩神が最後に加わったこともわかる。これによって平野でまつる四神の第一が今木神、つまり今来神であることがわかる。

このうち久度はぼくの子供のころも〃オクドさん〃の言葉は耳にしたことがあり、クド（久止）は竈《かまど》のことである。

平野神社の御由緒書に「第二殿久度《くど》大神（竈《かまど》の神、衣食住の生活安泰の神）」とあってクドが古い言葉であることを示している。

古代には家を一戸、二戸というとき、一烟《えん》、二烟とカマドを単位としてよぶことがおこなわれていてカマドの重要性を示している（たとえば諸陵式の陵戸や守戸の数）。

炉《ろ》は家の中央にあって煙が屋内にたまるのにたいして、竈《かまど》は壁の下にとりつけられ煙を屋外に排出できる場合をいう。このような竈は朝鮮半島から伝来したもので、日本列島では早いところで五世紀から使われるようになった、新しい生活様式といってよい。

『延喜式』の大蔵省の条に「忌火、庭火の御竈神、平野御竈神を祭る料雑物」の規定があって平野の竈神が宮中でも大切にされていたことが知られる。

久度大神を百済の聖明王の先祖仇首王にあてる説もある（『神道大辞典』の平野神社の項）。しかし百済史のなかでの仇首王の存在は特筆されることはなく、また貴須王とも書かれて、はたして「くど」の発音があったかどうかは疑問があり、ぼくは「竈の神」説でよいとおもう。「くど」は今日では古い日本語にあるけれども、古代の竈は新来の今木の道具であった。

もと無位だった比咩《ひめ》神は、神社の由緒書では「比売《ひめ》大神（生産力の神）」としている。ぼくは後に述べる理由から、高野新笠《たかののにいがさ》の母の土師真妹《はじのまいも》の可能性もあるとみている。さらに高野新笠の墓が大枝《おおえ》山陵とよばれたことから、高野新笠も候補となる。というのは平野神社の神階昇叙にさいしては、藤原氏とともに大枝氏を遣わしている。大枝の氏名は土師真妹に正一位を追贈したときにあたえられた氏名であることは、前にふれたことである。桓武にとって母の高野新笠と祖母の土師真妹は、今日考える以上に大きな存在であった。

都がまだ平城京だった延暦元年（七八二）一一月に、「田村後宮の今木大神を従四位上に叙している」（『続日本紀』）。田村第とはもと藤原仲麻呂の壮大な邸で、それを孝謙天皇も用い、後宮は旧宮のことだから光仁天皇が用い、そのころは夫人の高野新笠が住んでいたと推定され、今木大神とは新笠がまつりだした神であろう。ぼくの想像にすぎないが、百済の遠祖の都《と》慕王をまつったかとおもう。

都慕王のことは延暦八年一二月の高野新笠の薨伝のなかに、皇太后の遠祖都慕王は「河伯の女の日精に感じて生める所なり。皇太后は即ちその後なり」（『続日本紀』）と、堂々と述べられたことからも察せられる。都慕王とは『後漢書』夫余《ふよ》国伝では東明王、『魏書』高句麗伝では朱蒙《しゅもう》、

『三国史記』では鄒牟《すうむ》の名ででている伝説上の開国王である。

久度王についても、延暦二年一二月に「大和国平群《へぐり》の久度神を従五位下に叙し官社となす」とある（『続日本紀』）。『延喜式』の神名帳の大和国平群郡には久度神社があり、王寺町の舟戸神社がそれを継承しているとみられている。

高野新笠の父の和乙継《やまとのおとつぐ》の牧野墓が『延喜式』諸陵式によると「太皇太后之先和氏。大和国平群郡にあり（以下略）」とあって、渡来系の和氏の居住地が王寺付近にあったと推定されることから、久度神も新笠にかかわりのある神とみてよかろう。『諸陵式』の先の文中の太皇太后とは、新笠のことであることはいうまでもない。

平野神社の第二神の古開大神はどんな神かよくわからない。〝ふるあきら〟あるいは〝ふるあき〟と読ませたものもあるが、他の三神はともに音読だから〝こかい〟かもしれない。

『神道大辞典』の平野神社の項では、開を関とみて古関とし、さらに古と関がそれぞれ一つの人（神）をあらわすとみて、古は沸流《ふる》王、関は肖古王にあてて百済の王とみる説をのせている。昭和一二年の刊行物としては東アジア的な視点での考察であって、一顧に値する。

このように平野神社は、高野新笠が田村後宮でまつりだしていた父方の先祖の百済の王たちと、母方の土師真妹を祭神とするとみられ、高野新笠の子の桓武にとっての新笠の存在の大きさを、あらためて痛感した。

平野神社の本殿は江戸前期の寛永年間の建築で、比翼春日造とよばれる特異な構造である。四神をまつることから工夫されたとみられる。また南門は御所の旧門を下賜されたと伝える。なお一〇世紀には平野神社は施無畏寺《せむいじ》を神宮寺にしていたことがわかる（『日本紀略』）。

北野廃寺と蜂岡寺

平野神社の南西には、北野遺跡とよばれる弥生時代や飛鳥時代の竪穴住居址の群在する集落遺跡があり、さらにその南南西には京都盆地での最古の寺院址の北野廃寺がある。竪穴住居の一部は、寺の建立される直前まで使われていた形跡もある。平野神社から北野廃寺まで、直線距離で約三〇〇メートルである。なおこれらの遺跡の地上はすっかり住宅地に変貌していて、その場所は「京都市遺跡地図台帳」（平成一九年）で見当をつけるのがよい。

北野廃寺は周辺の開発によって存在が明らかとなった遺跡であるが、後に述べるように、太秦の広隆寺の前身の蜂《はち》岡（丘）寺であったとみてよかろう。幡枝《はたえだ》で焼かれた飛鳥時代前期の瓦を使っていたが、寺域内でも瓦窯跡が発掘されている。蜂岡寺は聖徳太子を側近として支えた秦河《はたのかわ》（川）勝《かつ》の建立した寺で、山背《やましろ》の大豪族の秦氏の氏寺である。

『類聚三代格』の貞観一四年（八七二）一二月一五日の「太政官符」には、平野神社の土地一町が葛野郡上林郷九条荒見西河里廿四坪にあったことがわかる。さらに示された社地の四至《しいし》が「東限荒見河　南限典楽寮園　西限社前東道　北限禁野地」だったこともわかる。

このなかの荒見河は今日の紙屋川のことで、この河では平安時代には九月晦日に官人たちが禊《みそぎ》として荒忌《あらいみ》をおこなっていたと伝え、それにちなんで荒見河の地名が生まれたとみられる。その斎場は平野神社至近の地と伝え、今日も平野神社より少し北北東の紙屋川左岸に、衣笠荒見町や大祓町の地名がのこっている。

もう一つ注目してよいのは南に接して典薬寮の園があったことである。さまざまな薬草の栽培とともに、牛乳や蜂蜜の生産もしていた可能性がある。牛乳と蜂蜜は古代の貴重な薬だった。その意味では、これから述べる蜂岡寺の地名にも関係しそうである。

条里の研究から平安時代の平野神社の位置を求めたのは、国史学の泰斗である喜田貞吉《きだていきち》氏である。喜田氏は「山城北部の条里を調査して太秦広隆寺の旧地に及ぶ」の論文を『歴史地理』（第二五巻第一、二号）に大正四年に発表し（『喜田貞吉著作集』4に所載）、地図上で平安前期の平野神社の位置を示した。

なお条里とは古代国家が全国的な規模でおこなった土地の基礎的区画整理で、壮大な大土木事業であった。昔は大化改新直後の施行とみられたことはあるが、現在では施行の時期の決定がむずかしくなっている。とはいえ平安時代以前であることは間違いなかろう。

見逃せない史料がある。『朝野群載』に収められている『広隆寺縁起』によると、創建時の蜂岡寺といった広隆寺の旧寺家地は、九条河原里の一〇ケ所の坪と同条荒見社里の四ケ所の坪、合わせて一四町にひろがっていた。条里からその場所を求めると平野神社にも近く、細かい点での検討はなおのこるとはいえ、北野廃寺をそれにあててまず間違いなかろう。この縁起は承和三年のものとみられている。

北野廃寺からは「野寺」の墨書のある平安前期の土師器が出土しているし、「鵤室」の墨書のある平安前期の灰釉陶器も出土している。「野寺」は「北野寺」あるいは「平野寺」の略記とみられ、鵤《いかるが》は斑鳩の一字表記で、聖徳太子建立の斑鳩寺（法隆寺）との関係の建物（室）があったらしいことも浮んでくる。

これまでの平野神社の説明では、百済の王家との関係を説いてきた。だがもともと平野や北野の地は、秦河《はたのかわ》勝《かつ》との関連の深かったことが垣間見えてきた。いずれにしても古くから渡来系氏族とのかかわりの強い土地だったことには変わりない。平野神社と創建期の蜂岡寺（広隆寺）の関係については、これからの研究課題となるであろう。

もと広隆寺にあった平安後期の銅鐘が、西本願寺に伝わっている。永万元年（一一六五）の諸堂の再建時の鋳造とみられる。平安後期の銘文とはいえ、最初の広隆寺のあった平野や北野の地の役割をしのぶうえで見逃せない。銘文の一部を示そう。

「夫《そ》れ広隆寺は上宮太子之を濫觴《らんしょう》し、秦川勝之を草創す。本朝の仏法爰《ここ》に始まる。此の地の繁昌、今に被る。霊験・奇異、言語道断の事、前記に在《あ》り。復た説くを須《もち》いず」（もと漢文、後略）。

仏教の開始といえばつい奈良県を頭に描くが、「本朝の仏法爰《ここ》に始まる」の一文に、改めて古代山背の役割の大きさを噛みしめてみたくなった。文中の〝爰《ここ》〟とは北野や平野のことである。

今宮神社とやすらい祭

今宮神社は平安時代には紫野社といわれたこともあって（『百練抄』ほか）、七野のうち紫野にある。この神社は船岡（船岡山）の真北に鎮座している。船岡は北野船岡山ともいわれるように、紫野は北野からも遠くはない。

船岡は古代には死者の葬地であるとともに、人々の四季折々の遊宴の地でもあり、さらに聖地でもあった。このことは第一章の「北野や紫野の発展と船岡山」の項で述べた。そこで述べたよ

今宮神社の社殿

うに聖地といっても正暦五年（九九四）、都で疾病が流行したとき、疫神を鎮めるための御霊会《ごりょうえ》が船岡山でおこなわれ、一時的とはいえ疫神をまつっていた。このことが紫野社つまり今宮神社の創始とかかわっている。

正暦の御霊会より七年たった長保三年（一〇〇一）五月にまた疫病が流行し、〃紫野で疫神を祭ることになり御霊会といった〃。そこで〃この日以前に神殿三宇、瑞《みず》垣《がき》などを木工寮修理職に造らせた。御輿《みこし》は内匠寮が造った。京中の上下（の人々）多くこの社に集会した。これ（この社）を今宮といった〃（『日本紀略』）。この記事から新しく造営された宮（社）である新宮を今宮として、神社の名としたのである。神殿や御輿を造るのに政府の役所が動員されていることから、この神社の創始に官がかかわっていたのである。

今宮神社といえば京の三奇祭の一つとされる「夜須礼《やすらい》祭（あるいは安良居祭）」が頭に浮ぶけれども、この祭りも疫神を鎮めるためにおこなわれだしたといわれている。この祭は今宮神社の摂社の疫《えき》神社の祭礼である。今日では四月の第二日曜におこなわれている。

疫神を鎮めるための御霊会が、どうして「やすらい祭」といわれるのだろうか。この祭のおこ

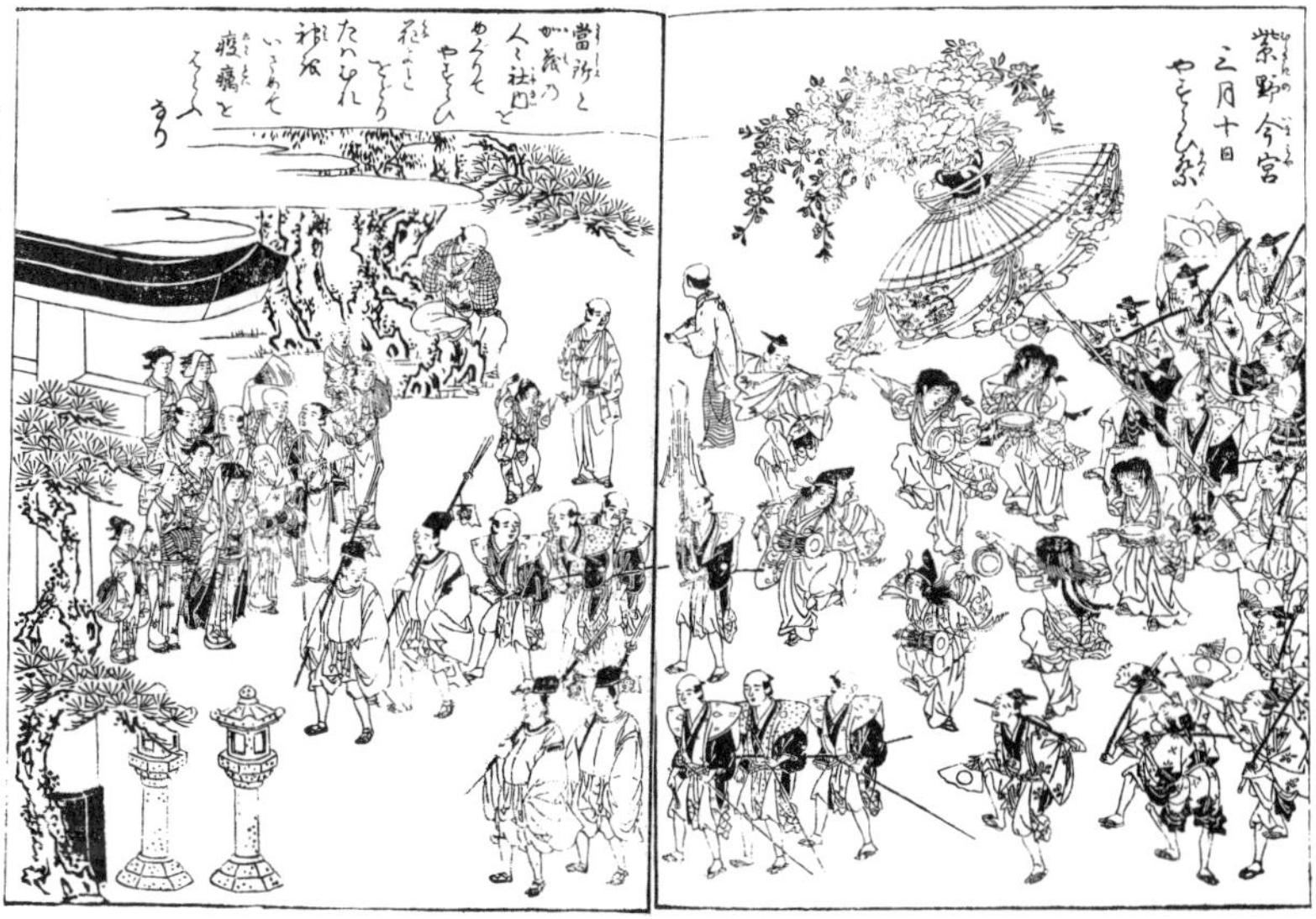

江戸時代のやすらい祭（『都名所図会』）

なわれる四月上旬は、木や草の花の咲くころである。昔は飛びかう花に乗って疫神が動きまわって人々を悩ませる原因と信じられ、花が散らないで長く安らぎ休めることの必要性をおぼえた鎮花祭でもあった。つまり「やすらい」とは、疫神を乗せて飛び散る花を「安らげ」「休らげる」ことから出た言葉とみられる。

この祭でおこなわれる踏歌《とうか》の一聯の末ごとに、「やすらい花や」の嘶詞《はやしことば》が歌われることも、鎮花祭であることをよく示している。

「やすらい祭」には京中から男女が集り、「ふうりゃうのあそび」(風流の遊）といって笛や太鼓にあわせて乱舞し、そのさい大きな傘のうえに桜、椿、山吹などの風流の花をさす花傘もでるので、花傘祭として名高い。

久寿《きゅうじゅ》元年（一一五四）四月には〝京中の児女が風流に備え鼓笛を調し紫野社に参る。世に之を夜須礼と号す。勅あり禁止す〟（『百練抄』）とある。これは祭礼の禁止ではなく、祭礼にことよせて集る男女が豪華に着飾ることを禁止したとみられる。

今宮神社の本社の有名な祭礼がある。五月一日から一五日までおこなわれる今宮祭である。五日には神輿が町々を巡行する御出祭があり、長い棹の先に一メートルほどある剣状の鉾をつけた荷鉾《にないぼこ》が加わる。一二本の鉾を出す町を鉾町という。寺之内、千本、五辻《いつつじ》、大宮などの町で、祇園祭の鉾町にたいして西陣あるいは千本の鉾町といえばよいとおもう。このような長い祭鉾は、西院《さいいん》の春日神社の祭礼でも見たことがある。

今宮神社でぼくが注目するのは、本殿にまつる三神が出雲の神々であるという点である。大己《おおなむ》貴命《ちのみこと》（大国主）、事代主《ことしろぬし》命それとスサノヲ命（素戔嗚）の妃の奇稲田《くしなだ》姫の三神である。さらにさきにふれた摂社の疫神社にはスサノヲ命をまつっていて、これら四神はいずれも出雲の神である。ぼくはすでに、愛宕郡には出雲臣たちの居住する出雲郷のあることを述べた（『洛北・上京・山科の巻』の「出雲郷や花の御所」の章）。

この地は、八世紀には雲上里と雲下里になるなどの大きな居住地であり、出雲人たちが平安遷都前から住んでいたのである。

出雲郷の中心にあったとみられる出雲寺址（上御霊神社とその周辺）は今宮神社の南東約二キロにあたるから、出雲郷のはずれは約一・五キロのところにあった。どうして今宮神社の祭神が出雲の神々なのかということと、さらにその創始に出雲郷の人々が関与したのかなど研究課題はのこる。

線刻四面仏石やあぶり餅のこと

今宮神社に現在は仏教色はないが、この神社も明治以前には神仏が習合していた。もと境内（本殿の西南、神社の古図にでている）にあった塔の本尊として安置されていた線刻四面仏石が、現在では国立京都博物館に寄託されている。なお塔がいつまであったかとか塔跡の現状は調べていない。

安永九年刊行の『都名所図会』には今宮社の俯瞰図をのせているが、ここでは塔は描かれていない。なお今宮社をのせた次の頁に三月一〇日の「やすらひ祭」の絵（前々頁に掲載）をのせ、大きな花傘の下で男たちが踊る絵をのせている。

線刻四面仏石は約六〇センチ角の方形の硬砂岩を用い、左廻りで阿弥陀如来、釈迦如来、薬師如来、弥勒菩薩の坐像を線刻で表していて、阿弥陀像の左端に「天治二年七月十三日為」の銘文がある。天治二年は一一二五年、崇徳天皇のとき、院政では白河上皇のときだった。不整形の自然石を加工せずにそのまま利用しており、このような形の石に仏が宿ってもおかしくないとするような製作者の意図がうかがえる。

今宮神社の建物にはそれほど古いものはない。だが大正一五年に建立された楼門は、年代のことはさておきなかなかの風格がある。船岡山のほぼ中央から逆T字形に北大路通で分かれていて北へと延びる今宮門前通の北端にこの門は建っていて、威厳を感じる。

境内から東へでるところには江戸時代の元禄年間に建立された東門がある。東門を出て北東に上野町があるのは七野のうちの上野の位置を伝えるものである。

東門を出た道の両側は昔から参詣人がよく通った道らしく、東門を出てすぐのところに向いあって「一文字屋」と「かざりや」の二軒の茶店がある。ここで指先でちぎった餅片を竹串の先に刺し、炭火であぶって味噌をつけて食べさせている。「あぶり餅」といっているが、これを食べていると自分が中世や江戸時代に生きているような気持になることがある。

店の前には餅をあぶるときに使う炭俵がずらりと並べてある。ガスや電気を使わない一昔前の食品として、今宮神社へ行くと床机に腰かけていただくのを楽しみにしている。

あぶり餅、ぼくと妻の２人分

当社には寛政三年に絵馬として奉納された油絵の「蘭船図」がある。江戸時代の油絵としては司馬江漢のものは有名だが、これも珍しい。長崎会所請払役を勤めながら油絵を学んだ若杉磯八《いそや》（五十八）の絵であって、近世における西洋文化の影響をたどるうえで貴重な作品である。これは常時は公開されていない。ぼくは二〇年ほど前に「京の社寺と古絵馬展」で見たことがある。

引接寺・千本閻魔堂

千本閻魔堂《せんぼんえんまどう》の正式の名は引接寺《いんじょうじ》である。一一世紀のはじめ、天台の僧定覚が「諸人化導引接仏道」の道場として開いたのが引接寺と伝えられている。冥王としての閻魔《えんま》大王に引見される寺かとおもったが、仏道にふれることのできる寺の意味のようである。

この寺の所在する町名が閻魔前町であるように千本閻魔堂の名で親しまれている。このあたりは七野には含まれていないが柏野の地名があったようである。寺は千本通の西にあるが、この大通も昭和の初めに拡張されるまでは、幅五メートルほどの細い道だったときく。

千本えんま堂引接寺の石碑

引接寺の本堂に安置される本尊は、高さ二・四メートルの閻魔大王の巨像である。扉はいつもは閉められている。しかし扉の上部に一〇センチ四方ほどの窓があいていて、そこから覗くと閻魔の顔面の一部を見ることはできる。恐い顔ではあるがそれが度をすぎていて、どこか微笑ましくもある。

毎年の八月八日から一五日までの精霊迎えのあいだは、大勢の参詣者で賑わう。この期間は厨子《ずし》の扉が開かれ、中国風の道服を着て右手に笏を持って坐る閻魔像を拝むことができる（二〇〇八年八月十日、ばっちり拝観）。

この像の左の掌には、長享二年と仏師定勢《じょうせい》の

引接寺の本堂（えんま堂）

名とが墨書されている。長享二年は一四八八年（八月に延徳元年となる）で、足利将軍義尚のときである。

室町時代の彫刻ではあるが、姿といい容貌といい力強い作品である。この像の左右には司令と司録の従者を配し、閻魔の庁（役所）での様子を現出している。その意味ではこの本堂は閻魔の庁でもある。

この像を一六世紀に見て、ヨーロッパに伝えた人がいた。織田信長の信任をもえるようになる、ポルトガル人のイエズス会の宣教師ルイス・フロイスである。フロイスは観察力が鋭く好奇心も旺盛で、なによりもヨーロッパ人としての優越感をもたずに日本人や日本文化に接した人である。

フロイスは永禄八年（一五六五）に初めて都を訪れたとき、精力的に寺々を見ている。三十三間堂、東福寺、清水寺、百万遍の知恩寺、大徳寺などを丁寧に見たあと、引接寺と推定される堂を訪れていて次のように記している。

「地獄の審判者（森註、閻魔）に献げられた別の堂を見た。その立像（森註、原文の言葉はどうか。坐像である）はたいそう大きく、醜悪で、身の毛もよだつようである。手には審判の笏を持っていて、その像の側には別の二匹の鬼（森註、司令と司録）がいて、ほとんど人間の三倍ぐらいの大きさがあり、一匹は手に罪人の罪科を記す筆を持ち、他の一匹は紙のような板を持っていて、それによって罪科を読みあげる。壁には多くの種類の地獄の苦患が画かれていて、これを受ける男女の姿や彼等にこれを加える悪鬼どもが画き添えてある。この家は詣る者多く、喜捨も多い」

（『日本史』3、柳谷武夫訳、東洋文庫）

フロイスが見た壁画は、今日でもうっすらとはのこっている。残念ながら絵は不鮮明になっており、赤外線を使うなどで再現することが望ましい。もとの絵の記録をとったあと、現代の絵師によって補筆してもらってもぼくはよいと考える。昔はこの絵を見て親が子に地獄の怖ろしさを教えたことであろう。

鉄の擬宝珠（引接寺）

些細《ささい》なことだが、東洋文庫版のこの閻魔堂の個所の註に「現在は全く廃寺同然の荒廃した有様」とあるのは、ぼくが見た現状とは大きく違う。はたして寺を訪れてつけた註なのだろうか。訂正しておかないとそれこそ閻魔さんに叱られる。他人のことながら心配になった。引接寺は境内の手入れがよく、ぼくは二度訪れた。夏には精霊迎えの賑わいのおりに、もう一度行ってみよう。

引接寺のある土地がらを検討しよう。この地はすでに述べたように、古くからの葬地であった蓮台野に近い。都の東の葬地だった鳥部《とりべ》（辺）野《の》（山）の近くに、閻魔とも関係のある六道珍皇寺《ろくどうちんのうじ》や六波羅蜜寺があって、対比することができる。とはいえ閻魔の像の大きさでは、千本閻魔堂のほうがはるかに大きい。

境内の鐘楼には康暦元年（一三七九）の鐘が下る。銘文は「当華洛之北偏有蘭若之場　安置華厳之教主并閻魔王　泰山　五道転輪王　司令　司録等像（後略）」とある。蘭若とは修業に適した寺のこと、それと閻魔像などがこのころにもあったことがわかる。

この寺でも春の桜の花が咲くころ念仏狂言がおこなわれた。今宮神社の「やすらい祭」でみたように、鎮花の法要である。このように引接寺は庶民の寺としての町堂として続いてきたのである。なお境内には紫式部の墓との伝承のある九重の石塔がある。至徳三年（一三八六）の造立の銘文をもっている。

引接寺の入口にさり気なく置かれた鉄の擬宝珠《ぎぼし》が一つあった。形が整っているので近づくと「文禄五年丙申二月吉日造之」の陽出の銘文がある。大きさは五条や三条大橋の銅製の擬宝珠にも似ているが鉄製である。どこに使われた擬宝珠か、思いがけない宿題がまいこんできた。

大報恩寺・千本釈迦堂

大報恩寺は千本通と七本松通の中間にあって、周囲を民家ですっかり囲まれているが、もとは東が千本通までの大寺だったと伝えられる。千本釈迦堂の名で親しまれているが、北野釈迦堂ともよばれるように北野の地に含まれている。北野天満宮の東約四〇〇メートルのところにある。引接寺の南にほど近いところでもある。

応仁の乱の主戦場の西陣に近いのに、安貞元年（一二二七）年に建立された本堂（いわゆる千本釈迦堂）が今日まで伝えられたのは、奇跡といってよかろう。この寺も応仁の乱の兵火によって他の堂は失われたが、幸い釈迦堂だけがのこったのである。この建物は東寺の校倉《あぜくら》（宝蔵）を別にすると、旧京都市域での最古の建造物でもある。

ぼくは何度もこの建物を見るために訪れていて、重厚さとともに気品のある建物を眺めていると気持が落つく。桁行五間、梁間六間、純和風の建物で、入母屋《いりもや》造の檜皮葺《ひわだぶき》の屋根をもった堂々とした建造物である。安貞元年の建造とわかるのは棟木の墨書銘によっている。

今までに訪れた京都の寺々は、天皇や上皇、皇后や妃、摂政や関白、有力武将など身分の高い人々が造営に関与したところが多い。

ところが大報恩寺は、猫間中納言の名で通っている藤原光隆に仕えた家卒の岸高《がんこう》なる者が、自分の土地を義空《ぎくう》上人に喜捨して仮の堂を構えたのが承久三年（一二二一）である。義空は奥州平泉の藤原秀衡《ひでひら》の孫と伝え、鎌倉での修業ののち比叡山で学んだ僧である。そのとき一仏と十大弟子像（いずれも木造）を安置したのが始まりと伝えている。

猫間は光隆の邸のあった地名で、七条坊城壬生《みぶ》のあたりといい、猫間中納言が都へ攻上った木曽義仲と会ったときの話は『平家物語』巻八にでている。家卒の岸高については詳しくはわからない。

ここに一仏とあるのは、いうまでもなく本尊の釈迦如来坐像のことで、鎌倉初期の快慶の弟子の行快の作になることは、胎内の「巧匠法眼行快」の朱書銘からわかる。整った仏像で光背、台座、天蓋なども鎌倉初期のものである。

釈迦堂の内陣のなかに太い四本柱が立ち、その奥にある厨子に釈迦如来像は安置されている。

大根だきの日の千本釈迦堂（門外）

いつもは扉は閉ざされているが、ぼくが訪れた一二月八日の大根焚《だいこだき》の日は釈迦が悟《さとり》を開いた成道会《じょうどうえ》でもあったので、厨子の扉は開けられていて、像のお顔を拝むことができた。

気がつくと広い堂内にある古仏はこの釈迦像だけであって、十大弟子像は霊宝館に移されていた。お釈迦さんは淋しいことだろう。なお釈迦如来は高さ八九センチで思っていたよりは小さかった。

それと四本柱には仏を描いた絵はあるが、何を描いているかは確かめなかった。

ぼくはお堂の外陣《げじん》に座って、しばらく釈迦如来像を凝視していた。すると特別祈祷を頼んだ人たちがやってきて、僧が読経を始めた。それにあわせて若い僧が打つ太鼓の音はなかなかの高音で、リズム感もよく、ジャズバンドが顔負けするほど元気があった。お寺でこれほど威勢のよい読経に接したのは初めてであり、仏教音楽についての認識を一つもつことになった。

先日、林屋辰三郎氏の対談集『聚楽の夜咄』（淡交社）を読んだ。そのなかで、司馬遼太郎さんが〝叡山の坊さんが坂本で声明を勉強している所に、京都の物好きの声がよくて耳の良い人が習いに行って、京都の町の者に教える。そうすると歌謡のもとになるというのは本当ですか〟の件があって、林屋さんが〝これは芸能史の大発見ですね（笑）〟のやりとりがあった。読経を聞くうちにこのことが浮んできた。

以下述べる仏像は現在ではすべて霊宝館に移されていた。館内に入るとまず十大弟子像が目に飛びこんできた。

大根だきの日の千本釈迦堂（境内）

十大弟子とは釈迦の高弟たちのことで、十体揃って伝えられたのは見事というほかない。目犍連《もっけんれん》像と優婆離《うばり》像の足枘（足を固定するための突起）に快慶の墨書があって、快慶の作であることがわかる。舎利弗《しゃりほつ》、大《たい》（摩訶）迦葉《かしょう》、須菩提《すぼたい》、富楼那《ふるな》、阿那律《あなりつ》、羅睺羅《らごら》、阿難佗《あなんだ》、迦《か》旃延《せんねん》の像も、いずれ劣らぬ力作であり、快慶の指揮のもとその工房の工匠たちが製作にたずさわったのであろう。一つずつの顔付の違いなど、人間の造形として見ても面白いことであろう。十大弟子には、たとえば神通第一の目犍連のようにそれぞれに長所があった。快慶らはそれらの長所をどのように造形したのかなど観察してみるとよい。

釈迦のもとに十人の高弟が集まって修業に励むこれらの仏像に、人びとの信仰がたかまったのは自然の勢いであろう。『徒然草』にも「千本の釈迦念仏は、文永の比《ころ》、如輪上人、これを始められけり」（第二二八段）と記している。文永は蒙古の襲来した一三世紀中ごろすぎ、如輪上人は浄土宗の僧澄空のこと、摂政藤原師家の子である。「南無釈迦牟尼仏」を唱える大念仏で、現在もその伝統はつづいている。なお京都には嵯峨の清凉寺にも木造の十大弟子像がある。これについては本シリーズの次回の巻で述べる予定である。

十大弟子と向かいあうようにして六観音像がある。いずれも木造で如意輪観音像だけが坐像である。河内長野市の観心寺の観音をさらに官能的な表現にしたようで、右手で頬を支える仕草も美しい。

胎内に貞応三年（一二二四）に定慶が作ったことを記す墨書銘のある准胝《じゅんてい》観音像のほか、聖観音像、十一面観音像、千手観音像、馬頭観音像の立像が並ぶのは見事である。墨書銘のない五体の観音像も定慶工房の作と推定され、『仏像集成』3（学生社）に写真が掲載されている。

定慶は肥後別当とも肥後法眼とも称し、宋風彫刻の影響を強くとりいれていることが、これら六観音の顔の表情や姿態のなめらかさにあらわれてる。

これらの六観音のほかにも千手観音立像がある。平安中期ごろの作品でおそらく当初は他の寺にあったものだろう。

本堂の横におかめの塚があり、その上におかめの像が立っていて親しまれている。本堂造営にあたって、大工の棟梁がお堂の柱の寸法を間違って切ってしまった。男が思案にくれていたとき、妻のおかめは斗拱《ますぐみ》によって寸足らずの柱を補うようにと提案して、工事が無事に終った。そのあとおかめは女の提案であったことが知られぬよう自刃したと伝える。事の真偽はわからないが心温まる伝説である。

大根《だいこ》焚《だき》は一二月の七日と八日におこなわれる。ぼくは八日の一時ごろに寺へ着いたのだが、境内は人でごったがえしていた。大根焚を求める人が南の門よりも五〇メートルほどの先から行列している。券を購入して妻が並んでくれたので、ぼくは本堂での釈迦像との対面をつづけることにした。

大報恩寺の准胝観音像
（『仏像集成』3学生社）

本堂の前では、墨で梵字を一つずつ記した生の聖護院大根を希望者に分けていた。大きなしだれ桜の木が四方に枝を下ろすまわりのあちこちには床几《しょうぎ》がおかれ、大鍋で炊いた熱い大根を味わう人で混んでいた。なかにはタッパーを持参して、炊いた大根を持って帰る人もいた。

妻が大根焚をいれた大きな椀を手にして戻ってくるまで約三〇分ほどかかったが、見るもの聞く音のどれもが活気があって、楽しかった。この人混みも仏教行事の一つであるには違いない。この寺を訪れる人はぜひ大根焚のときに訪れることを勧める。

雨宝院の観音堂

帰りは門前から東へと歩くと千本通にでた。まず漬物屋の「近為《きんため》」で千枚漬を買い、その向いの昆布屋の「五《いつ》辻《つじ》」で黒のとろろ昆布を求めて帰途についた。今日は満足の時間をすごせた。

雨宝院の千手観音立像

千本釈迦堂から東へ道をとり、千本通をすぎてさらに東進して、中立売《なかだちうり》智恵光院通にでる手前の聖天町にあるのが雨《う》宝院《ほういん》である。千本釈迦堂から東へ六〇〇メートルのところにある。

ぼくが雨宝院に少し変わった仏像のあることを聞いたのはずいぶん前のことだが、なかなか機会がなく、二〇〇七年五月にやっと訪れた。ところがこの日は寺務所に人は留守で、対面をはたせなかった。

幸い寺務所に千手観音のポスターが貼ってあって、それを眺めるうちにぜひ対面したいという想いがつのってきた。ぼくが一つの仏像にこれほど惹かれたことはあまりない。

一週間後にもう一度行くと若い住職がおられ、この寺の仕来《しきた》りによって小ぢんまりとした観音堂に通され、住職がぼくたち夫婦のためだけに経をあげてからの拝観となった。信仰財にたいするのだから当然のことである。

応仁の兵火で寺が焼かれたとき、信徒がこの像を船岡山に隠したという。そのさい千手のうちの何本かの手が失われ、現在のようなお姿になった。とはいえ残された十本の手は左右が揃っていて独特の雰囲気をただよわせている。

木造の二メートルあまりの大きな像だが『仏像集成』3（学生社）に見事な写真が載せられ、田中善隆氏は「一見、奈良時代の乾漆像を思わせる張りのある顔、みずみずしい手足、飜波式の円味のある衣文、奥行の深い体躯」と解説している。的確な解説といってよかろう。制作年代は平安前期ではあるが、奈良時代の作風をのこした作品であり京都の仏像としては珍しい。

雨宝院の千手観音像
（『仏像集成』3学生社）

雨宝院の町名が聖《しょう》天《てん》町であるように、この寺の本堂の本尊は大《だい》聖《しょう》歓《かん》喜《ぎ》天《てん》で、この寺は西陣聖天ともよばれている。当初は千本五《いつ》辻《つじ》にあった大聖歓喜寺の一坊だったと伝え、千手観音立像がもともとどの寺にあったのかについてはまだ解明されていない。その謎を解くためにもできるだけ多くの人がまずこの仏像に対面してほしい。文化財を見るのではなく、信仰財に接するという心の準備ができてからがよかろう。

京の北西角にある大将軍八神社

これまでに信仰財としての寺々にある仏像についてはかなり多くを紹介してきた。神社には、本来は人の姿をした偶像は祠らなかった。だが神仏習合によって、神社でも木彫の神像を祠ることがおこなわれだした。

平安時代から鎌倉時代におよんで作られた神像が多数ある神社として、大将軍八神社についてふれておこう。

大将軍社はもと京の四隅にあったのだが、現在では京の北西角（隅）にあった大将軍八神社がよく知られている。北野天満宮の一の鳥居の南西約二〇〇メートルのところにあるが、周囲に人家が建てこみわかりにくい。ぼくも何度か人に尋ねながら、たどりついた。一条通よりは北、天神通よりは西の位置にある。

大将軍八神社のことは昭和八年に刊行された『京都府史跡名勝天然紀念物調査報告』第十二冊の「大将軍八神社」の一文（向居淳郎氏執筆）に、八体の神像の写真が掲載されていたので早くから注目していた。

これらの神像のなかには、博物館での展覧会に出陳されたものもあったので、代表となる神像を拝見したことはある。神社では春と秋の二回に公開されるとは聞いているが、まだその機会にあわせることはできていない。

ところで神社の名の最後に「八」がついているのは、八柱の神をまつっているということである。その八神とは、本シリーズ『洛東の巻』の「スサノヲの命と蘇民将来の茅の輪」の項でふれた、牛頭《ごず》天王と五男三女の八王子のことだともいわれている。この八王子のなかには、玄界灘《げんかいなだ》地域にまつられている宗像《むなかた》（胸形）の三女神も含まれている。

ちなみに京都御苑の南西部にも宗像神社がある。これは玄界の神々が勧請《かんじょう》されたのである。この宗像神社は京都御所よりも早くからこの地に鎮座し、嵯峨天皇によって才能の見出された藤原良房の東京一条第《てい》（この東京は左京に同じ、洛陽ともいう）にあった神社である。貞観《じょうがん》元年（八五九）には三女神の名を記したうえで正二位を授け、「居は異なるといえども実はこれ同神なり」と筑前の宗像大社と同じということを強調している（『三代実録』）。京都御苑内にあるのであまり注目されないが、由緒の古い神社である。

神社名の初めにつく大将軍は、征夷大将軍のような実在の武将のことではなく、中国の陰陽道でいわれる西方の星、太白の精のことである。四方、つまり方位（方角）を司る神である。この星は三年ごとに移動すると信じられたからその都度の方位の決定がやっかいだった。

一々の例はあげないけれども方忌《かたいみ》（方違《かたたがえ》）によって武将さえもが行き先や行く日を変更したことは多い。面白い例をあげると養和元年（一一八一）一一月一三日の九条兼実の日記『玉葉』には「伝え聞く、大将軍の方《かた》の憚《はばかり》により年内は関東の賊の入洛はあるべからず、節分以後に左右なく（きっと）入洛あるべし」（もと漢文）とある。この場合の「関東の賊」とは木曽義仲のことである。都の公卿だけでなく東国の武士たちも大将軍の迷信に影響されていたのであろう。

江戸中期の『山城名勝志』の葛野郡の項に大将軍村にある大将軍堂を載せ、『拾芥抄』を引いて現在の大将軍八神社の地にあったことを明らかにしている。さらに付記として「今王城四方に在り。北は大徳寺門前、南は藤森の内（境内のこと）、東は岡崎村西南、西は西京大将軍村」（もと漢文）としている。

この場合の方位の表現はやや大雑把ではあるが、もと京の四角《よすみ》に大将軍社またはそれに準じた社のあったことがわかる。

これとは別に、北区西賀茂角社町の神光院の近くに大将軍神社がある。これは、栗栖野《くるすの》瓦窯の工人が祠っていた神社とも伝えるが、ことによると、これが京の北にあった大将軍神社だったのであろう。

神像は武装神像四三体、束帯神像二二体などがあり、うち八体の写真が掲載されている。神像のうち一号から三号（番号は前掲の報告書）は武装姿で顔の表情は厳しい。四号、六号、七号は衣冠束帯姿の坐像であり五号は同じ姿だが立像である。これらの顔の表情は温和である。このほか解説はないが片足の膝を立てて座る童子像を見開きの写真で載せている。彩色によって中黒の菱形文を散している。これは衣類の文様ともみられるが、疫病による湿疹をあらわしたものだろうか。もし後の考えにたつと、これは狭義の神像ではなくなるが、いずれにせよ注目される遺品である。

紫野の大徳寺と一休宗純

第二章からはじまった「七野」の地区の最後に大徳寺を書く。順序からいえば今宮神社の次に書くべきだったが、ぼくのような流儀で歴史をさぐるには、この大寺はしっくりこないことがあって後回しになった。

大徳寺の境内はやたらと広いのだが、歩けるところは塔頭と塔頭にはさまれた狭い道路ばかりで一服できる場所がない。それに法堂《はっとう》、仏殿、三門（金毛閣）のある伽藍の主要部分にもゆったりした空間はなく、しかも各建物を垣で囲っているので近づけない。

この点、伽藍の主要部分が広く自由に歩ける東福寺、南禅寺、建仁寺、相国寺、天竜寺などの禅宗寺院と、どこかただよっている雰囲気が違う。

ついでに気づいたことをいえば、公開している塔頭がめいめい拝観料をとっているから、全部を見ようものならかなりの出費となる。狩野元信、永徳、探幽らの名高い絵画のあることは承知しているが、いつでも拝観できるわけではなく、庶民にとってのこの大寺の存在理由がもう一つ納得できない。このような次第で以下の記述も簡単になる。

大徳寺の創始は鎌倉時代末である。正和四年（一三一五）に宗峰妙超（のち大燈国師となる）が播磨の佐用荘の地頭である赤松則村の帰依をうけ、雲林院の故地に小庵を建立し「大徳」の額を掲げたのが始まりと伝える。則村はのち室町幕府の成立にも寄与し播磨国の守護となった。

後醍醐天皇もこの寺を勅願道場としたが、さらに後醍醐が建武の新政権を樹立するにおよび大徳寺を五山の上に位置づけ、大徳寺は隆盛期をむかえた。

ところが室町幕府が発足すると、状況が一変した。足利義満のとき幕府は五山の制を改め、大徳寺は五山より下の格としての京都十刹に落とされた。至徳三年（一三八六）のことである。そののち大徳寺は十刹の地位を放棄し林下となった。林下とは林のほとりの小庵をいい、禅宗の私寺のことで、本シリーズ第四巻であつかう妙心寺も林下の寺である。

このようにして室町時代には大徳寺は衰退した。それに追打ちをかけるように享徳二年（一四五三）に火災をおこし、応仁の乱でも兵火にあったと伝えている。

このような状況にあった大徳寺が復興したのは、狂雲子とも風狂の僧ともいわれた一休宗純が大徳寺の第四七世の住持になってからである。一休は応仁の乱などで焼失した伽藍の復興につとめた。連歌師の宗長や能の金春禅竹《こんぱるぜんちく》、茶道の村田《むらた》珠光《じゅこう》らとも親交のあった思想性のたかい文化人でもあった。

ぼくは子供のころ一休さんの頓智話はよく読んだし、一休が建立しそこで遷化《せんげ》(死)した南山城の薪《たきぎ》の酬恩庵《しゅうおんあん》（一休寺）には墓地を購入するなど私的な縁もあるので、本シリーズの第五巻の南山城編では、もう一度、一休についてふれるだろう。

山門・金毛閣と千利休

大永三年（一五二三）といえば、一休が死んでから四〇年ほどたっている。そのころ連歌師の宗長は一休ゆかりの薪の酬恩庵を拠点として旅をつづけていた。各地にいる弟子たちへの歌の指南のことなどで、金品をおくられ暮らしていた様子が『宗長日記』にうかがうことができる。

大徳寺の山門・金毛閣

宗長は唐突に「紫野大徳寺山門造営のこと」と日記に書いている。それによると、宗長は越前の一乗谷城の朝倉教景のもとへ山門造営の奉加をうけるため下向し、教景から五万疋の金をえている。

大永六年四月二八日には宗長や大徳寺塔頭の真珠庵主らの奔走がみのり「むらさきの竜宝山大徳寺山門、去正月廿六日立柱、拝見」までに至った。

宗長が建立に努力した大徳寺の山門は一階だけの建物だった。天正一七年（一五八九）になって、天下一の茶人とうたわれた千利休が二階部分を継ぎたし、禅の大寺にふさわしい山門とした。利休も堺の出身だったが、堺の商人たちが大徳寺に肩入れすることは利休以前からおこなわれ、堺の商人の尾和宗臨は延徳三年（一四九一）

に一休の塔所（墓）として真珠庵を建立した。

山門の二階天井の梁《はり》には「檀越《だんおつ》泉南利休老居士修造」と大きく記している。ただし泉南は堺よりずっと南、泉北とすべきだったろう。柱には長谷川等伯《とうはく》の筆になる力強い仁王が描かれ、天井にも等伯による大きな盤竜の絵がある。また二階の中央正面には、松花堂昭乗《しょうじょう》が筆をとった「金毛閣《きんもうかく》」の額があがっている。これは利休よりあとに書かれたものである。この額は離れたところからも見ることができる。

昭乗は江戸初期の文化人として名高く、とくに書にすぐれ、山城の八幡《やわた》の石清水八幡宮のなかに住み、庵に残した煙草盆からヒントを得た吉兆の湯木貞一氏が考案した箱仕立ての弁当に松花堂の名をのこしている。

この山門の楼上に利休は自らの木像を安置することになった。仏像や山門造営に努力した宗長の像を安置するのはわかるけれども、どうしてまだ生きている自分の像を安置したのか。そこには驕《おご》りを感じる。

後で述べるけれども、本能寺で殺された織田信長の葬儀を天正一〇年に秀吉が大徳寺でおこない、信長の位牌所（墓）としての総見院を造営している。信長の墓へ至る門の上に利休像のあることは不遜な行為とみられたとしても仕方あるまい。

案の定、このことが秀吉の怒りをかい、利休は切腹させられ、この山門も破却されようとした（結果的には破却は免れた）。

作家の野上弥生子が昭和三九年に、利休の切腹にいたるまでを『秀吉と利休』の小説に書いた。

秀吉と利休との葛藤を心憎いほどに描きだしている。

このように歴史的には名高い門だが、下層部分が宗長たちの努力で作られた室町時代の建築であることはあまり知られていない。なお性懲りもなく、今日では楼上に利休の木像を置いていると聞いている。この山門は垣で囲まれ下を通れないから、ぼくは利休像の下をくぐらなくてすんでいる。

織田信長の墓のある総見院

室町後期になると豊後の大友、阿波の三好、能登の畠山などの戦国大名が大徳寺の僧に帰依し、競うようにして瑞峯院、聚光院、興臨院などの塔頭をもつようになった。

このような流行もあって羽柴秀吉（のちの豊臣秀吉）は本能寺で殺された信長の一周忌に信長の葬儀をおこない、信長の法名の名をとって塔頭《たっちゅう》の総見院を造営した。

信長の遺骨は本能寺が焼けたため残っていなかったので、仏師の康清に信長の木像二体を造らせ、一体を荼毘に付した。残りの一体は総見院の本堂に安置されているが、衣冠をつけながら帯刀していて、天下布武をとなえた武将の面影をよく伝えている。総見院には仏師の家からこの像を運んだときに使われた輿も保存されている。

総見院の門や土塀は天正一一年当時のもので、塀からはみだすようにしてある鐘楼も当時のものである。この鐘楼と鐘は信長に仕えた堀久太郎秀政が寄進した。秀政は秀吉にも仕え山崎の戦でも功をたてた。

境内には信長の墓をはさんで子の信忠、信雄、秀勝、信高、信好と信雄の子の秀雄らの五輪の石塔が並んでいる。一世を風靡した信長の墓としては質実ではあるが大きくはない。

秀吉はこの葬儀の三年あとで、総見院を使って大茶の湯をおこない、諸大名や京と堺の茶の心得のある町衆をまねいた。このような催しを通して利休と大徳寺の関係は深まり、やがて山門楼上に利休の像を置くことになるのである。

織田信長の墓・五輪石塔

高桐院と細川幽斎の墓

大徳寺の塔頭、高桐院《こうとういん》は秀吉の死後の慶長六年（一六〇一）に細川忠興（三斎）によって建立された。細川家は南北朝以来の武家の名門で、忠興の父藤孝（幽斎）は最後の足利将軍、義昭に仕え、そののち信長、さらに秀吉にも仕えた。武将としてすぐれていただけではなく文学をも愛し、古今伝授をうけるほどの教養人でもあった。

藤孝は長岡藤孝といったこともあるが、これは信長が近畿を支配したとき、西山城の長岡にある勝竜寺城を拠点としたことによっている。勝竜寺城については本シリーズ五巻でふれる。

幽斎の弟（玉甫紹琮、忠興の叔父）は禅僧となったが、忠興はこの僧を高桐院の開祖とした。幽斎が八三歳で正保二年（一六四五）に亡くなると、遺言によって高桐院に埋葬した。そのさい墓としたのが、古くから名物として聞えていた石灯籠である。鎌倉時代末の形が端整で気品のある灯籠で、もと利休がもっていた。利休の死にさいして、親交のあった幽斎に贈ったと伝えている。

この墓には細川忠興の妻ガラシャも合葬されている。ガラシャは明智光秀の娘で、熱心なキリスト教徒であった。関ヶ原合戦にさいして大坂の細川邸が石田三成軍に囲まれたとき、その教義にしたがって家老に自らを斬らせて命を絶った。

ぼくは二〇〇七年の秋に、四二年ぶりで高桐院を訪れた。訪れた主目的はすぐ後で述べる。ちょうど紅葉の季節であったので、訪れる人で混みあっていた。書院から庭を眺めると、ことさら岩石を持ちこんだ様子はなく、樹木の茂るにまかせたというように見える庭園で、ぼく好みである。茂るにまかせるといっても、そこにある木の選定や手入など目立たないところで人手は加わっている。三斎や幽斎の人柄がにじんでいるようで、時間のたつのを忘れて見とれていた。

高桐院はほぼ一年間公開されていて、とくに表門からつづく自然石を用いた敷石のある参道の風情はよく知られている。両側からの木々で頭上は覆われ、禅の塔頭に向うのにふさわしい。

念のためにいえば塔頭《たっちゅう》とは、禅の高僧の墓を中心にできた子院のことで、高僧の亡くなることを〝塔す〟と動詞に使われていることを『東福寺誌』で見た記憶がある。たんに庭園の美しい禅の寺という知識だけで訪れるのでは失礼になる。ぼくは高桐院というと、文武両道にすぐれ、それでいて長寿を全うした幽斎が葬られている寺として親しみをおぼえる。加えてささやかだが私的な想い出があり、次にそれを説明する。

酒詰仲男先生と高桐院

高桐院の参道の右（北）側に、平屋建の建物が木々の間に見えかくれする。この建物を昭和三〇年代に、ぼくが大学院の学生だったときの指導教授の酒詰仲男《さかづめなかお》先生が住居として借りておられた。先生の家は大徳寺の近くにあった二階建だったが、理由はお聞きしたことはないが高桐院のこの建物を借りておられた。

先生は長らく東京大学の人類学教室で助手を勤められ、その間に貝塚の研究に打ちこんでおられた。土岐仲男のペンネームで詩を作られることもあった（『土岐仲男詩集』）。母校の同志社大学に、文化史学の専攻ができるさいに教員になられたのであった。

ある日のこと、授業の終り近くに〝今日はぼくの家で晩飯を食おう〟と誘われ、お邪魔したのが高桐院のお家だった。そういうことが何度かあった。

そのうち、ぼくは勤務していた大阪の府立高校が忙しくなったこともあって、博士課程を退学し酒詰先生とお会いする機会が少なくなった。ぼくの基本理念では、博士のようなレッテルを自分に貼ることには抵抗がありすぎた。

昭和四〇年五月の末日、ぼくは大学の研究室から電話をもらった。〝先生が亡くなられたので今夜お通夜です〟。夕方、何年ぶりかで高桐院に駆けつけた。

高桐院に着くと、前に室町幕府の項でお名前をだした秋山国三教授がすでに来ておられ、ぼくを廊下へと誘われた。秋山さんは声を小さくして〝さっき教室会議で君を後任にすることに決まったので、そのつもりでいてくれ〟と伝えられた。

そのころ、ぼくは来春からある大学へ勤める話が決まりかけていた。とはいえ母校に急な事態の変化がおこったのだからと速断し、お引きうけした。もちろんこのことは、親しい友人にも辞令がでるまで内証にしておいた。

翌日（六月一日）の葬儀も高桐院でおこなわれた。大学からのぼくの辞令は九月一日付だった。以上のことは今回初めて書いた。このように高桐院は酒詰先生にとっては終《つい》の棲家になった。ぼくにとっても大学の教員生活の発端の瞬間となった場所でもある。今回、同道の妻に以上のことを初めて説明した。

もともと第二章として「七野」のことを書きはじめてみると長くなった。それだけ書くことが多かったのである。そこで第三章、第四章とわけたわけだが、もともとは第二章として一つの章のつもりである。第二・三・四章で対象にしたのは平安京域の北の部分、七野とよばれた地を中心に、昔の人が「野」とよんだ土地である。「野」にこれだけ書くことがあったということは、それらの土地がさまざまの生産性や人間にとっての利用価値があったということで、秀吉がお土居でかこんだ京都の改造にさいして七野を大きく取りこんだ意味をさらに確認することができた。

第5章　洛中散策、まずその北部

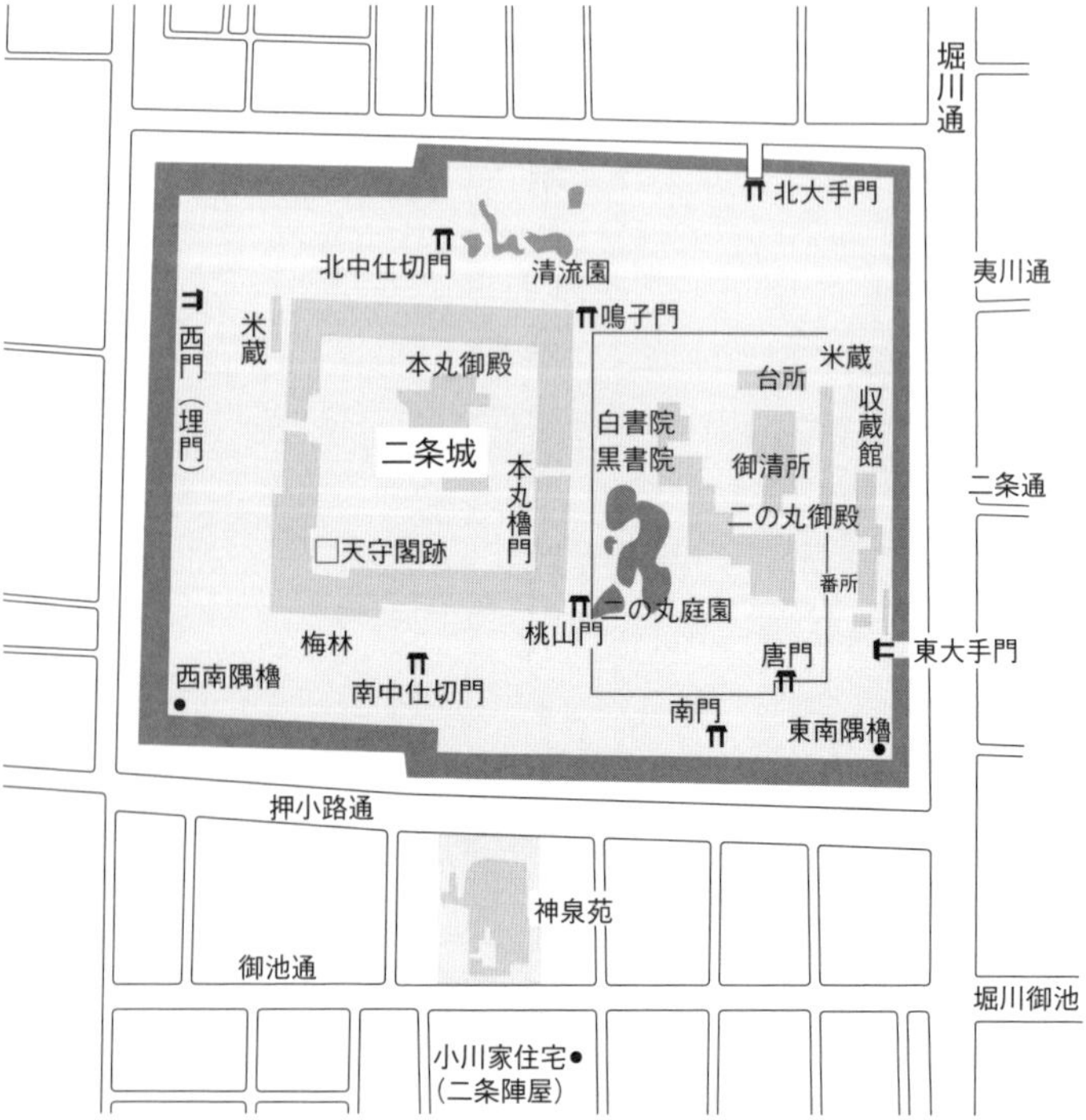

御池として親しまれた神泉苑

これからは洛中の歴史をさぐろう。ここで洛中というのは平安京の左京だった地域が主な対象である。この地域の西端は平安京の中軸線に開かれた朱雀大路で、その跡地といわれている千本通までである。律令時代の郡でいえば大部分が愛宕《おたぎ》郡に属していた。

平安時代には朱雀大路より西の右京を中国の長安になぞらえ、左京を洛陽ということもあった。この区分にたてば洛中とは左京の範囲のことだが、右京の衰退にともない、「洛」の範囲は京域の意味に拡大された。このことは中世末から近世にかけて多数製作された「洛中洛外図屛風」での「洛中」の範囲にもうかがえる。以下、左京に重点をおいて洛中の歴史をたどろう。

洛中の北寄りにある東西の大通りを御池通《おいけどおり》とよんでいる。もとの二条坊門小路に該当するが、太平洋戦争末期の昭和二〇年に、米軍の空襲による類焼防止のため民家が強制撤去され、今日のように道幅は広くなった。足利尊氏邸跡にあった御所八幡が戦時中の御池通の拡大によって、現在では御池通の南側に移ったことについては「等持院と足利将軍歴代の木像」の項で述べた。このように、御池通が今日みるような大通になったのは、戦時中のことなのである。

もと足利尊氏邸にあった御所八幡宮

京都の人は「御池」の地名をよく使っている。「御池」とは「池」に敬称の「御」をつけたものだが、この「池」とは桓武天皇の平安遷都の直後からしばしば史料にでる神泉のことである。桓武は延暦一九年に初めて神泉に幸してから、生涯に二七回も神泉に出かけている。この神泉にたいしては、附属の建物を設けるようになってからは「神泉苑」として史料にでている。平城天皇も短い在位期間に八回もでかけているが、史料にはすべて神泉苑となり、次の嵯峨天皇四三回、淳和天皇二三回となっている。

「神泉」とはいうまでもなく聖なる泉のことである。

自然に水の涌く泉とその水を貯える池とからなる大池で、機能からいえば泉池といってもよい。この泉池は小さな湖沼の景観をしていて、縄文時代からすでに存在していたことは発掘によって確かめられている。ただし平安遷都前に、どのような名でよばれていたかはまだわからない。

長岡京、平城京、藤原京などの平安京以前の都城の範囲内に、大きな泉池があったことは知られていない。平安京には天皇が生活をし主要な施設のあった大内裏のすぐ南東に自然の泉池があり、神泉苑として利用された。このことは、平安京に遷都した隠れた理由ではないかとぼくは考える。そういう点で、ふだん何気なく使っている御池という丁寧な言い方にも歴史を感じるのである。

神泉苑は左京三条一坊九町から一六町におよんでいた。南北ほぼ四町、東西ほぼ二町(『拾芥抄』)と南北に長く、その中央に中島のある神泉(放生池)があって、池の北岸に東西二つの釣台があり、その北側に正殿としての乾臨閣の建物があった。この建物には鴟尾《しび》がのっていたことがわかる(『三代実録』貞観一一年一一月二二日の記事)。現在では中島に善女竜王をまつる弁才天社がある。さらに池の東岸に八剱大明神の朱塗りの社殿がある。

慶長六年(一六〇二)に、徳川家康は京都支配のシンボルとして二条城の造営を始めた。そのさい神泉苑の北部を城に取りこみ、城の南側に濠を掘ってしまった。この結果、神泉苑の旧態は著しく失われることになった。

このように今日の神泉苑は一部をのこすだけになってしまったが、それでも平安時代の面影を伝える土地として貴重であり、国の史跡に指定されている。

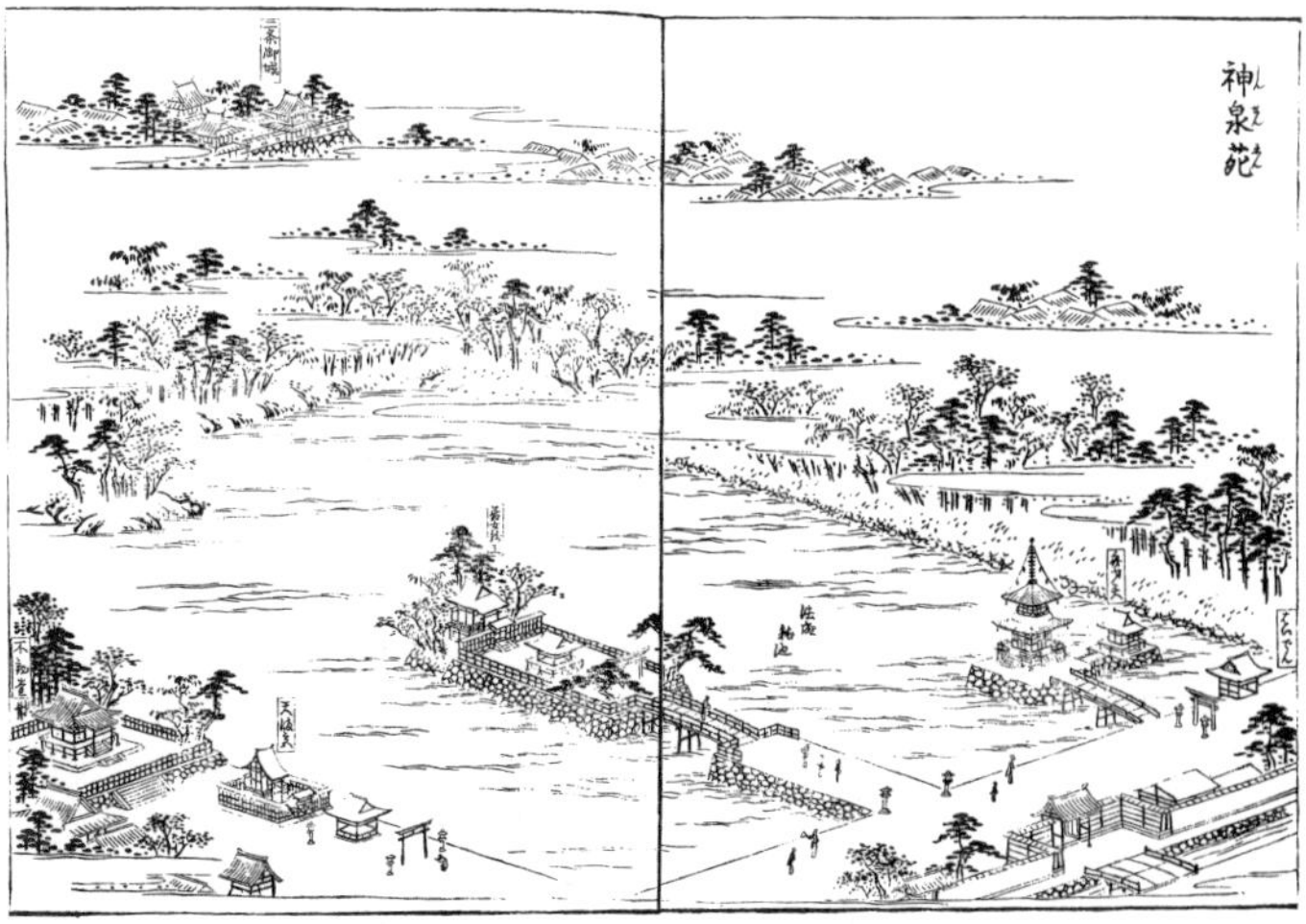

江戸時代の神泉苑（『都名所図会』）

神泉苑を訪れるには、二条城南の濠にそっての広い道である押小路通（神泉苑の北門はある）からではなく、南側の御池通の鳥居から入ることを勧める。鳥居を入ると放生池に石橋がかかっていて、島に弁才天社の拝殿と社殿がある。

御池通も道幅の広いのは堀川通と交互するあたりまでであり、堀川通から西は道幅が狭く、もとの京の町といった風情である。なお鳥居があるとはいえ、放生池の西には聖観音菩薩像をまつる護国寺の本堂があって、東寺の管轄となっている。この本堂の東方にも放生池には中の島へ渡る朱塗りの反橋《そり》がある。本堂の前から池をへだてて眺めると木々がよく茂り、鹿が群をなしていたという平安の昔を偲ぶことができる。なお『延喜式』によると神泉苑廻地十町には、京職に命じて柳を植えさせている。町別七株というから、苑の周囲に街路樹のように柳を植えたのであろう（「彈正台の項」）。

神泉苑と空海の祈雨の話

神泉苑はもと一二万平方メートルの広大な敷地があった。二条城の造営などで敷地が狭められ、現在では四千四百平方メートルになっている。それでも南西隅にある護国寺の本堂の前から東を眺めると、泉池をへだてて鬱蒼と茂る森がひろがっていて、京都市内にいるとはとてもおもえない。江戸時代の古図では、池の南西隅にも小島があって重層の塔が描かれている（『都名所図会』）。

桓武のときは史料には「神泉に幸す」とだけあって、神泉苑で何をおこなったかは不明だが、平城天皇以降は神泉苑でおこなった内容が細かく記されている。観射、琴歌、挿菊、観相撲、飲宴、花宴、避暑、遊釣《ゆうちょう》、競馬など多岐にわたっているが、娯楽といってよいことばかりである。

天長元年（八二四）四月には、渤海の使節がもたらした獨《かつ》に苑の鹿を逐《お》わせている（『日本紀略』）。獨とは鼻づらの短い猟犬と推定され、それの発する鳴声からつくられた字のようである。また隼を放って水鳥を追うこともしばしばおこなわれた。いわゆる鷹狩である。

元慶八年（八八四）には、近江国と丹波国に命じ、各々に高瀬舟三艘を造らせ、これを神泉苑に送らせている。二艘ずつ三組あって大きさは違ったが、大きい舟で長さ三丈一尺（約九・三メートル）、つぎは長さ三丈（約九メートル）、小さな舟で二丈（約六メートル）だった。丹波国では大堰川上流の亀岡盆地で水運が盛んだった気配がある。川沿いの保津でいくつかの古墳が見つかり、水運に従事した豪族がいたと推定される。

高瀬舟とはあるが江戸時代に高瀬川を往来していた高瀬舟とはおなじではなかった。琵琶湖や大堰川で使われていた船の技術で作ったものであろう。なお新羅の都、慶州にある苑池、雁鴨池《がんおうち》からは舟が出土していて苑池での舟遊びが知られる。池の大きさが神泉苑とほぼ同じであって、雁鴨池にも三つの島があるなど共通した構造である。

平安前期も時がたつにしたがい、僧たちによって神泉苑で祈雨の法要がしばしばおこなわれ、つぎのような伝説めいた話も生まれた。

御池通から見た神泉苑

修業者の神泉苑内弁才天社での祈祷

『今昔物語集』第四十一に「弘法大師、修請雨経法降雨語」がのせられている。つまり空海が請雨経の法を修して雨を降らせた話である。

天皇（嵯峨であろう）が大師を召して、旱魃《かんばつ》をとめて雨を降らせたいといった。そこで大師は神泉で七日間の請雨経の法をおこなった。すると祭壇の上に五尺ほどの蛇があらわれた。さらに五寸ほどの金色の蛇が上にのっていた。伴《とも》の僧たちにはこの蛇のことが理解できなかった。大師はいった〝この蛇は天竺の阿耨達智池《あのくだつちいけ》に住む善如（女）竜王で、神泉に通ってきたのである。これは法をおこなった験《しるし》がでたのである〟。そのうちに黒雲がでて雨は降った。

このようにして旱魃はやんだ。これよりのち旱魃があるとこの大師の法をうけ伝える人に神泉で法要をおこなわせるようになったと伝える。このような伝統によって今日では神泉苑は東寺の管轄するところとなっている。

空海が神泉苑で祈雨をおこなった話はさらに伝説を生んだ。年代不詳ながら『神泉苑縁起絵巻』には、空海が西寺の僧守敏と請雨の祈願を競いあった様子が描かれている。この勝負は空海が勝ち、西寺衰退の発端になったという。この場面は『平安京提要』の巻頭写真の「神泉苑」の項に収められている。

雨は降らなくては困るが、降りすぎても困る。そのため止雨の法も、神泉苑でおこなわれたことがある。元慶五年（八八一）五月一六日、賀茂御祖《みおや》、別雷《わけいかづち》、松尾《まつのお》、稲荷、乙訓《おとくに》、貴布禰《きぶね》、丹《に》生川上《うかわかみ》などの社で祈雨をおこない、大和の丹生川上社には黒馬を献った。さらに二二日からの三日間、賀茂や松尾社で灌頂経を修して祈雨をおこなった。ところが雨は降りすぎ、田の苗が水没するようになり、神泉苑で灌頂《かんぢょう》経法をおこない、止雨を祈っている（『三代実録』）。

神泉苑での御霊会その他のこと

前著（『洛北・上京・山科の巻』）でも述べたが、崇道《すどう》天皇（早良《さわら》親王）ら六人の御霊を鎮めるための御霊会が、貞観五年（八六三）五月に神泉苑でおこなわれた（「御霊堂から御霊神社」の項）。

六人の御霊を祭る六つの霊座の前に几筵《きえん》（供物を置く台）を設け、花果を盛り律師慧達を講師として経をよませ、雅楽寮の伶人に舞を奏でさせ、帝（清和）の近侍の児童や良家の稚子を舞人として大唐や高麗の舞をまわせた。さらに雑技や散楽（サーカス）をもおこない、苑の四門を開いて都邑の人が出入して見ることを許した。

それから六年のちの貞観一一年に天下で大疫があったとき、卜部日良麻呂《うらべひらまろ》が勅を奉じ、長さ二丈（約六メートル）の矛《ほこ》を六六本建て、洛中の男児や郊外の百姓を率《ひき》いて神輿を神泉苑に送って祭ったという（『祇園社本縁録』、今日では失われ、この項は『八坂神社』学生社刊によった）。

ここからはぼくの推測がまじる。祭の矛《ほこ》は神泉苑の泉池のほとりに並べられたのであろう。前に述べたことだが八坂神社の本殿の内陣の下には池があって、その池の水が神泉苑の水と地下で通じているという社伝があるそうである（『洛東の巻』の「八坂神社の正門と八坂郷」の項）。

文徳天皇の斉衡《さいこう》元年（八五四）に、とんでもない宗教家が神泉苑にあらわれた。というのは、備前国が一人の伊蒲塞《いほさく》を貢いできたことで話は始まる。この男は穀物を断って食べないという触込《ふれこ》みである。仏教では三宝に仕える在俗の男を優婆塞《うばそく》といっているが、伊蒲塞はその一種であろう。天皇（文徳）は勅をだして、その男を神泉苑におらした。すると男女が雲のように集り大騒ぎになって、この男を聖人として私的な願いごとをする人もあらわれだした。婦人のなかには眩惑される者もでた。ところが日がたつと、つぎのような噂がひろまった。この伊蒲塞は夜になると、水とともに数升の米をのみこんでいる。厠へ行ったところをそっと覗くと、米の糞が積もっていた。やがて人びとは米糞聖人といって誰も相手にしなくなった（『文徳実録』、この個所は要約した）。いつの時代にもインチキ宗教家は後をたたない。

つぎは鎌倉時代の後鳥羽上皇のときの話である。伊予国のおふてらの島（大寺島か）に天竺の冠者という博奕打《ばくちうち》あがりの宗教家がいた。母が死ぬと腹の中の物を取すてて干し固め、上に漆をぬって見せ物にした。ミイラとみてよかろう。山のすそに拝殿を建て大勢の人を集めた。冠者は空を飛び水面を走ることもできるなどの噂もたち、ついに親王と称し、鳥居に親王宮と書いた額をあげた。

上皇はこのことを聞いて冠者を逮捕させ、神泉苑にめしすえた。そして神通の者であれば水面を走れるはずと池につけたが、もちろん走れなかった。大力があるという触込だったので、賀茂の神主能久《よしひさ》と相撲をとらせた。すると能久に池の中へ投げこまれ、浮上るところを大引目で射られた。大引目は犬追物で用いる木製の鏃である。こののち冠者は獄にいれられた（『古今著聞集』巻十二の博奕の項、ここも要約した）。この話ではすでに神泉苑が平安前期のころの聖地から変貌しつつあったことがうかがえる。

神泉苑でもう一つ見逃せないことがある。貞観四年（八六二）九月に京師の人家の井泉が枯渇した。そこで神泉苑の西北（西と北）の門を開けて諸人が水を汲むことを聴《ゆる》した。これは飲水や生活用水である。さらに元慶元年（八七七）七月には、「神泉苑の池水を引いて、城南の民田を灌漑す。一日一夜にして水脈枯竭す」（いずれも『三代実録』）。

城南の民田に灌漑する史料はその後もしばしば見え、灌漑の対象となったのは主に紀伊郡の百姓だったこともわかっている（葛野《かどの》郡の百姓も一部は使った）。おそらく神泉苑の池から流れ出す水は、もともと南部の紀伊郡の水田に使われていたのであって、このことも東寺が神泉苑の管轄をしている伝統とも関係がありそうである。

『徒然草』に、鎌倉時代の神泉苑の使われ方が一つでている。「さぎちやうは、正月に打ちたる毬杖《きゅうじょう》を、眞言院より神泉苑へ出して、焼あぐるなり。〝法成就《ほうじょうじゅ》の池にこそ〟とはやすは、神泉苑の池をいふなり」（第一八〇段）。

「さぎちょう」は漢字で書くと左義長とも三毬杖とも書く。おそらく三毬杖が本来の字であろう。小正月に平安京の庭で使い古した毬杖を焼くのは、陰陽師がからんだ火祭である。注目してよいのは、空海の奏請によって設けられた真言院という施設が豊楽院の北にあって、その西北から北方にかけて宴の松原という空間があった。このように考えると、神泉苑で焼くというのはたんなる廃品の処理ではなく、宗教的な意味もあったとみてよかろう。

二条城

二条城は慶長六年（一六〇一）に、徳川家康が京都での拠点として造営を決意し、慶長七年に工事を始めた。慶長六年といえば関ヶ原合戦で家康が勝利をおさめた翌年である。築城がほぼ終ったのは、家康が征夷大将軍に任命された慶長八年だった。城郭ではあるけれども、政務をおこなう御殿（邸）でもあった。

三代将軍の家光は、さらに本丸に五層の天守閣を建立するなどして、現在の規模の二条城が完成した。寛永三年（一六二六）のことである。この年に二の丸御殿の襖絵を狩野探幽らが描いている。

二条城は東西に長く、長方形を呈していて、水を満々とたたえた外濠が繞《めぐ》っている。濠の内側には高い土居が築かれていて厳重に守りを固めた。すでに述べたように神泉苑の北部は二条城に取りこまれていて、押小路通にそった濠の外側には神泉苑の東端と西端を示す石柱がたてられている。

押小路通、つまり南側から眺める二条城は、東南の角櫓《すみやぐら》と西南の角櫓の二つの角(隅)櫓、さらに今日では閉ざされているが南門がのこっていて、江戸前期の典型的な平城であることがよくわかる。なお南側の外濠の一部には神泉苑の泉池を取りこんだという説(例えば『京都市の地名』平凡社)はあるが、このあたりまで本来の神泉苑の泉池がひろがっていたかどうかは不明だし疑問である。

ところで二条城は平安京内にあることはいうまでもないが、大内裏《だいだいり》との位置関係はどうであろう。ここで大内裏というのは天皇の日常の居所の内裏、国家的な儀式の場である朝堂院、饗宴をおこなう豊楽院《ぶらくいん》、さらに官衙《かんが》群からなる宮の主要部分を指すが、時代が下ると大内裏の指す内容が異なりだす。

地図を重ねてみると、二条城の北西部が大内裏の南東部を取りこんだ形になっている。細かく検討すると神祇官、雅楽寮、廩院《りんいん》、大舎人《とねり》寮、侍従厨《じじゅうのくりや》の五つの官衙の跡地に当っていて、本丸は雅楽寮の跡地である。

もちろん二条城築城のころまでこれらの官衙がのこっていたわけではない。なお廩院は民部省に属し、米などの穀物を収める倉であった。城郭での米倉にあたる建物があったところである。侍従厨はさまざまな儀式に参加する公卿や侍従の食事をととのえる官衙である。大舎人寮は下級官人としての大舎人をたばねる役所で、平安前期には四〇〇人が定員だった。

大内裏がどのような経過をたどって荒地や田畠、さらには民家となっていったかは一様ではないが、室町時代の様子を示す長禄三年（一四五九）の史料がある。

菅原在綱が言上してきた神泉苑や外の荒地についての一文で、そのなかに大内裏《だいだいり》（ここは狭義の内裏）、神祇官庁、眞言院、神泉苑の跡地には垣を築いて示してきたが、それでもしだいに人びとによって侵害されつつあったことが述べられている。

この史料は西田直二郎氏が大正五年に執筆された『神泉苑』のなかの「長禄ノ訴訟」の項で引用されている（『京都府史跡勝地調査会報告』第七冊）。

家康が二条城の造営を決意したころは、昔の大内裏の跡地といっても民家（町屋）が建ち並んでいた。このことはつぎの史料にうかがうことができる。

醍醐寺座主《ざす》の義演《ぎえん》は慶長六年五月九日の日記に「伝聞、京都ニ内府屋形立云々。町屋四五千間モノクト云々」（『義演准后日記』）とある。

この段階ではまだ二条城としてではなく、内府（家康）の屋形（邸）の造営と世間はみていた節がある。それと「四、五千間」の間は軒のこと、「ノク」は関西弁で今も使うが「立退く」と聞けばよくわかるだろう。

二条城から二条離宮
さらに公園へ

今日の二条城は京都観光でも根強い人気スポットである。さらに訪れる人に外国人の多いことが目をひく。売店は一ヶ所に集っていて、人びとは広大な敷地の見学にうちこめることが喜ばれる大きな理由であろう。

ただし歴史的にいえば、見物している人の目に飛びこんでくる建物や庭園、石垣、土居、濠などが江戸前期の二条城ばかりではなく、明治時代のものから現代のものまでが混ざりあっている。このことを頭で整理する必要があるので、二条城のたどった歴史を簡単に説明しておこう。

第一期前半　家康が二条城の造営を決意してから完成し、さらに家光が本丸に天守閣を建立した江戸時代前期。二の丸御殿と二の丸庭園にこの隆盛期の二条城の一端を見ることはできる。御殿といっても一つの建物ではなく、勅使の間、老中の間、大広間、黒《くろ》書院、白《しろ》書院が連なり、公卿や武士の身分によって立入れる部屋は決まっていた。

寛永一一年（一六三四）七月に家光は三〇万といわれる大軍を率いて京都へ入り、二条城を拠点として政治的なデモンストレーションをおこなった。家光は明正天皇や後水尾上皇に謁した。明正天皇は秀忠の娘和子（東福門院）が後水尾天皇に入内して生れた皇女。後水尾の突然の退位によって即位した。奈良時代の称徳天皇以来の女帝である。なお武将の娘が入内《じゅだい》する先例は、平清盛の娘が高倉天皇の中宮となった建礼門院がある。

家光はさらに町人の代表を二条城へ集め、京中の三七三一三人の家に銀子五〇〇〇貫を与えた。このとき町人の代表は二の丸御殿に入れたわけではなく、本丸と二の丸の間にある白洲に集められ、ここで老中や所司代らからの伝達をうけた。家光はそれを櫓から見ていたと伝える。

第一期後半　寛延三年（一七五〇）八月二六日に、二条城に権威の象徴として聳えていた天守閣が雷火によって焼失した。さらに天明八年（一七八八）一月の市中の大火（どんぐり焼）によって類焼し、本丸の御殿と城の東北と西北の角櫓や門の多くが焼失した。この結果、角櫓は南の外濠の両隅の二つの櫓が現存するだけとなった。この大火では御所も焼け、所司代屋敷や東西の町奉行所も焼け、翌年には元号を寛政に改めた。このようにして二条城は衰退期となる。

衰退期とは城に勤務する武士、与力、同心の気の弛《ゆる》みをもまねいた。寛政九年（一七九七）一〇月には金蔵が破られ、二〇〇〇両が紛失し、のち御用職人の飾り師が召し捕らえられた。

幕末になると衰退期らしい役割で二条城が使われはじめた。慶応三年（一八六七）一〇月一四日に、最後の将軍となった徳川慶喜は二条城に有力な大名を集め、大政奉還を発表した。そのとき使われたのが二の丸御殿の大広間だった。

現在の大広間には慶喜や大名たちの等身大の人形が配置され、この日の様子が再現されている。狩野探幽の描いた豪壮な松の大樹を主にして、そこに鷹や孔雀を配した襖絵のある部屋で、徳川幕府は最後のときを迎えたのである。

慶喜はこのあと将軍職を辞し、一二月一〇日に城の搦《からめ》手《て》にある埋門《うずみもん》（西門）から大坂へ向って退去したという。これが徳川家にとっての二条城との別れとなった。

二条城、二の丸御殿の入口

第二期　王政復古の新政府が二条城を接収した慶応

徳川時代の最後の年に最後の将軍・徳川慶喜が退去した埋門

四年（一八六八年、九月に明治元年となる）一月以降の時期である。そのとき太政官代が置かれ、明治天皇が二条城に行幸し、二の丸御殿の白書院で慶喜を親征するという詔が発せられた。この詔によって慶喜は「賊徒」となったのである。家康が造った二条城で、賊となった徳川慶喜を追討する命令が発せられたのは運命のいたずらというほかない。

明治四年（一八七二）には二条城は京都府に移管され、二の丸御殿が京都府の庁舎に使われたこともあった。だが京都府舎建設の気運がたかまるにつれて宮内省の所管となり、二条離宮の時期をむかえる。

第三期　明治一七年から昭和一四年までの離宮の時期である。この間に京都御所の北寄りにあった桂宮家の御殿が本丸に移築された。この御殿は書院が寛政年間、他の個所は幕末の建築物である。それにともない本丸の庭園も造成された。桂宮家は正親町《おおぎまち》天皇の孫の智仁《としひと》親王を祖とする宮家で、西京区の桂の里に別荘（山荘）をかまえたのがのち桂離宮となり、今日に至っている。このように桂宮家の名の由来は、別荘のあった地名によっているのである。

大正四年（一九一五）には大正天皇の即位の大典が、二の丸御殿の北方の空間でおこなわれた。今日、清流園のあるところである。なお大典のときに京都駅の位置が変更されたことには前にふれた。

第四期　昭和一四年に京都市に移管されてから、今日までの時期で、その翌年から「元離宮二条城」として一般公開がはじめられ今日に至っている。

平成一七年には築城四百年記念として、二の丸御殿の襖絵などの障壁画を収納する収蔵館が設けられ、二の丸御殿では模写絵が用いられたところがある。大広間、黒書院と白書院であるが、少し離れた廊下から見るとどの襖絵も力作で、どれが模写かはわからなかった。

二条城二の丸の唐門

二の丸御殿の障壁画は、家光による寛永の改修にさいして描かれたもので、狩野探幽、狩野興以、狩野尚信ら狩野派一門の手になるものである。とはいえ絵には署名がなく、なお研究の余地はある。ぼくの印象では豪壮さはあるが独創性のあらわれた作品とは感じなかった。なお収蔵館は年に数回は開館されているので、遠方から京都へ来る人は、開館の日を問合せることが大切である。

二条城の平面からの検討

何か見落としがないか、もう一度二条城を訪れよう。二条城というように、この城にとってのメインストリートは二条通、すなわち平安時代の二条大路である。二条通が堀川にかかる橋（二条橋）を過ぎると、そこに東大手門《おおてもん》があって多聞櫓《たもんやぐら》がともなっている。堂々とした門構えである。二条城の正門とみてよかろう。入った右手（北）に番所があってここで人の出入がチェックされた。今日流にいうと門衛所である。

正式の訪問者もここからすぐに二の丸御殿へ行けるのではなく、高い塀によって前方が遮られる。左手（南）へ迂回したところに寛永のころの唐門があって、この門をはいると二の丸御殿の車寄せとなり、遠侍《とおざむらい》、式台《しきだい》、大広間、黒《くろ》書院、白《しろ》書院の各建物が後ずさりする雁行の形で配置され、廊下でつながっている。

見学者のなかに、最近はやりの車付の荷物をひっぱった人がいたらしく、廊下の板に疵《きず》のついた個所があった。大きなリュックを背負った人も、壁や障子に当るので危険だと感じた。

今述べた順序で通れるのは身分の高い人たちで、職人たちは塀にそって右側（北）へ行くと、簡素な門があり、すぐ前に台所と御清所《おきよどころ》がある。この門で南から延びた土塀は終るけれども、あと長い土蔵が延々とつづきその頑丈な壁が土塀の役割を果している。この土蔵が米蔵《こめぐら》であり、その広さからみて相当量の米が備蓄できたとおもわれる。

唐門から入らずにそのまま西へ進むと南門を内側から見ることができるし、塀の内側に築かれた高い土居を見ることができ、さらに進むと桜林や梅林がつづいている。おそらく寛永一一年に京都の町人の代表者たちはこの順序で入り、二の丸庭園の裏側（西）と本丸の内濠の間にある桃山門をくぐってお白洲へ向ったのであろう。

ここで二条城の平面図をもう一度みよう。現在では東西約五〇〇メートル、南北約四〇〇メートルと東西に長い長方形をしている。ところが北辺も南辺も東端から三四〇メートルのところで外濠が直角に曲がってくびれている個所がある。

この屈曲部を南北につないだ線が家康のときの二条城の西の線とみられ、当初はむしろ南北にやや長い長方形の平面形であったと推定される。

二条城の平面形には、家光が本丸を築くにあたって、さらに西へ約一〇〇メートル拡大したことが隠されているとみてよかろう。本丸の南西隅に一段石垣を高くして天守閣の土台を築いているが、この個所は拡大された城の部分にあった。なお本丸の天守閣は伏見城にあった天守閣を移したと伝えられているが、寛永一一年まで伏見城に天守閣がのこっていたかどうかは検討の余地はある。

ぼくは二条城のなかでも、本丸の櫓門を正面から見る眺めが好きである。本丸から少し濠のなかへ突出する形に櫓門があって、そこに橋はかかっているのだが、そのためだけならば櫓が高すぎる。最初見たときに奇異に感じたが、寛永のときには二の丸御殿の黒書院の横の廊下とをつなぐ橋廊下があって、それが櫓の二階部分へつながっていたのであろうと推定されている。

このように本丸の櫓門は現状では厳重さを感じるが、寛永のころはそうではなく、二の丸御殿との往来の便のためにあった長い廊下の西端を支える土台の役目の施設とみられる。後水尾天皇を例にとっても、寛永三年には五日間も滞在し天守閣にも登っているし、寛永一一年には娘の明正天皇とともに二条城に行幸している。このときは後水尾上皇であった。

二条城の建築と大工頭の中井家

二の丸御殿は、武家の棟梁としての徳川将軍家にとって唯一残る屋敷である。江戸城、大坂城、伏見城などにあった御殿はすでになく、そういう意味からも二の丸御殿は貴重である。ところで二の丸御殿の建築にあたった大工の中井家についてもふれておこう。

中井家は江戸幕府の大工頭であり、旗本格であった。初代の中井正清は関ヶ原合戦のころから家康に仕え、法隆寺大工などの上方《かみがた》の大工を率い、禁裏作事も含め幕府の京都大工頭となり、畿内や近江で約一五〇〇〇人の大工と約一一〇〇〇人の杣木挽《そまこびき》を組織したといわれる。杣木挽は材木を伐りだした山で大鋸《のこぎり》を使い柱や板を作る職人である。二条城造営のことを記した文書は「中井家文書」として、京都府立総合資料館ほかに所蔵されている。

その文書から慶長七年一二月二八日の一例を示すと、京二条御城で使う材木代千五百七拾五石六斗四合を大工（中井）藤右衛門や（材木商の）尼崎又次郎が板倉伊賀守に請求している。板倉伊賀守は京都所司代の板倉勝重のことで初期の幕政に大きく貢献した。

この請求書ではその内訳として、大坂よりの船賃、鳥羽よりの車賃を書きだしている。慶長七年といえばまだ京と伏見を結ぶ運河としての高瀬川が開通しておらず、大坂から船で運んだ材木を伏見で下ろし、あとは鳥羽から牛車などで運んだのであろう。

ここで唐突なようだが、幕末にアメリカへ密航しそこで学んだのち帰国し、京都に同志社大学の前身としての同志社英学校を開いた新島襄《にいじまじょう》についてふれる。新島先生は学校を薩摩屋敷のあった現在の同志社大学今出川校地に造り、ご自分の住居を寺町丸太町上ルの地に求められた。ここには新島旧邸とよばれる木造の二階建の洋風建築があって、京都市の有形文化財に指定されており、公開されることがある。京都御所の南東隅のすぐ東側である。

あるときふと気づいたのは、このお邸には古めかしい門長屋があって、それが洋風建築の住宅とは調和していなかった。当時（昭和五〇年代）は、外国人留学生の寄宿舎として使われていた。そこで調べてみると、ここはもと中井役所ともよばれた中井家の邸の跡地で、その門長屋だけがのこり、それを留学生の寄宿舎として使っていたのであった。

ぼくは当時、学内に設置された校地委員会の委員をしていたので、これも委員会の仕事と考え、同志社本部とはかって留学生宿舎は別に作り、門長屋は修理して保存するにいたった。二条城との関連で大工頭の中井家に関心のある方は、寺町通に面したこの門長屋を見ることはできる。

ついでにもう一つ余談をする。あるとき東京神田の古書籍店のカタログに目を通していた。すると「信行寺縁起」という絵巻物がでている。ぼくでも買えるほどの金額だったが、大学の資料にとおもい図書館で購入した。

信行寺は今は東大路の仁王門にあるのだが、何とこの寺はもと中井家邸のところにあったのである。そういう意味でこの絵巻物は同志社大学にも関連があるので、とんだ掘り出し物になった。この絵巻には六勝寺の一つ法勝寺が応仁の乱で焼かれる場面もあって、前に京都文化博物館でおこなわれた「京都・激動の中世」に出陳された。

最後に二条城での感想を一つ書く。江戸時代末の幕府にとっての激動（没落）期に、幕府を支えるためという城本来の役割では、二条城は役に立っていないことを不思議におもう。いずれ別に述べる鳥羽・伏見の戦にさいしても、二条城は何の役割をも果たしていない。戦火を免れたため、今日まで二の丸御殿がのこったことは嬉しいが、徳川の立場ではそういうときにこそ役割を果すべきではなかったか。今はやりの無駄で無用の長物としての官製の箱物が各地にありすぎるが、二条城も結局は無用の箱物の一つだったのだろうか。ふとそんなことが頭に浮んだ。

内裏の跡に築いた聚楽第

聚楽第《じゅらくだい》は二条城の北の外濠から北方へ約五〇〇メートルのところに、南の外郭の濠（堀）がはじまっていた。平安京の大内裏《だいだいり》の跡で、その南西部は内裏《だいり》の跡にあたっている。内裏を含む大内裏の一帯は秀吉のころには内野《うちの》とよばれ、人家が散在する景観だった。内野とは内裏野から生れた地名であろう。

聚楽第は、関白で太政大臣となった秀吉が天正一四年（一五八六）に築きはじめ翌年に完成した城郭風の屋敷であって、当初は内野御構《おかまい》とよばれた（『多聞院日記』天正一四年二月二七日の条）。完成した年の九月には、秀吉は大坂から聚楽第に移っていたが、その直後の一〇月には前にも述べたように北野天満宮で大茶会をおこなった。これは聚楽第の完成を記念した催しであって、参集した人たちは南方至近の地に聳える聚楽第の天守閣をいやおうなしに眺めたことであろう。天正一六年四月には、後陽成天皇が多数の公卿をしたがえて聚楽第に行幸し五日間滞在している。このときの様子は「聚楽第行幸記」や「聚楽第御幸図屏風」としてのこっている。

聚楽第は秀吉の権勢の頂点を示すものとして名高いけれども、城の完成から八年たった文禄四年に豊臣（羽柴）秀次を失脚させたあと、自らが出した命令によって破壊しつくされた。今日、地上には濠すらものこってはいない。かろうじて濠らしい窪みの痕跡が、松林寺境内など数個所にあるにすぎない。秀吉がどうして自らの手で聚楽第を破壊したかについては後でふれるが、いずれにしても独裁者としての傲慢さと無計画さがあらわれている。このような無計画さでは、豊臣政権が余命いくばくもないことは明らかである。

聚楽第の具体的な位置や建物の配置、つまり全体の構造、さらに石垣や濠の様子については、かなりの数の「洛中洛外図屏風」などの絵画資料、古地図を含む若干の同時代史料、とりわけ秀次に仕えた駒井重勝の『駒井日記』は貴重である。さらに数は多くないが、破壊にさいして他へ移築された建物（「寺之内と法華宗の寺々」で述べた妙覚寺の門）などが主要な研究資料であるが、それにくわえ、近年におこなわれはじめた聚楽第跡での発掘成果も参考になる。

松林寺近くの聚楽第南外濠跡の石碑

ところでどうして秀吉は、天守閣をもそなえた城とよんだほうがよさそうな屋敷を聚楽第とよんだのであろう。聚楽第とは〝長生不老の楽しみを聚《あつ》める第〟、つまり屋敷の意味という解釈はある（『聚楽第行幸記』）。このほか少数意見としてもとからあった地名とする見方もある。

些細なことだが、京都で左官が使う言葉に聚楽土がある。木目《きめ》の細かい黄色の上塗用の壁土で、この言葉がいつ頃からあるのか前から気がかりであるので、ここにメモしておこう。

聚楽第の北限は一条通で南限がほぼ下立売通、その間に長軸を南北とする主郭（本丸）があり、あと北の丸、南二の丸、西の丸などが突出し、さらに南西方向にもかなり広い突出部としての外郭があるようである。

本丸には幅二〇間（約三六メートル）、深さ三間（約五メートル）の濠を掘り、総延長は一〇〇〇間に達したと伝えられている（『駒井日記』ほか）。濠によって防禦を固めていた様子がうかがえる。

余談になるが京野菜の一つである堀川牛蒡《ごぼう》は、聚楽第の濠が廃絶したあとゴミの捨て場となってできた空地で牛蒡を栽培したところ、年を越して大きな牛蒡ができたのがはじまりと伝えられている。この牛蒡は長さ一メートル、直径一〇センチもあって、聚楽牛蒡とも家跡《やあと》牛蒡ともよばれたこともあるという。しかし今日では聚楽第跡付近では栽培されてはいない。

聚楽第の本丸は大内裏の主殿寮《とのもりょう》、大宿直所《おおとのいどころ》、内教坊、梨本《なしもと》（下）院、茶園などの跡にあたっていた。主殿寮は宮内省に属し、輿《こし》や雨具の管理、灯燭《とうしょく》、松柴、炭燎《たんりょう》（スミやかがりび）などをつかさどり、日置《へき》、車持、笠取、鴨などの氏から官人を採用した。大宿直所は宮中を警備する官人の詰所、梨本院は天皇の居所の別院であるが十世紀にはすたれだした。内教坊は女楽や踏歌《とうか》をつかさどり、舞踊を演じる伎女がいた。令外官《りょうげのかん》である。

南西へ突出した外郭は内裏の跡にあたり、聚楽第全体の構造から見て不自然である。この南西の外郭は内裏跡を取りこむためにできた空間ではなかろうかと、ぼくは推測している。成り上がり者の秀吉には、昔の天皇の居所を自分の屋敷にとりこみたい、という願望があったのではなかろうか。

大名屋敷と金箔瓦

聚楽第の建築にともない、諸大名の屋敷も建てることが命じられた。大名屋敷にゆかりがあると推定される如水町（黒田如水）や福島町（福島正則）などの地名が十数ヶ所にのこっているが、それらは聚楽第の東方、禁裏《きんり》（御所）よりは西方の中立売通の南北に集中している。聚楽第と併行する時期にあった大名屋敷に由来するらしい町名である。

京都に滞在した宣教師のルイス・フロイスは大名屋敷の塀には「表面は花模様の黄金の瓦で葺いた屋根で掩われていた」と『日本史』の天正一九年の項で述べている。建物はもとより塀にも金箔瓦を使っていることがフロイスの注意をひいたようである。

聚楽第に用いられた丸瓦や平瓦さらに熨斗《のし》瓦

（聚楽第の）瓦が金瓦、正確にいえば金箔貼の瓦であることはよく知られている。軒先の丸瓦や平瓦の文様のある瓦当《がとう》だけでなく、棟に用いる文様のない熨斗瓦にも金箔を貼ってあったのだから、見る者にも度肝を抜くほどの豪華絢爛さと映ったことであろう。秀吉のころは寺院を別として民家の屋根はまだ瓦葺ではなく、瓦葺というだけでも武士階級を誇示できたのに、さらに金箔で飾っていたのである。

大名の町名のある場所での発掘によって、各所で金箔瓦が出土していて、大名の家紋をつけた瓦もある。この実例については森島康雄氏の執筆した「聚楽第と城下町」（『豊臣秀吉と京都』所収）の「瓦からみた聚楽第と城下町」の項に詳しく、その論文の付図では金箔瓦の出土から推定された大名の屋敷地区が聚楽第より少し広いことがわかる。なお同志社大学今出川校地でも、一点ではあったが金箔を貼った丸瓦が出土したことがある。ここでは平安宮の緑釉瓦の小破片も出土したことがあるので、人為的な土の移動、例えば植木の根についた土にともなって瓦の破片も動いたことがあるのだろうか。これも後考をまつ。

森島論文によると、聚楽第にはきわめて大量の金箔瓦が使われていることと、なかには瓦当の面が欠損していてもその上に金箔を貼ったり、瓦全体が摩滅していてもその上に金箔を貼ったものなどのあることが述べられている。このことは新調の瓦だけではなく、他の建物から転用した古瓦のあったことを推測させる。聚楽第は見かけは豪華ではあるが、建築に手抜きというか遣《や》り繰《く》りのあったこともうかがえる。

いずれにせよ秀吉は自分の権勢を聚楽第だけではなく附属する大名屋敷からもみせつけたのであった。これらの大名屋敷のすぐ東側には禁裏があって、そこには金箔瓦はまったく使われてはおらず、その違いが当時の京都の人たちにどのように映ったことだろうか。

大名屋敷跡からは大名の家紋とみられる瓦当の丸瓦が出土することがあり、烏丸通中立売下ル龍前町では五葉木瓜《もっこう》文の丸瓦が出土した。五葉木瓜文は織田家の家紋であり、一時は織田信長の築いた旧二条城の瓦と考えられたこともあるが、付近の大名屋敷への認識が深まるにつれ、聚楽第のころの織田信雄の屋敷とみられるようになった。信雄は小牧・長久手の戦では秀吉に敵対したこともあるが、その後は秀吉に従い正二位内大臣になった。そのころの屋敷とみられる。

聚楽第の凋落期

広島大学国史研究室所蔵の文書に、天正一九年二月二六日の日付のある洛中某所に出された落書の写しがある。この落書は和歌の体裁をとっている。例を示すと「いしふしん　城こしらへもいらぬもの　あつちお田原　見るにつけても」とある。これは安土城や小田原城のたどった運命から、秀吉の城拵《しろこしらえ》のための石普請を「いらぬもの」と批判したのである。

おしつけて　ゆへハゆわる、　十らくの　ミやこの内は一らくもなし
十ふんに　なれハこほる、世の中を　ご存知なきハうんのすへ哉

これらの落書の出された天正一九年二月二九日は千利休切腹の二日前のことで、落書を出した動機の一端は推察できる。〝十らく（聚楽）の内には一楽もない。（水も）十ふん（充分、一杯のこと）になれば　こほる（零る）のが世の常であることを、もし知らないとすれば運の末である〟と内容は厳しい。ただし建武二年の二条河原の落書ほどには文章に切れがない。

この落書事件の前にも秀吉にたいする落書はあった。『日本史年表』（岩波書店）では天正一七年三月に「聚楽第の壁に落書があり、番衆磔刑にされる」とある。磔刑とは「はりつけ」のこと、よほど落書の内容が秀吉の気にさわったのであろう。この事件は聚楽第の南の鉄門に落書があったため、秀吉は番衆たちの鼻をそぎ、さかさはりつけにしたという（『鹿苑日録』）。

聚楽第が存続した期間に秀吉は刀狩令を出して、百姓が刀や脇差などの武器を所持することを禁じ、百姓の武力を排除し、没収した武器は当時造営を進めていた方広寺の大仏殿の釘として利用することを決めた。

さらに国内平定の仕上げとして陸奥の九戸《くのへ》政実《まささざね》の乱を武力で鎮圧した。これは小田原の北条家

の降伏の翌年の事件で、古代の蝦夷の範囲での最後の抵抗としてぼくは注目している。なおこの戦には羽柴秀次が大将として働き、政実を殺している。秀次切腹の四年前のことであった。

豊臣秀次とともに抹殺された聚楽第

これからは秀吉と秀次の関係の結果にふれる。愉快な話ではない。それは同時に聚楽第の運命と大きくかかわった。いうまでもなく聚楽第は関白秀吉の京の屋敷であり、城下町としてのそのころの京都の中核でもあったはずである。

天正一九年といえば秀吉が利休を死に追いやった年であるが、その年の一二月に秀吉は関白を辞し、二四歳の甥の秀次を関白とし、自分は太閤となった。秀吉の場合の太閤とは前関白の意味である。

秀次は関白となり、さらに左大臣も兼ねた。もとよりそれにふさわしい教養というか能力のある男ではなく、初めから無理だとわかっていた。秀次が左大臣になった結果、現実に左大臣だった近衛信尹《のぶただ》はその職をやめる破目となった。信尹は寛永の三筆の一人といわれた教養人である。さらに秀吉は秀次に聚楽第をゆずり、自らは伏見の指月に「隠居屋敷」をつくることになる。これが伏見城である。

なお秀吉が関白をゆずった背景として、朝鮮、ひいては明への侵略を決意し、自らは明の支配を妄想したことと関係がある。このあたりのことは正常な判断では律し切れない。

秀次は秀吉の姉の子で、父は三好吉房である。ところが秀吉のおもいもよらぬ出世と、さらに秀吉が子に恵まれなかったこともあって、秀吉は秀次に関白をゆずるとともに養子にもした。後継者のつもりである。このことが秀次の悲劇の発端になった。

秀次については、司馬遼太郎氏が『豊臣家の人々』のなかに「殺生関白」として小説の形で、秀次の数奇な一生を描いている。にわかに武将となったのだから、秀吉と家康とが雌雄を決した小牧・長久手の戦にさいして無様な戦いぶりで、歴戦の多くの武将を失った。

この事で秀次の力量は明らかとなったはずなのに、秀吉は晩年の判断力の曇りもあって秀次を抜擢しつづけた。まず近江八幡で四三万石の大名にし、つづいて尾張の清洲の大名とし、ついには関白に祭りあげるとともに聚楽第までゆずったのである。

ぼくの経験にてらしても、たとえ一度でも不安や不信をおぼえさせる行動のあった者は寛容に扱っても、いつかさらに大きな背信行為をするものである。薄々それが予想されてもつい人情がまじって判断の歯車が狂ってしまう。やはり毅然とした判断が大切であり、この点は信長のほうが間違いは少なかった。少なかったが、明智光秀を見抜く点では曇がありすぎ、自らの命を落とした。

それでも秀次について評価してよいことが一つある。関白になってから学問に関心をもち古典を集めだしている。六国史、百練抄、類聚三代格などをあつめ、源氏物語の筆写もさせた。これらのことには東福寺の隆西堂が指南役にあたった。隆西堂は虎《こ》巌《げん》玄隆《げんりゅう》といい、東福寺に塔頭の南昌院を開いた。『東福寺誌』には文禄三年（一五九四）七月一七日に「虎巌玄隆、江州人、世に隆西堂と称す。高野山金剛峯寺にて豊臣秀次に殉死す。秀次二八歳也」とある。なかなかの傑物だったらしく最後まで秀次を支えた。

司馬さんは「殺生関白」で、秀次と隆西堂の死のことも生々と描写している。ぼくの疑問は秀吉が秀次に切腹を命じたというけれども、法的根拠は何だったのか、すでにその時点では秀吉は関白ではなく政治的独裁者にすぎない。

なお中国の古典（原典の名を失念）に「聚書為楽」というのがあった。書物を集めることが楽しいの意味だが、秀次の古書蒐集が聚楽第の名のおこりでないことはいうまでもない。

秀次の運命を急変させたのは、秀吉の側室淀君が文禄二年（一五九三）八月に大坂城で男子を出産したことに始まる。のちの秀頼である。秀吉に後継の子が生まれたとなると養子の秀次は邪魔者になり、理由を作って切腹させたのである。僧でありながら隆西堂は殉死した。このとき山内一豊らの重臣は殉死せず、十代後半の若侍（近習であろう）数人が殉死した。

秀次切腹のあと、聚楽第の徹底的な破壊が始まった。さらに秀次の妻妾や子ら三十数人が三条河原で惨殺された。その場には秀次の首が置かれ、殺戮ののち穴を掘って遺骸を投げこみ、その上に塚をこしらえた。

三条小橋の東詰の南に瑞泉寺がある。この寺は高瀬川を開削した角倉了以《すみのくらりょうい》が、慶長一六年に秀次や妻妾らの埋められた跡に一寺を建立し、秀次の法名をとって瑞泉寺と名付けた。了以の弟は吉田宗恂という医師で、秀次に仕えたことがあるという。それも瑞泉寺を建立した理由だったとみられる。

この寺に「瑞泉寺縁起」という絵巻物があって、聚楽第を俯瞰《ふかん》的に描いた場面や河原での殺戮の場面もある。

瑞泉寺を訪れると、寺の木や石までも秀次事件で殺された人びとを悼《いた》んでいるように感じる。

とくに秀次の墓としての六角石塔の前方の左右には、このときの殉難者約四〇人の五輪の石塔が整然と並んでおり、涙をさそう。説明板に各石塔の被葬者の名前や出自、死んだときの歳が書いてあるのは、せめてもの供養である。殺された妻妾のなかには大名や公卿の出身者もいたが、遺族が死骸を引きとることも秀吉は許さなかったという。

豊臣秀次の墓（瑞泉寺）

秀次とともに殉難した人々の墓

理由は不明だが、秀次事件のとばっちりをうけて近江の園城寺《おんじょうじ》（三井寺）も突然に闕所《けっしょ》となり、建物が破却され僧たちは追放され、その状態は秀吉の死までつづいた。

破壊後の聚楽第

聚楽第は徹底的に破壊され、建物の基壇も濠も消滅した。かろうじて唐門（四脚門）が大徳寺へ移されたと伝えられている。立派な建物だが、大徳寺全体のなかでは役割を果たしているようには見えない。本坊の入口として使われているようだが、見方によっては信長の墓のある総見院の入口の役目を果たしているともいえそうである。

有名なものとして西本願寺の飛雲閣《ひうんかく》がある。三層からなり飛雲亭ともよばれる。ただし聚楽第の破壊時に西本願寺へ移されたのではなく、伏見城へ移されたものが伏見城が廃城となるさい（寛永のころ）西本願寺へ移されたとする見方もある。

慶長五年には聚楽第の跡から庭石を西本願寺へ運んだ史料はあるが、このころまでに飛雲閣がもとの場所にあったとはおもえず、有名な建物だがさらに検討がいる。西本願寺には伏見城から移したと伝える唐門（四脚門）もあるので、飛雲閣も一度伏見城へ移されていたとする見方はかなり説得力がある。飛雲閣にたいして秀吉に何か特別のおもいいれがあったのだろうか。

二条城の造営開始の状況を日記に書いた醍醐寺座主の義演は、洛中滞在中の文禄五年九月一九日に聚楽第の跡を訪れている。「聚楽一見了、悉成荒地、涙如夢」と感想を述べている（『義演准后日記』）。

秀吉が〝楽を聚《あつ》めた第〟として命名した巨大な城郭風の屋敷も、ごく短期間使われたのち、ことごとく荒地となったことには、豊臣政権の無計画と無駄遣があらわれている。聚楽第破壊の五年後におこなわれた関ヶ原合戦によって、豊臣政権の運命が風前の灯火《ともしび》になったのは当然といってよかろう。

第6章　平安京と平安宮

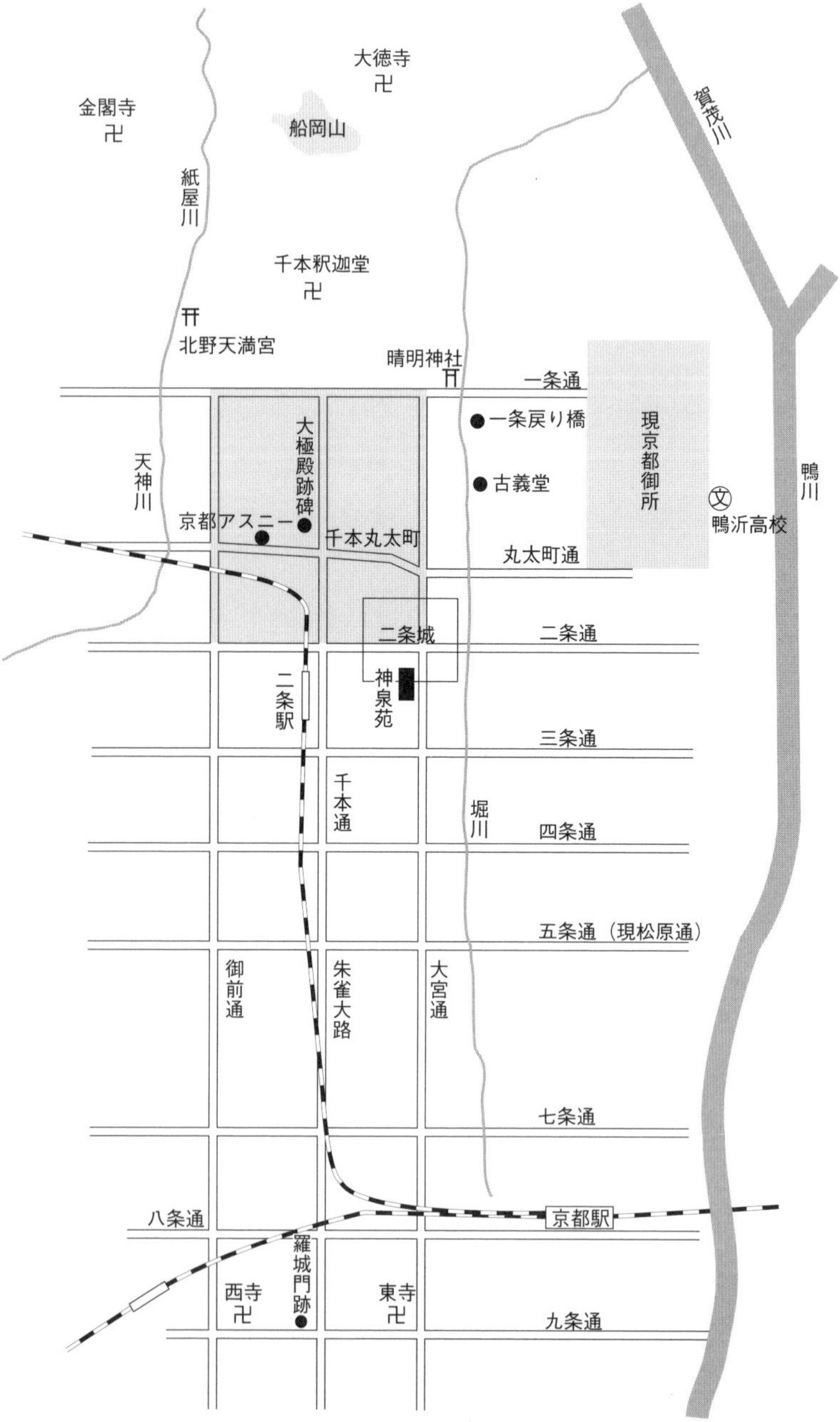

大徳寺
金閣寺
船岡山
賀茂川
紙屋川
高野川
千本釈迦堂
北野天満宮
晴明神社
一条通
一条戻り橋
現京都御所
鴨川
古義堂
天神川
大極殿跡碑
京都アスニー
鴨沂高校
千本丸太町
丸太町通
二条城
二条通
二条駅
神泉苑
三条通
千本通
堀川
四条通
五条通（現松原通）
御前通
朱雀大路
大宮通
七条通
八条通
京都駅
羅城門跡
西寺
東寺
九条通

至近の地からの遷都の意味

平安京は桓武天皇（歴史用語としては山部王。ただし諡号《しごう》としての桓武を便宜的に使う）が、延暦一三年（七九四）に長岡京から遷した新京である。遷都とはいうものの、新京は長岡京の北東至近の地にある。早い話、長岡京の東側三分の一は京都市域に属しており、巨視的な立場からは都を遷す必要性は見出せそうもない。

長岡京は水陸の便に恵まれ洪水の被害をうけやすいという見方はあるが、川の氾濫でいえば平安京も鴨川の被害はあった。この点については順次私見を述べる。

延暦一三年の一一月八日に、新京についての詔がだされた。格調の高い文章である。

此国山河襟帯、自然作城、因斯形勝、可制新号、宜改山背国、為山城国、又子来之民、謳歌之輩、異口同辞、号曰平安京（以下略。『日本紀略』）

この詔には新京の造営にさいしての意気込みがよくでている。〝この国は山と川が襟や帯のように取りまいていて自然の城になっている。この形勝（地形）によって新しい地名をつけよう。山背国を改めて山城国とする。（親を慕ってやって来る）民や徳を慕って集る者が声をそろえて平安京という〟。なおこのあと天智天皇の近江宮の古津を大津に改めるという件がつづく。

前著（『洛北・上京・山科の巻』）で天智天皇の山科陵が、平安時代になると先帝たちの陵の筆頭に扱われつづけることにふれたが、この新京の詔の付け加えの文も曽祖父としての天智を意識しており、山科陵を重視する先駆とみてよかろう。それにしても平安京という名称は、為政者が制定したのではなく、人々のあいだから湧きでた願望だったのである。

延暦一四年の正月には大極殿はまだ出来ていなかった。侍臣たちが内庭で祝宴をおこない踏歌《とうか》を奏《かな》でた。そのときの囃子詞《はやしことば》が伝わっている（『日本紀略』と『類聚国史』巻七二）。

新京楽　平安楽土　万年春

これは新都の造営にこめられた人びとの願であったし、先に述べた秀吉の聚楽第の名称にもその伝統がつづいていた節はある。

紀貫之の序文がある『古今和歌集』は、巻第一に春の歌一三四首を集めている。その一つ（五六）に「そせい法し」（素性法師）の春の歌がある。

みわたせば　柳桜を　こきまぜて　宮こ（都）ぞ春の　錦なりける

素性法師は紫野の雲林院の僧で、この歌によって宇多天皇のころにも「万年春」の意識がつづいていたとみてよかろう。

それにしても近畿全体を見た場合には、ほぼ同じ地域である長岡京がどうして平安楽土の地ではなくなったのだろう。その土地が平安楽土でなくなったというのは、為政者、とくに桓武にとっての問題であろう。

これも前著（『洛北・上京・山科の巻』）の「御霊堂から御霊神社」の項でふれたように、桓武は即位以前の平城京にいたときに、ライバルとしての異母弟の他戸《おさべ》親王（皇太子であった）をその母の井上内親王とともに死に追いやり、その結果、即位がかなった。

長岡京にいたときにも、実の弟の早良《さわら》親王をも造宮司の藤原種継の暗殺事件にからんで死に追いやった。その結果、その人たちの激しい怨霊を怖れ、それぞれの舞台となった平城京から長岡京へ、さらに長岡京を棄てて平安の新京へと遷った大きな原因と、ぼくはみている。

死後の早良親王にたいしては崇道《すどう》天皇の追号を贈ったし、天皇の名にふさわしい陵を大和に築いたりしたことはすでに述べた。それでも桓武は七〇歳で生涯を終える直前にまで、早良親王の怨霊を怖れつづけた。

桓武が死の床についていた延暦二五年（八〇六、桓武の死後に大同元年となる）の三月一七日に最後の勅をだし、種継暗殺事件で失脚していた人たちを本位に復させた。大伴家持も、この事件に関係ありとして剥奪されていた従三位に死後になってやっと復した。とくに崇道天皇のために諸国の国分寺の僧に命じ、春秋二回、七日間の金剛般若経をよませている（『日本紀略』）。

死の直前での桓武のこの行為は、早良親王を死に至らしめてからの二〇年間、桓武自身には一日の平安もなかったことを如実に物語っており、忌まわしい想い出の長岡京を廃都とした理由であるとぼくは考える。

桓武は死のあと、山城国葛野郡宇太野を山陵の地とすることを定めていた。だが奇異な出来事（民衆の意志か）がつづき、それもかなわず紀伊郡の柏原に変更せざるをえなかった。その柏原陵も、秀吉による伏見城の築造で失われたとみられ、死のあとまで祟《たたり》とみられかねないことがつづいた。

次にこの問題についてさらに検討すべきことがある。

桓武の陵がはじめは葛野《かどの》郡宇太野《うだの》に決められた。これは生前の桓武の希望でそうなったのであろう。ところが地元の人びとの激しい抵抗によって断念し、紀伊郡の柏原に変更した。どうして宇太野では陵が造営できなかったのであろう。

宇太村は平安京域ではない

桓武が長岡京にいた延暦一二年（七九三）に、大納言の藤原小黒麻呂《おぐろまろ》や左大弁の紀古佐箕《きのこさみ》（美）らを遣《つか》わし、山背《やましろ》国葛野郡宇太村の地を相させている。遷都のためであった（『日本紀略』）。このときどうして宇太村へ行ったのか、このことはすぐ後で検討する。

葛野《かどの》郡は京都市域の西の範囲で、古代の大豪族の秦《はた》氏の根拠地であったところである。秦氏については本シリーズ第四巻で扱うけれども、養蚕と絹織物作り、さらに大堰《おおい》川の水を引くことでの高い農業生産力などによって、経済力が豊かで特異な土地とみられていた節がある。

そのことは『日本書紀』が応神天皇六年の条に、応神が菟道野から葛野を遠眺したときに作ったと伝える国誉《ほ》めの歌によく示されている。ぼくは国誉めというより葛野への羨望の歌とみている（『記紀の考古学』）。

千葉《ちば》の　葛野を見れば　百千足る《ももちた》　家庭《やにわ》も見ゆ　国の秀《ほ》も見ゆ

千葉は葛《かど》にかかる枕詞、〝葛野《かどの》の地域を遠眺すると、多くの家、それも庭のある（裕福そうな）家があるではないか　優秀な国なんだなあ〟。秀《ほ》は穂に通じ、成果の稔りをいう言葉である。この短い文言には葛野が一つの国のまとまりであったとして歌われた観がある。

葛野には信仰上の聖地があった。『日本書紀』の顕宗三年にでている山背国葛野郡の歌荒樔田《うたあらすだ》である。「歌」は「宇太」の一字表記、つまりより古い地名表記とみられる。顕宗紀のこの記事は、阿閉臣事代《あへのおみことしろ》が任那《みまな》に派遣されることにからんでいる。阿閉《あへ》は「敢」一字でも書き、伊賀国阿拝《あへ》（閇）郡があるように伊賀を本貫とする豪族である。

事代は以下のことを（おそらく壱岐から）天皇に報告してきた。月神が人にかかって〝わが祖高皇産霊《たかみむすびのみこと》は天地を創った神である。民地を月神《つきのかみ》に奉れば福慶《さいわいよろこび》があるだろう〟。そこで歌荒樔田を月神に献じ、壱伎県主《あがたぬし》の先祖押見宿禰《おしみのすくね》に祠《まつ》らせたという。『延喜式』神名帳によると壱岐嶋に月読《つきよみ》神社があるし、この島は古代に鹿骨を用いる占卜《せんぼく》が盛んだった。

この話には、東アジア的な範囲で人びとが動いている様子が描かれている。事代が任那、つまり朝鮮半島南部へ行こうとした。すると月神を祭ることになり、その社に仕えたのが玄界の島、壱伎（岐）の押見である。おそらく壱岐の月読神社を葛野へ勧請したのであろう。

さらにこの記事のすぐあとで、日神《ひのかみ》が人にかかり、阿閉臣、事代にかかって、対馬の下県《しもつあがたの》直《あたい》が祭ることがでている。対馬の下県《しもつあがた》の豆酘《つつ》にある高御魂《たかみ(お)むすび》神社を勧請《かんじょう》したのであろう。つまり玄界の二つの島の日神と月神がそろって山背へ移ってきたのである。

『延喜式』の神名帳の葛野郡の二〇座の筆頭に葛野坐《かどのにいます》月読神社がある。月読神社は今は西京区の松尾大社のすぐ近くにあって、松尾大社の摂社となっている。だがここは月読神社の本来の社地ではない。

『文徳実録』の斉衡三年（八五六）に「山城国葛野郡月読神社を移し松尾の南山に置く。社が河浜に近く、水のために齧《かじ》られるので移した」(もと漢文)とある。これによって、もとの月読神社が桂川のほとりにあったこと、ひいては歌(宇太)の荒樔《あらす》も桂川近くにあったことが推測できる。荒樔は神の誕生(樔は『古事記』の高御産巣日神《たかみむすひのかみ》の巣と関係するか)とみるならば、その神に献じた神田とみてよかろう。

なお桂川のほとりには大藪遺跡(南区大藪)のような祭祀遺構がある。下層には司祭者のすわる円座とその周辺に馬の下顎骨や歯が出土し、上層からは小型土製馬が出土した。八世紀から九世紀にかけての遺跡で、とくに下層のときは馬を殺して神にささげていたとみられ、上層のときは犠牲を簡略にして土馬を使ったとみられる。

葛野の日神は『延喜式』神名帳の葛野郡にある木《この》島坐《しまにます》天《あま》照《てる》御《み》魂《むすびの》神社かとされている。本シリーズ第四巻で述べる太秦の広隆寺に隣接していて、秦氏との関係も考えられる。断定はできないが、もと月神は桂川の右岸、日神は桂川の左岸の地にあった可能性もある。よく葛野郡の宇太野を平安京にしたとする説を見ることがある。だが以上述べてきたように、本来の歌(宇太)の地は桂川ぞいの地で、ここまでは平安京には取りこまれていない(今日いう宇多(太)野は京外。ただし宇多院は京内の北西にあった)。

延暦一二年(七九三)に、遷都に先だって藤原小黒麻呂らを宇太村に派遣したのはたんなる視察ではなく、天地生成(天地鎔造の功)の霊力のある月読の神を祭る葛野の聖地にでかけたのであって、新京の創造(それは鋳型に鎔かした金属を流しこんで形を造るようなものだが)の成功を祈願したとぼくはみる。

秦氏と平安京の造営

葛野の豪族秦氏が平安京の造営にさいして経済的に支援したと考えたのは、国史学者の喜田貞吉である。喜田先生が亡くなられたのは昭和一四年であり、ぼくはその謦咳に接したことはないが敬服の念を常々感じている。

喜田は著書の『帝都』（大正四年初版、『喜田貞吉著作集』5「都城の研究」所収）のなかで「平安遷都の真相」の項をもうけ、平安京の造営に秦氏が寄与したことを詳述している。この論文のなかで喜田が注目したのは、先に何度も述べた藤原小黒麻呂である。

小黒麻呂の妻は秦忌寸《はたのいみき》島（嶋）麻呂の娘である。秦下嶋麻呂の名でも史料にでることがある。島麻呂の娘（小黒麻呂の妻、名は伝わらない）の生んだ子が藤原葛野麻呂《かどのまろ》であり、葛野麻呂は桓武によって延暦二〇年（八〇一）に遣唐大使に任じられたことについてはすでに述べた。葛野麻呂の名の葛野は、母方の秦氏の本貫の地である葛野にちなんだものであろう。葛野麻呂は葛野の地、つまりは母方の秦氏の家で養育された節がある。

喜田が指摘するように秦下嶋麻呂（のちの秦忌寸島麻呂）は、聖武天皇の天平一四年（七四二）八月に、南山背《みなみやましろ》の相楽郡に造営の進行していた恭仁《くに》京に大宮垣を築いた功で従四位下に叙せられ、太秦公《うずまさのきみ》の姓を賜った。このときの嶋麻呂の地位は造宮録《さかん》であった。

造宮録は下級の官人であり、このとき大宮垣を築いたのは喜田が指摘するように秦氏の財力のたまものとみてよいし、太秦公の名からみて、この秦氏は南山背の秦氏ではなく葛野の秦氏とみられる。なお島麻呂は太秦公の姓を用いた形跡はなく、天平一九年（七四七）三月には秦忌寸嶋麻呂として記載され長門守に任じられ、その年の六月に死んでいる（以上はいずれも『続日本紀』）。

このように恭仁京造営ですでに葛野の秦氏は財力をだして協力していた。このような前史があって島麻呂の娘の夫である藤原小黒麻呂が、すでに述べたように平安京造営に先だって宇太村の神に新都造営の祈願をしたとみられ、さらに小黒麻呂の子の葛野麻呂が唐に派遣されたのである。葛野麻呂らがもち帰った新知識や文物が、平安京をさらに充実させるのに役立ったとみられる。前著（『洛北・上京・山科の巻』）で述べた、都を仏力で護るものとしての兜跋毘沙門天像《とばつびしゃもんてん》などはその代表例とみてよかろう。

喜田は『拾芥抄』が引く『天暦御記』に記す、平安京の大内裏はもと秦川勝《はたのかわかつ》の宅跡とする伝承に注目した。川勝は河勝とも書き、聖徳太子に仕え、秦氏にとっては祖とみられる人物で、第四巻では大きく扱う予定である。さらにこれはすでに紹介したことだが、秦氏の葛野での古い根拠地が紙屋川ぞいの北野天満宮や平野神社の近くにあったことも指摘し、秦氏がそれらの土地を新都の造営にさいして提出したとみている。

ぼくが以前に指摘したことだが、秦氏は全国的な規模で各地に同族が居住していることからみて、『天暦御記』がいう秦川勝の宅とはたんなる屋敷ではなく、各地の秦氏をたばねるための政所と考えたことがある。第四巻で述べる予定だが、他の有力豪族（例えば東（倭）漢《あや》氏や和珥《わに》氏）にくらべ秦氏は氏としての結束が強かったが、その結束を維持するためには核となる政所的な機関があったと想像できる。

都と渡来系氏族・檜隈にある宣化の都

平安京と秦氏の関係とは、いいかえると都と渡来系氏族との関係である。そのことを理解するために、古代の都について、おさらいをしておこう。

ここで扱う都とは、きちんとした都市計画にもとづいて造営された都城だけでなく、天皇の住居である宮の所在地としての処《こ》である。今日でも〝あそこ〟〝どこ〟などをいうときの〝こ〟(処)として伝えられている。

第一に取りあげるのは宣化《せんか》天皇の檜隈廬入野宮《ひのくまのいほりののみや》である。これは『日本書紀』の表記だが『古事記』では檜坰之廬入野宮としている。いずれも檜隈にあることを前提としている。

宣化は新王朝の祖といわれる継体天皇と尾張連《むらじ》草香の娘の目子媛《めのこひめ》とのあいだの第二子で、檜《ひの》前《くまの》高田皇子といった。妃の目子媛の生んだ長男が安閑天皇だが、安閑・宣化の存在を古代史学者は重視していないように見受ける。

ぼくが檜隈廬入野宮について着目しだしたのは、同時代史料ではないが、それに準じる骨蔵器の銘文に歴史的な定点として使われていることによる。その骨蔵器とは奈良県香芝《かしば》市で出土した慶雲四年(七〇七)に没した威奈真人大村《いなまひとおおむら》の骨をいれた球形の器で、器の表面に銘文を刻んでいて墓誌を兼ねている。

銘文はまず「小納言正五位下威奈卿墓誌銘并序」とあり次に「卿諱大村　檜前五百野御宇天皇之四世　後岡本聖朝紫冠威奈鏡公之第三子也」(以下略)の格調高い文で始まっている。

ぼくが注目しているのは宣化のことを檜前五百野御宇天皇として宮の所在地で天皇の名をいいあらわしている点である。この表現法は古代には一般におこなわれていて、諸例については『古代史おさらい帖』(筑摩書房)の「時間をどう記述したか」で列挙しておいた。なお五百の古音は〝いほ〟、今でも数をいうのに〝ヒ、フ、ミ、ヨ、イ〟では五を〝イ〟と発音している。百はホ、廬を五百でおきかえたのである。
檜前《ひのくま》についてはは阿知使主（王）が黨類十七県の人びとを率いて帰来して定住した地であることはよく知られている。坂上田村麻呂の父の苅田麻呂が宝亀三年（七七二）に提出した上奏文に「先祖の阿智使主が応神天皇のとき十七県の人夫（人民）を率いて帰化したとき、天皇の命令で檜前村に住むことになった」（『続日本紀』）と述べたことはよく知られている。

この上奏文では、檜前村など高市郡には〝他姓の者は十にして一二〟という注目すべき件がある。いかに渡来系の人たちが多かったかの一端がうかがえる。

檜隈（前）は飛鳥の南にひろがり、渡来系氏族の東（倭）漢氏をはじめとする渡来系の人たちが地に満ちていた。檜隈寺は漠然と氏寺というより、後漢霊帝ののちと伝える阿知王のために造営された廟または墓寺だったとぼくは推定している。

そのような土地へ宣化は都をおいた。これは都の一部に渡来系氏族を住まわせたというより、渡来系氏族の村のなかへ自分の住居である宮を置いたという状況であったとみられる。これについてはさらに数例で示すように、平安京をも含め古代の都にかなり共通したことにみえる。

宣化は死んだあと大倭国《やまとのくに》の身狭桃花鳥《むさのつき》坂上陵《さかのうえのみささぎ》に葬られた。陵名にかなり限定された土地が示され、橿原市鳥屋《とりや》にある鳥屋ミサンザイ古墳という前方後円墳が、この陵に該当するとされている。

この古墳は空海の撰と伝える「益田池碑文」のなかに「右鳥陵」として池の四至の目印となっている。鳥陵とは桃花鳥坂にある陵とみられている。かなり信憑性のある陵とみてよい。なお桃花鳥は〝ツキ〟、つまり今日いうトキのことである。

鳥屋ミサンザイ古墳の所在地を考古学的にいうと、奈良県でも最大規模の約五〇〇基の古墳によって構成される群集墳である新沢《にいざわ》千塚古墳群のなかにある。この一大群集墳をのこした集団は、東《あずまの》（倭）漢氏《あや》をぼくは第一候補とみている。それ以外の候補に来目《くめ》氏（部）があるが、大集団であったことを記す史料はとぼしい。

もし東漢集団の古墳群だとすれば、宣化は死後も渡来系集団の奥都城《おくつき》のなかに陵を築いたということになり、都のおき方とも共通している。継体王朝のなかでの宣化の問題も面白そうだが、それは別に考えることにする。

継体の筒城宮と百済勢力

宣化の父の継体の都も検討しよう。継体は京都の地とも関係は深い。これについては第五巻で扱うことになるが必要なことを述べておこう。

ヲホド王（のちの継体）は北陸の三国でまず勢力の基盤を築き、近畿へ南下してきた。三国とはかつて司馬遼太郎さんがいみじくも指摘されたように、近畿入りをした継体たちが故郷に敬意を払ってつけた御国とみてよかろう。ヲホド王の南下にさいして北陸勢にくわえ尾張や近江、山背や河内の豪族の軍事的な支援があったとみられる。

継体は河内馬飼首荒籠《うまかいのおびとあらこ》の後押もあって、まず河内の樟葉《くずは》宮を根拠地とした。それから五年のちに都を山背《やましろ》の筒城《つつき》に遷した。そのあと山背の弟国《おとくに》に都を遷している。三つの都に共通するのは、いずれも淀川水系のほとりにあって水運の要地であることである。今回は説明する材料の多い筒城を取りあげよう。

筒城は筒木とも綴喜とも書く。郷名でもあるし郡名でもある。この筒城が史料のうえで盛んにあらわれるのは仁徳紀である。仁徳は葛城襲津彦《かつらぎのそつひこ》の娘の磐之媛《いわのひめ》を皇后とした。皇族以外から皇后がたったことは珍しく、あとは聖武天皇の皇后光明子が名高い。

仁徳は磐之媛皇后を愛していた。けれども他の女性にもしばしば関心を示し、ついに嫉妬した磐之媛は難波高津宮を出て淀川をさかのぼって山背へ行ってしまった。『日本書紀』では皇后は筒城岡の南に宮室をつくったとある。これを筒城宮としている。

この事件は『古事記』にも詳しく記録されているが、皇后が向ったのは筒木の韓人の奴理能美《ぬりのみ》の家とある。『日本書紀』のいう筒城宮と同じであろう。

ヌリノミは『新撰姓氏録』では百済国の努理使主としてあらわれ、調連《つきのむらじ》、水海連《あまのむらじ》、民首《おびと》らの祖とされていて、顕宗天皇のとき蚕織の絁《あしぎぬ》や絹を献じて調首《つきのおびと》の姓を賜ったという（左京諸蕃）。

ヌリノミの子孫に調《つき》氏となった者がいる。欽明紀に新羅征討の武将としてあらわれる調伊企儺《いきな》がでるなど、なかなかの雄族であり、『新撰姓氏録』にあったように養蚕と絹織物作りに長《た》けた豪族とみられる。

『古事記』にはヌリノミの家が養蚕をしていてそれを磐之媛に見せる話がでていて、ヌリノミの生業の一端が示されている。

同族に水海連《あまのむらじ》がいた。河内にもいてその名から河川交通に長《た》けた家柄とみられる。おそらくヌリノミも木津川と淀川で水運業をもおこなっていたのであろう。

筒城の核となる地に七世紀代に創建された普賢寺があり筒城寺とも大御堂ともいわれた。京田辺市普賢寺にあるが、近くのバス停に「日本最初外国蚕飼育旧跡」と刻まれた石碑があるのはヌリノミを顕彰するものである。

仁徳紀にはヌリノミはでていないが、筒城宮へ行ってしまった皇后に会うため、仁徳も川舟に乗って山背へ行こうとした。すると桑の枝が川を流れてきた。天皇は桑の枝をみて磐之媛をしのぶ歌（ここでは略す）をつくっている。このように仁徳紀でもヌリノミの養蚕を暗示するような記述はある。

仁徳のころ筒城には百済系渡来人が繁栄していたことは事実とみてよかろう。その集団に関係するとみられる古墳群が飯岡古墳群である。この古墳群に属する十塚《とづか》古墳は副葬品に銅鏡や古式の馬具が出土していて、六世紀初頭前後ごろ、つまりこの古墳群の最後ごろの顕著な古墳とみられ、年代的には継体に近い。

継体が二番めの都とした筒城について、継体紀には特別の記事はない。そこでぼくが補うことにする。地形的にみると丘陵を北西へと越すと一番めの都の樟葉《くずは》がある。木津川と淀川を使っても至近の地である。どちらも川の左岸にある。おそらく樟葉にあった条件をより具えていたのが筒城であり、それとともに百済系渡来集団のいる土地としての筒城が遷都の理由にあったとみられる。

なお筒城の隣接地が大住で、ここが近畿最大の隼人の居住地であった。戦闘能力にすぐれた隼人集団をとりこむことも筒城への遷都の理由になったとぼくはみている。

樟葉宮のあった枚方《ひらかた》市は、戦後早くから公開シンポジウムを実践した土地であり、そのつどぼくも考えを練って発表してきたのでここでは略す。最後に枚方歴史フォーラムに参加したとき（二〇〇一年三月）の講演である「継体王朝と百済」（『古代日本と百済』所収）を参考にしてほしい。

重要なことを述べると、樟葉のある枚方《ひらかた》とは平潟《ひらかた》から出た地名で、淀川のほとりに潟状の舟溜に適した地形があったとみられる。この点は筒城にも弟国《おとくに》にも通じる。

樟葉には室町時代にも天竺人の聖《ひじり》という貿易商がいた。その子が日明《みん》貿易で活躍する楠葉《くすば》西忍《さいにん》であって、川津の伝統が中世にまでつづいたことが知られる。

枚方は七世紀以来、百済の滅亡後に百済王氏が根拠地をおいた地であることはよく知られている。ところが百済王氏の屋敷跡にはそれ以前に王辰爾《おうしんじ》という百済の王族の旧宅があったとする伝承があって、七世紀以前にも百済人と関係の深い土地とみられる。なお王辰爾の子孫が船氏や津（のちの菅野）氏である。

このように樟葉宮も百済系の渡来人の拠点とみられるし、樟葉に隣接する茨田《まんた》郡も中国の江南の呉《くれ》系の渡来人（『新撰姓氏録』）とされるが、別の機会に述べたように百済の治水技術をもっていて百済系という見方もある。いずれにしても茨田氏を主として一郡をつくっていることも注目される。茨田氏も継体に妃をだしていて継体を支持した節がある。

都と渡来人との関係の深さを以上の例でみたけれども、平安京と秦氏の関係以前にも先例のあったことは、見落としてはいけない。

難波宮と大津宮

あと二例をあげる。仁徳紀によると難波高津宮のとき、百済の王族酒公《さけのきみ》や石川錦織首《にしこりのおびと》許呂斯《ころし》との関係が示唆されている。錦織氏の本貫は石川の左岸にあって今日の富田林市にあるが、同族は山背や近江にもいてそれぞれに錦部（織）郷がつくられていた。

難波には高津宮以来、多くの宮がおかれ、やがて奈良時代の難波宮（京）へと発展する。注目すべきは、難波京のころには京域内の南部に百済郡が設置されていたことである。百済郡の面積はさほど広くはないのに、行政区分として東部、南部、西部の三つの郷があった（『和名抄』）。これは百済でおこなわれていた慣習によったもので、ある程度の自治が認められていた節がある。推定される京中央の朱雀大路の東側に百済郡はあって、北寄に百済尼寺がありその南東に昔は堂ケ芝廃寺とよばれた百済（僧）寺があった。いずれも七世紀代からあった寺である。さらに四天王寺は百済郡の西に接した位置にあった。

摂津の百済郡の建都の時期はなお不明だが、いずれにしても難波京に百済郡のあったことは明らかであるし、さらに建都以前にも百済人（高句麗人や新羅人も）とさまざまの関係があったことは見逃せない。小さなことだがこの郡には調氏《つき》のいたことを示す史料もある。

最後に天智天皇の近江の大津宮にふれる。この宮は近江国滋賀郡内にあったが、この郡には真野、古市、大友、錦部の四郷があり、このうち大友郷と錦部郷は渡来人の氏名を郷名としている。古市郷にもその疑はあるが、この郷にも大友村主など渡来系の人びとが居住していた。なお真野郷はすでにしばしば述べた和珥《わに》氏の近江での拠点である。

大友氏は近江に多い渡来系の氏で、大津宮は大友氏の拠点におかれたという観すらある。百済系とみられるが中国色も混じっていて、なお深める必要はある。

天智の子で壬申の乱では大海人皇子と対立し命を失った大友皇子は、おそらく大友氏に養育されたのであろう。大友氏は近江の豪族ということもあって、『新撰姓氏録』にはあまり記載されていない。わずかに「未定雑姓」の河内国の項に、「大友史　百済国人白猪奈世《しらいのなせ》之後者」がある。もう一つ指摘しておきたいことは、天台宗の開祖の最澄である。出身は三津氏で滋賀郡の人、後漢の献帝から出ている（『元亨釈書』）。この三津は都にあった御津から生れた氏名とみられている。

史料では大友氏の探索はむずかしいが、滋賀郡にのこる遺跡や遺物には、渡来人の痕跡を示すものが多く、大津宮が渡来人の繁栄していた土地に割りこむように造営されたことは間違いなかろう。

以上、諸例に言及したのは、近ごろは喜田説を軽視する風潮があり、そのわりには今ぼくが示したように平安京以前の都の諸例で点検することをしない人がいるので、くどいのは承知のうえで概観をおこなった。

平安京造営と和気清麻呂

この半世紀あまりに出版された平安京を扱った本は無数にあるといってよかろう。そのほとんどすべてに整然とした道路網のある都市としての平安京の地図が掲載されている。例えば『平安京提要』の第一図の「平安京条坊全体図」や『京都市の地名』の巻頭に見開きでいれてある「平安京図」、などであり、さらには高校の日本史の教科書にもその類の地図はのっている。これらの本では京全体の地図だけでなく、宮（大内裏）についても詳細な地図が掲載されている。

近年ではコンピューターによる鳥瞰的な復元図も作られているし、それにもとづいた立体模型も作られていて、規則正しい都市計画によって完成した都城という印象をうける。とはいえこのような印象によって作られる知識は真実の知識といえるものだろうか。

この点についてはぼくには疑念がある。これらの古代都市の復元図や立体模型の場合は、平安時代のどの時点を念頭においたものなのか。それは桓武のときかそれとも嵯峨のとき、あるいは年代は下って宇多のときなどかなどは、ぼくの気づいた限りでは一切明示されていない。

多分に〝平安京とはこうあったはず〟という理念上での都市図ではないか、と感じるようになった。そこで平安京の造営についても検討しよう。

平安京の造営のため、延暦一二年(七九三)に初代の造宮使長官として藤原小黒麻呂が任じられ、すでに述べたようにまず手始めとして宇太村へ行っている。だが小黒麻呂はその翌年に死んだから、実際、平安京造営にどの程度かかわったかは不明である。そのあと造宮使長官になったのは和気清麻呂である。

清麻呂は備前国藤野郡を本貫とする豪族であったから、最初は藤野別(和気)清麻呂とよばれた。清麻呂は本貫に住む人びとを大切にし、備前と美作の国造をもかねながら、自らは都にでて数代の天皇に仕え、宇佐八幡宮の神託事件にさいしては命を賭して奮闘したことはよく知られている。そのあと大隅国へ流されるなど不遇のときをへて、光仁天皇のとき復帰してから、めきめきと力量を発揮しだした。

清麻呂は摂津大夫のとき河川の付替えをおこなった経験があったから、その土木的な才能によって長岡京の造営に参加して桓武から高い信任をえた。

以下は清麻呂の薨伝（『日本後紀』延暦一八年二月）の一節にある話である。長岡新都（の造営）は十載（年）をへてもまだ功がおわらなかった。その費は勝《あ》げて計《かぞ》うべからず（出費の総計がわからない）状況である。そこで清麻呂はひそかに桓武に進言し、遊猟ということにして葛野の地を相させたという。このことは薨伝のなかだけにあるのだが注目してよい話である。『類聚国史』の「天皇遊猟」の項に、延暦一一年正月に天皇は登勒野《とがの》（栂尾）に遊猟し、葛野川（桂川）のほとりで従臣に酒をあたえたとある。これが薨伝に暗示された事に対応するのであろうか。

この隠された事件、つまり清麻呂の進言によって桓武は長岡京を棄てて新都へ遷ることを決断したとみられる。桓武は小黒麻呂らを宇太村へ遣わした数日のちに、自分は長岡京内の東院へ移った。長岡の宮を壊そうと欲したからだと『日本紀略』は述べていて、桓武は強い決心であることを示そうとしている。

以上によって、長岡京を棄てて新都へ遷ることの提案者は清麻呂だったとみてよかろう。土木工事のことにも長《た》けた清麻呂の能力を、桓武が高くかっていたのであろう。清麻呂については、本シリーズ第四巻の高尾の神護寺の項や第五巻の八幡の足立寺《そくりゅうじ》の項でも、さらにふれるであろう。

清麻呂は造宮工事の進行中の延暦一八年二月に死んだ。このあと宮の造営に勢いがなくなったらしく、延暦二四年には造宮と軍事（蝦夷討伐）による百姓の疲労などを理由にして、大規模な官吏のリストラをおこなった。一例をあげると、それまで四〇〇人いた衛門府の衛士《えじ》を七〇人に減じている。

さらに天下の徳政のためついに造宮職を廃することになり、木工寮《もくりょう》に合併された。木工寮は後でもふれる飛騨工が属した役所で、今日流にいうと各会社の営繕課のような役割であって、事実上平安京の造営は終ったのである。

今回は深入りしないが、桓武の第一皇子の安殿《あて》親王が即位後に強く平城宮へもどることを願い、諡号が平城天皇（上皇）となったこともさらに考えてよいことではある。

先にもふれた平安京の復元図が、この時点でどこまで完成していたのか、逆にいえばどの程度の未完成の部分があったかなどはさらに検討すべきであろう。

運河としての堀川

造宮の進むさ中の延暦一八年六月に、ちょっとした事件があった。桓武が京中を巡っていて堀川をすぎると、鉗鎖《かんさ》の囚徒が体を（陽に）暴《さら》して苦作していた。これを見た桓武は恩赦令をだした（『日本後紀』）。鉗《かん》とは「くびかせ」、さらに鎖《くさり》でも拘束されていたのであろう。このころには造営のため、囚人の労働力をもあてていたのである。

ぼくがこの記事で注目するのは、平安京造営の最初のころに堀川があって、それが地名化していることである。

堀川はその字面が示すように〝人間が掘った川〟つまり運河である。自然の谷状地形を利用した部分があったとしても、人々は掘った川と意識していたのである。先ほどあげた平安京の復元図の多くには、道路は示されているが堀川は図示されていない。今日でも堀川通の地名は使われているから気づかないはずはない。このことから、いつしか平安京といえば整然とした道路網からなる都城という知識が固定化していったとみられ、迂闊《うかつ》であったと強くおもう。

運河は弥生時代から大集落（邑）にはよく具えられていて、古墳時代にもしばしば掘削されている。つまり日本の伝統を見出すうえで重要なのである。

堀川は幅四丈（約一二メートル）で、頻繁に川浚《さら》えをしているように、その維持には京中の家が協力させられていた。『延喜式』の左京職の項では、堀川の杭を一九人以下の戸は一株、二〇人以上の戸には二株、三〇人以上の戸は三株、それぞれ（長さ）八尺以下七尺以上、径五寸の棒を出すことが定められていた。護岸用の丸太棒であろう。

そのころの京域内には広い雑木林がいたるところにあったわけではなく、京中の戸はこれらの丸太の入手には苦労したであろうし、そのための出費もあったであろう。それにしても『延喜式』にそのような規定があるということは、京の人びとが堀川の役割をある程度理解できていたことを示しているとぼくはみる。

『延喜式』ではさらに堀川の東西に各々二丈の路が規定されていた。運河の両側に幅六メートルの路を設けているのは、上りと下りの舟や筏《いかだ》を曳《ひ》く人の歩む路を設けたということであろう。近世まで堀川ぞいには材木商が多く、『一遍上人絵伝』には東堀川の七条辺を材木を組んだ筏を流す場面が描かれている。

堀川は平安時代には水量が豊かだったようである。貞観八年（八六六）六月、このころ民に飢餓するものが多かった。そのさなか「東堀河に鮎魚多し。京師の人捕って噉《くら》う」と『三代実録』は記録している。

この記事から、堀川には東の堀川にくわえ、西にも堀川があったようである。最初から東西に堀川があったのか、西堀川の設置がやや遅れたかの問題はのこる。

西堀川は鷹ヶ峰の山中に源のある紙屋川のこととみられる。堀川が京域を南北に貫くのにたいして、現在の紙屋川は大内裏の西側だけで北から南へと流れ、大内裏の終る二条通付近で流路を西にとり、京の西端にそって天神川となり、末は桂川に注いでいる。なお紙屋川というように、この川の水を使って紙を漉く図書寮の紙屋院支配下の紙屋が住んでいて、『源氏物語』蓬生《よもぎう》の巻にすでに「紙屋紙」としてあらわれている。

以上のことを平安京全体でみると、堀川（東）は大内裏の東方約四五〇メートルに南北の流路があるし、西堀川も大内裏の西方約四五〇メートルに流路があって、大内裏をはさんで東西でほぼ対称的に配されていて、最初から平安京の設計にあったとみてよかろう。

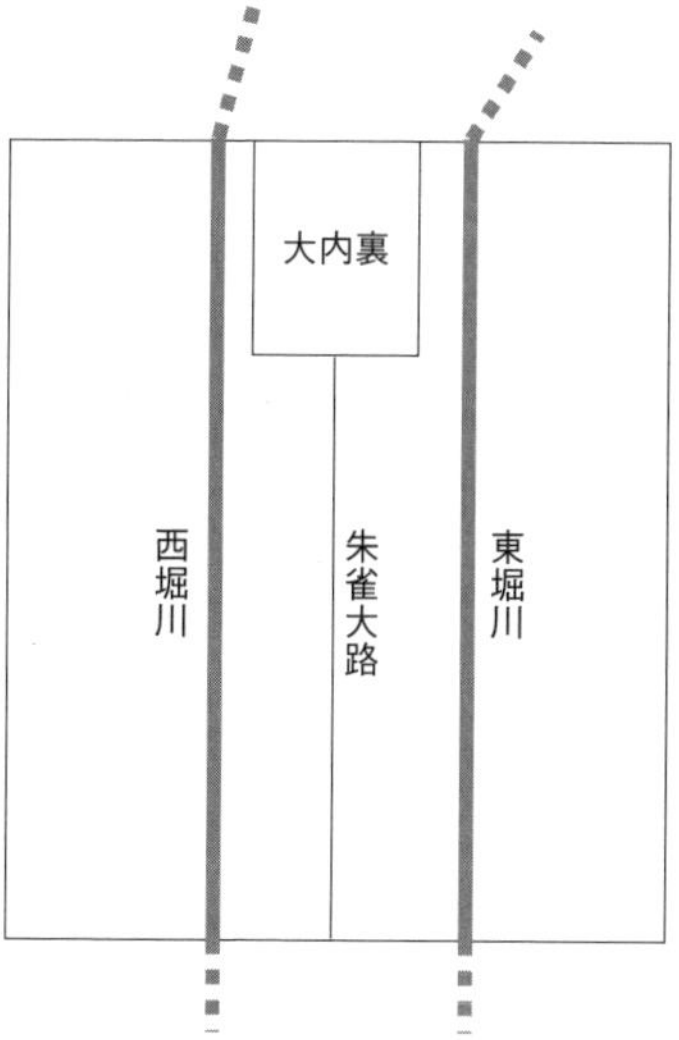

東西の堀川（西堀川は足利説による）

天長一〇年（八三三）五月に太政官は、左右の京戸に東西堀川の杭料にするため檜柱一万五千株を負担させている（『続日本後紀』）。

先ほど貞観八年に東堀川で鮎がたくさん捕れたことを述べた。これは鮎が生息できるほど清冽な水が豊富だったと推測され、東堀川の水源は賀茂川だったとみてよかろう。

明治一八年に起工された琵琶湖疏水の工事にさいして、分線（流）が南禅寺の境内から北方へのび、高野川と賀茂川を横断して堀川へとつないでいた。このときの賀茂川と堀川間の水路とは平安京のときの堀川の旧流路を再利用したのではなかろうか。このことはさらに検討することにする。

前に二条城の項で、もとその位置に廩院《りんいん》があったと述べた。民部省に属する穀物倉庫だが、堀川を使って運ばれてきた穀物を収めるのに距離的に近かったからここに置いたのであろう。

堀川ぞいの西側には左京七条二坊に東市《ひがしいち》があった。東市も堀川の水運を前提にしたものであろう。前に「平城京にあった相模国の調邸《ちょうてい》」を書いた。ここでは平城京の堀川のほとりに東市と相模国が物品を売りさばくための調邸のあることを書いた（『関東学をひらく』朝日新聞社）。西市が早く衰退したのにたいして東市がより長く存続したのは、人口の多さとともに堀川ぞいにあるという地の利にもよったとみられる。

平安京の基幹となるのは中央の朱雀大路で、幅は二八丈（約八五メートル）あった。堂々とした南北の直線道路で、その南の入口に二層の羅城門が聳えていた。羅城門より南の京外にも直線道路がつづき、鳥羽の作り路とよばれた。常識で考えても羅城門があることは、京外にも道路があったことであり、平安京を造営したときか、さらにそれ以前からあった道であろう。この道は鳥羽離宮へ行くために作られたとおもわれやすいが、『徒然草』一三〇段にいうように、鳥羽の作り路は離宮以前からあった。この道の先に平安京の外港としての鳥羽があった。

堀川は九条大路をすぎると向きを西にかえて鳥羽の作り路にそって南下し、上鳥羽付近で天神川に合流していた形跡はある。ただし鳥羽の作り路の開かれた時期や堀川の京外での古い流路については、なお研究すべき点は多い。

足利健亮氏の慧眼

平安京の造営の最初から堀川があったことを地図上で発見された学者に、足利健亮氏がおられる。ぼくより八歳若く気鋭の歴史地理の研究者だった。学問の大成前に惜しくも他界された。したがって次に紹介する論文も未完成の個所があるのは止むをえない。その論文では恭仁京と平安京での堀川の存在を指摘された（「都城の計画について―恭仁京、平安京を中心にして」日本古代文化の探求『都城』所収）。

この論文では東堀川と西堀川にくわえ、鴨川と御室川も堀川とみて、平安京には〝堀川は四本あった〟という仮説をだされた。ぼくも鴨川は平安京造営にさいして人の手が加えられた可能性はあるとみているが、堀川とは考えていない。

それと西堀川をも東堀川と同じように京内を南北に貫くとみておられるが、先にいったように西堀川は二条通あたりから流路を西にとったとぼくはみている。この点は足利説と異なる。それとこの論文では堀川についての史料を使っておられない。

足利氏がお元気だったころのある一日、ぼくは足利氏ともう一人の地理学者の日下雅義氏に無理をいって、長岡京跡を見てまわり、土地に刻まれた痕跡からどのように歴史を見ようとされるのかを、実地で勉強したことがある。とても楽しい一日になった。

このころの足利氏は平安京の東西の京極《きょうごく》の外側（東の京極でいえば鴨川との間の空間）に、都で

清明の呪力を示す神紋

の生活を補完するための遊びの空間（たしか足利氏はグリーンベルトといっておられた）があったのではないか、とみておられた。これらも足利氏の未完の研究となった。

一条戻橋・晴明神社・古義堂

京の北限の一条大路と堀川の交わるところに橋があって、一条戻《もどり》橋《ばし》とよばれた。今は鉄筋コンクリートの橋になっているが、それ以前の石橋は、近くの晴明《せいめい》神社の境内に移されている。晴明神社は平安中期の陰陽《おんみょう》家の安倍晴明をまつる神社で、最近の根強い占いブームもあって若い男女の参詣者が多い。

一条戻橋は晴明との関係もあって、橋占をおこなう場所として喧伝され、すでに平安中期には戻橋の名称ができていた。文章《もんじょう》博士の三善《みよし》清行が死んだという話が伝わって、熊野で修業中の浄蔵貴所は急いで帰ってきた。するとこの橋で父の葬列に会い、嘆き悲しんで祈祷をしたところ父が蘇生したという伝説がある。

浄蔵貴所については前著（『洛東の巻』）の「八坂寺と五重塔」の項で浄蔵の伝説めいた話を紹介したし、祇園祭の山鉾の一つである山伏山のご神体にもなっている実在の人物である。

天正一九年に千利休が切腹させられたあと、事件の発端となった利休の木像を磔《はりつけ》にし、その首をさらしたのも一条戻橋だった。

　堀川で最後に書きたいのは、堀川の東側、下立売上《しもたちうりあが》るにある古義堂《こぎどう》である。地名にちなんで堀川塾ともよばれた。古義堂は江戸中期の儒学者、伊藤仁斎の私塾であった。仁斎の父はこの地で材木商をしていたが、仁斎はそこを塾として学問の拠点にし、それが明治時代までつづいた。

古義堂の伊藤仁斎のころからの倉

　仁斎は江戸時代のありきたりの朱子学に疑問をもち、孔孟の古典を重視する古学派とよばれ、門弟はすこぶる多く、終生、町人学者を貫いた。長男の東涯も幅の広い学者で、歴史についての業績も多く、ぼくも時々その恩恵をうけているし、次男の梅宇の『見聞談叢』にみる学問的好奇心の強さは、仁斎の考えをさらに実践したものとみられる。今日流にいえば、古義堂は官学にたいする私学の拠点だった。なお創建時の建物として二階建の土蔵が外からもよく見える。他の建物が焼けた延宝元年の大火から大切な書物を守りぬいた土蔵である。

　このように堀川は、経済活動にとどまらず多方面に影響をあたえたのだった。

高津宮の堀江と大道

　話を平安京の造営に戻す。平安京は唐の都長安や北魏の都洛陽

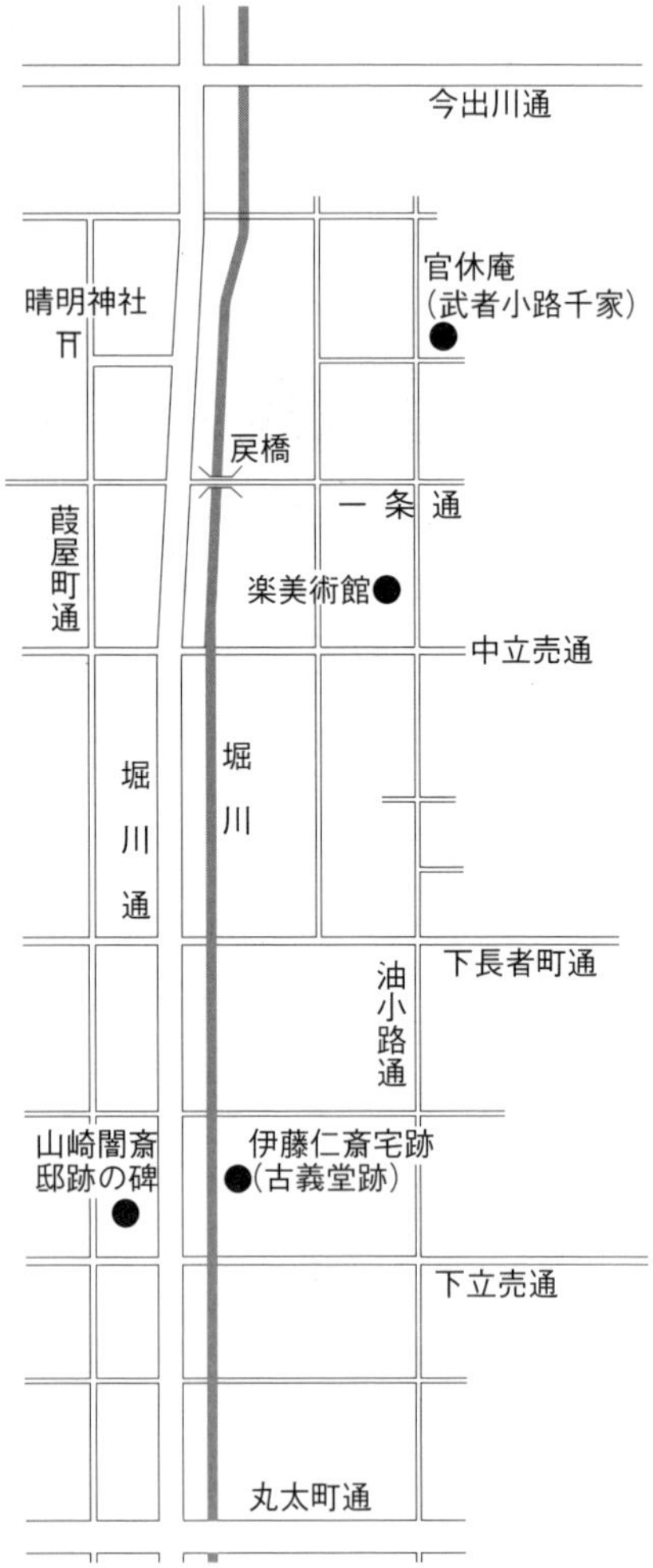

を模倣したことは、定説化している。大筋では異論はないが、多少の疑問がわきだした。それは最初の造宮使長官になった藤原小黒麻呂も次の造宮使長官和気清麻呂も、渡唐の経験のないことである。さらに造営にさいして、唐から技術者を招聘した形跡もない。ということは、それ以前からの日本での大集落（邑）や都などの建設の仕方（広義の都市計画）から継承したとみてよい事柄があるのではないか、ということである。

この問題を解くために、本来ならば縄文時代や弥生時代の集落からたどるべきだが、本書にはその余裕がないので、『日本書紀』にでている仁徳の難波の高津宮を例にとって、必要な事柄を抽出しよう。

このことについては前に「仁徳天皇と都市づくり」(『記紀の考古学』所収)や『巨大古墳』(草思社)などで論じてきているので、細かい点は省くことにする。

摂津や河内の人たちは長年にわたって河内湖(それ以前は潟か湾)の水の制御に苦しんできた。苦しむあいだに徐々に治水技術が工夫されてきた。

高津宮(推定)の復元倉庫

河内湖の西方、大阪湾とのあいだに防波堤のような形で南から北へと上町《うえまち》台地が突出している。仁徳は上町台地上の北部に都を造ろうとした。それに関連しておこなったのが難波の堀江とよぶ運河の掘削であった。

この堀江は上町台地を横切って掘った大工事によって造成され、巨大前方後円墳の造営よりも大がかりと推定される。大川とよばれる淀川の本流(明治時代まで)にもなっていた。だが高津宮やそのあとに続いたとみられる難波宮は、いずれもこの大運河の左岸にある。このことから高津宮は実際の地形にもとづいた地名とみている。

難波の堀江は大川ともよばれるように運河である。この運河はいくつかの目的のために作られた。一つは河内湖沿岸の水位の安定にあって、このことは淀川の付け替えをもともなった。もう一つは江戸時代に各大名の蔵屋敷が大川ぞいに集中していたことでもわかるように、良好な津（港）を造ることであった。

河内湖周辺の土地が安定しだすと、農地を拡大できたので、淀川を逆流してくる海水まじりの水（仁徳紀でいう北の河の澇《こみ》）の侵入を防ぐため造ったのが、茨田堤《まんだのつつみ》である。この堤と似た役割のあるのが百済領内の碧骨池《へきこつち》（金堤）である。前に茨田へ百済系の土木技術が入っているとしたのは、このことである。

ＮＨＫの大阪局の移転にさいしておこなわれた発掘で、五世紀代の倉庫遺構群が見つかった。これは高津宮やその後身としての宮の付属施設とみられるようになった（一棟が復原されている）。このように都づくりにさいして運河を通すことは五世紀にも見られ、高津宮を建設するさいに前提として運河を開いたのである。

仁徳紀には「大道を京の中に作る。南の門より直に指して丹比邑《たじひのむら》に至る」とでている。丹比は前にふれたように南河内の北部にあって、伝承とはいえ反正天皇の丹比の柴籬宮《しばがきのみや》があった。

この大道とみられる一八メートルの道幅の遺構が発掘によって現れていて、難波大道《なにわだいどう》と命名されている。この大道ぞいに高津宮に附属した園池としての依網池《よさみ》（屯倉《みやけ》）があった。さらにこの南北に走る大道は、堺の港（大津か）とヤマトを結ぶ東西の直線道路である長尾街道（大津道）と連結している。長尾街道の設置の時期は不明だが、古墳中期にさかのぼる可能性はある。なお長尾街道の長尾とは、古墳時代にあった堺の津の地形が細長い帯状の潟（神功紀にある長峡《ながお》）からついたとぼくは考えている。

古墳後期になると、奈良盆地を南北に貫く三本の直線の幹線道路があったことは有名である。それぞれ二三キロにも達し、各道路の間隔は二・一キロが保たれている。上《かみ》ツ道《みち》、中《なか》ツ道《みち》、下《しも》ツ道《みち》であり、とくに下ツ道の北部が平城京のセンターラインとしての朱雀大路になったのである。

下ツ道には道にそって溝があり、橿原市の部分では堀川といってよい大溝が発掘されたことがあり、小舟なら充分通れるとおもった。この大溝の大和郡山市域で、そこに架かる橋脚が発掘されたこともある。

このように直線道路と直線の堀川（運河）は併用され、古墳中期か後期には日本の都市づくりでは駆使されていたのである。平城京にも堀川のあったことは前にふれた。ぼくはこのような伝統が平安京の造営にさいしても生かされていたとみるのである。平安京は長安の都を模倣したとはいえ、それ以前の日本の伝統をも取り入れていたのである。

羅城門は役立ったか

平安京の南の出入口には羅城門が聳えていた。羅城門とはよばれたが、京を取りかこむ城壁としての羅城はなく、わずかに門の両側（両翼）に二丈（六メートル）だけ羅城があった。

創建後しばらくして、弘仁七年（八一六）には大風によって倒壊し、再建されたけれども天元三年（九八〇）の夏にまたしても大風で倒れ、それからは建てられることはなかった。

このように厳《いか》めしい建造物としての羅城門があったのは短い間であり、しかも存続したときも維持は杜撰《ずさん》だったらしく、そのことを示す二つの話が『今昔物語集』にでている。

一つは村上天皇のとき、玄象《げんじょう》の名をもつ琵琶が宮中から無くなった。源博雅という殿上人が朱雀大路を南へ行くと、羅城門にでた。すると門の上から玄象を弾く音がするではないか。博雅は〝鬼が弾《ひ》いているのか〟と大声でいうと、天井から縄につけた玄象が下ろされてきた。博雅はこれを天皇にとどけたという（巻第二四）。

この話から、羅城門には門番（衛士）のいた様子はないし、宮中から琵琶を盗んだ者がいたことと、それを鬼のせいにしていたことがわかる。すでに羅城門は無用の長物だったのである。

もう一つの話はすさまじい。題は「羅城門登上層見死人盗人語」（巻第二九）である。今は昔、摂津国より盗みをするため京に上ってきた男がいた。人通りのある日中は隠れていて、夜になって門の上層へ登った。するとほのかに火がともっていた。盗人が連子《れんじ》（窓）からのぞくと、死んだ若い女を横たえてあった。枕元に火がともしてあって、年老いた白髪頭の嫗《おうな》が死人の枕のかみにいて、死人の髪を抜き取っていた。

盗人はしばらくこれは鬼ではないかとおもったが、刀を抜いて〝己《オノレ》ハ己ハ〟（こいつめ、こいつめ）といって走り寄った。嫗は〝この人は自分が仕えていた。葬る人もなくここに置いた。御髪がひじょうに長いので抜き取って鬘《かずら》にしようとおもった。助け給え〟

盗人は死人の着ている衣と嫗の衣、さらに抜き取った髪をも奪い取って逃げていったという。物語はさらに「然テ其ノ上層ニハ死人ノ骸骨多カリケル。死ニタル人ノ葬ヲ否不為（できなかったので）此ノ門ノ上ニ置ケル」といい、羅城門が死骸の捨場になっていたという。

それにしても役人の怠慢の伝わってくる話であって、花の都の隠された一面を見るおもいがする。一九九四年に遷都一二〇〇年記念として、羅城門を造る話がでたことがある。幸いこの話は

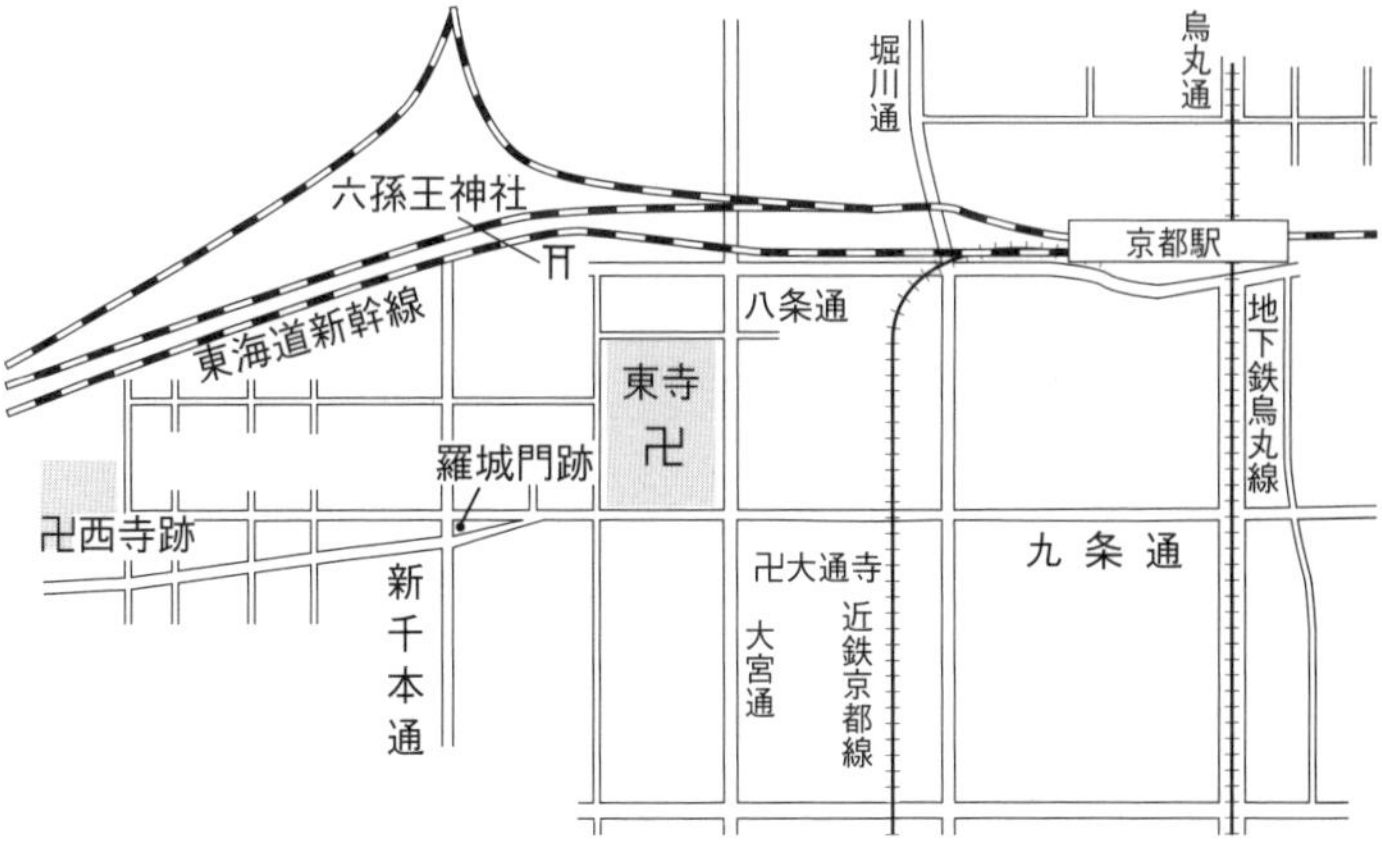

立消えになったが、無駄なことはしないに限る。平城京跡に建てた朱雀門にしろ、国家にとっては冗費だったとぼくはみている。それと奈良時代の門だとする確証はない。

羅城門の建立と飛騨の工

注意してよいことがある。羅城門という名称は長安城にも洛陽城にも見出せない。応天門や朱雀門の名称はあるのに、これは不思議である。とはいえ羅城門の名称は、桓武のときからあったとみられる。

貞観八年（八六六）に応天門の変があって、応天門は焼失していた。その門も再建され、淳和天皇の貞観一三年（八七一）に、明経博士や文章博士に応天門の名称を改めるべきか否かを議論させた。同時に羅城門と朱雀門の名義についてもどうかの議論がおこなわれた。長い議論のあと〝応天、朱雀、羅城の義は経典（中国の古典）に見ゆることなし〟で終っている（『三代実録』）。平安前期にもよくわからないままに羅城門の名称を使いつづけたようである。

桓武天皇より八〇年ほどのちの宇多天皇が、譲位にさいして一三歳の醍醐天皇にあたえた訓戒を『寛平御遺訓』とよんでいる。ぼくは『古代政治社会思想』（岩波書店）に収録された文章を参考にしている。

この御遺訓は平安前期の宮中での生活が随所にでていて面白い。一例をあげると内裏をかこむ廊を采女《うねめ》や女孺《じょじゅ》（若い女官）が各人の曹司《ぞうし》（もとは庁舎、平安前期には女官の部屋）としてしまい、「居住すること家の如く、代々常に失火の畏《おそれ》あり。然りといへども遂に追却することを得ず」と、不法居住を認めた状況にあって夜回《まわり》の役を定めている。

このことは、地方から採用される采女や女孺の住居対策をしていなかったことがあったとしても、内裏の管理が杜撰《ずさん》で、不法占拠された廊の対策を天皇の遺訓にする必要のあったことが知られる。これでは重要な国政が隙だらけになってしまう。

御遺訓の最後に延暦の帝王（宇多の使った言葉、桓武のこと）の日常生活が細かく述べられている。「苦熱のときに至りては、朝政の後に神泉苑に幸して納涼したまひき」とあって、桓武が神泉苑へ行くのに手輿に乗ったこともでている。

桓武が造営中の羅城門を見たときに、「工匠《たくみ》」と問答をした件《くだり》がある。桓武は「工匠」に門の高さを五寸減ずべしと命じた。それからしばらくしてまた訪れた。（門がほぼ完成に近い状況らしく）「工匠」を喚《よ》んでどうなったかと尋ねた。「工匠」はお申しつけ通りにしましたと答えた。すると桓武は嘆いていうのに〝残念だったなあ。五寸減らさなかったらよかった〟。

これを聞いて「工匠」は気を失ってしまった。桓武にはその理由がわからなかった。しばらくして「工匠」は蘇息《そそく》（生）して次のようにいった。〝じつは高さは減じなかったのです〟。桓武は「工匠」の仕事にたいする自信に感心して（この部分はぼくの推理）、桓武はその罪をゆるしたという。

この話では桓武は造営中の羅城門を訪れ、直接に「工匠」に意見をいっている。でも「工匠」は建物の造作については自分の考え通りにし、桓武の命令を無視して仕事を進めた。そこには天皇といえども介入できない権限のあったことが感じられる。

ここで「工匠」とあるのは、日本史上特異な存在として知られている飛騨工（斐陀匠《ひだのたくみ》）のことにほかなかろう。飛騨工は木工の技術者、材木の加工とそれの組立て（木組）にすぐれていた。「賦役令」でも斐陀（飛騨）国だけは庸と調が免じられ、その代わりに里ごとに「匠丁《しょうてい》十人」をだすことが定められていた。一〇人のうち二人は廝丁《しちょう》（雑用係）であった。

飛騨工が重視されだすのは古墳時代に遡るとみられるが、平安時代になって京の内外で皇族や貴族の邸宅や寺院の建築が盛んになるにつれ、飛騨工の役割ひいては需要は急増していったとみられる。それにともない平安前期に飛騨工の逃亡記事があらわれだす。逃亡とは仕事の苦しさから逃げるというより、他によい条件での雇い主があって、引き抜かれたということであろう。なお飛騨工については「飛騨国府シンポジウム」でも毎回主要なテーマとなった（『飛騨―よみがえる山国の歴史』）。

羅城門の礎石を盗んだ藤原道長

藤原道長といえば一条天皇のときの公卿で、摂政を務めたこともある。昔の日本史の教科書では、道長のころが平安時代の最盛期のように扱われていたことである。歴史物語の『栄花物語』は道長の生涯を扱ったものである。道長が私邸としたのが土御門殿《つちみかど》であり、その東に接して阿弥陀堂を中心とした法成寺《ほうじょうじ》を造営した。土御門殿は京極殿ともいわれるように左京の東の端に近く、今日の京都御苑内の仙洞御所の位置にあった。『紫式部日記』の書きだしは、「土御門殿のありさま、いはむ方なくをかし。池のわたりの梢ども、遣水の辺の草むら、おのがじし色つき渡りつゝ、大方の空もえんなるにもてはやされて、不断の御読経の声々、哀れまさりけり」で始まっている。

法成寺はさらにその東側で、鴨沂《おうき》高等学校のあるあたり、それを示す石碑がたっている。治安三年（一〇二三）六月一一日には法成寺の堂に使う礎石を上達部《かんだちめ》（公卿）や諸大臣に曳かせた。その前年には金堂の供養をおこなっていて、その他の建物の完成が急がれたのであろう。その石は神泉苑の門、宮中の諸司の門、乾臨閣（豊楽殿《ぶらくでん》）、左右京職の建物、さらに羅城門の礎石を転用したのである（藤原実資《さねすけ》の日記『小右記』）。転用といえば響きはよいが堂々と盗んだのだった。

道長は公卿の最高の地位にあったのだが、平安京の維持に務めたり復興させるどころか、建物がなくなっていた礎石を私用に盗み取ったのだから、平安京の荒廃はどんどん進んだのである。このように平安時代の最盛期とは、平安京の存続という視点にたつとすでに崩壊期であったのである。

法成寺で今日にのこるのは出土した瓦だけである。これらの瓦は丹波の亀岡市の篠窯跡群のなかの王子窯で製作された。この窯群では法成寺の瓦を焼く前には須恵器や緑釉陶器の生産をおこなっていた。法成寺の瓦を造るため、丹波国の方針もあって瓦生産に動員されたのであろう。

法成寺の瓦のなかに緑釉瓦のあることは前著（『洛北・上京・山科の巻』）でふれた。半截宝相《はんさいほうぞう》華文《げもん》の平瓦で、文様のデザインは優れているが緑釉のほどこし方は荒く、瓦当面ではほとんどが剥落している。これらは緑釉瓦の最後にあらわれたとみられる。この瓦の材料に必要な鉛についても道長の横暴を伝える史料がある。

道長は左衛門志（主典）豊原為長に豊楽院の鴟尾《しび》を盗ませたという。この鴟尾には鉛が貼られていたので「鉛をもって法成寺の瓦料に宛てようとした」。これは『小右記《しょうゆうき》』の万寿二年（一〇二五）八月二二日の条にあって、日記の筆者実資は〝万の皇居、一人の自由となれるか、悲しや悲しや〟と結んでいる。

鴟尾は瓦製が多く、石製もあるが、このころには鉛製もあってその鉛を緑釉瓦の釉の材にしたのであろう。道長がとったのは礎石だけでなく、建物から鴟尾までも盗んだのであった。

このようにして出家後の道長が強引に建立した法成寺は、はやくも長元元年（一〇二八）に鴨川の洪水で東大門から水が流入して九重の塔も傾いた。道長はこの前年に法成寺阿弥陀堂で死に、鳥辺野で荼毘《だび》に付されていたから、この洪水の惨状は見なかった。土御門殿も法成寺も地上に建物があったのは短く、これも無駄な造作だったといわざるをえない。

なお前にもふれた道長の日記を『御堂関白記』という場合の御堂《みどう》は法成寺の阿弥陀堂のこと、ついでにいうと道長は関白になったことはなく、江戸時代ごろからその名称が使われた。その意味では『御堂日記』でよいとおもう。

『京都の歴史』一〇巻は「年表・事典」の巻である。年表は事件の羅列だが、目を通していると意外なことに気づく。

道長の時代は放火、強盗、焼身自殺などの記事が多く、ひどいのは「当直不参により内裏に盗賊入る」(長元六年)というのもある。「丹波守藤原資業《すけなり》第が苛政に苦しむ丹波囚人によって放火される」(治安三年)というのもあるし、「堀川の水が死人によってあふれ看督長《かどのおさ》らがこれを掻流す」(正暦五年)などがあって、もはや平安楽土といいがたいことを感じる。

道長は権勢をほしいままにしていたようにおもわれがちだが、「道長宅に盗賊が入る」は長保五年、寛弘八年、寛仁元年などに記事があって、寛仁元年には盗賊が「金二千両を取る」の被害がでている。いずれも『御堂関白記』の出典という。

最後に清和天皇のときの事件と伝えられるおそろしい話を一つする。太政官に務めるある役人(名は不明)が遅参したとおもいつつ庁についた。すると官の門のあたりに別の弁官の車とお供の童がいたので、さらに庁へと急いだ。

ところが庁につくと、いるはずの弁官の姿が見えない。そこで火を管理している主殿寮《とのもりょう》の下部(下端)をよんで火をともして庁内に入った。弁官の座には血にまみれた肉片と頭、それに髪がある。血のついた笏、沓、扇もあって畳にも血がこぼれていた。従者たちは主人の頭をもって帰った。

このことがあってから、東庁では早朝の執務(朝庁)はおこなわれず、西庁でおこなうようになったという。これは『今昔物語集』巻第二七にある話で、題は「参官朝庁弁、為鬼被噉語」、つまり〝官の朝《あさまつりごと》庁に行った弁（弁官）が鬼にくわれた話〟である。実際にあった殺人事件に尾《お》鰭《ひれ》がついた噂話であろう。それにしてもとんだ〝新京楽〟となった。

平安京創生館と造酒司の遺構

平安宮内にどのような建物が配置されていたかの復元図は、多くの本に掲載されているのでここでは省く。今までに書いてきたように、整然とした建物群が絶えず維持されていたようには思わない。

平安宮跡を歩くまえに、中京区丸太町通七本松にある京都アスニー（生涯学習総合センター）内にある平安京創生館を訪れることを勧《すす》める。元気なころ、ここでの生涯学習の講演のため何度か訪れたことはある。

平安京創生館には、京の立体模型、豊楽殿の模型やその大棟を飾っていた復原鴟尾をはじめ、京内各地から出土した遺物が展示されており、平安時代の生活にせまろうとしている。それと北野天神縁起や、上杉本の洛中洛外図屛風の実物大のレプリカが陳列されているのも役立つ。

創生館に入る直前の、中庭の地面に注意する必要がある。ここには一二個の方形文のなかに、それぞれ大きな円形文をタイルで表現している。たいていの人は奇抜な装飾だとみて踏んでいくが、これは歴とした建物（倉）の遺構を示している。

一九七八年にアスニーの建設に先立って発掘調査がおこなわれた結果、ここが平安京の造酒司《ぞうしゅし》の倉であったことがわかった。掘立柱の建物だったとみえ、一二個の柱穴があって、それぞれの中央に柱を立てていた。タイルの円形と方形はそれを再現したものである。古代の遺構の跡をこのような形で現代に取りいれた成功例として、よく見ておいてほしい。

平安京造酒司の倉跡を示すタイル（中田昭氏撮影）

造酒司は「さけのつかさ」ともいって宮内省に属していた。古くからの前史のある役所で、酒、醴《らい》、酢を造っていた（『職員令』造酒司の条）。このうちの醴《らい》は一種の甘酒であろう。『延喜式』造酒司の項に、醴酒六升の料として、米四升、糵《こうじ》二升、酒三升をあげている。前に出土地不明ながら、醴の墨書のある八世紀の壺を見たことがある。日本人は古くから酒好きである。『魏志』倭人伝には「人性酒を嗜《たしな》む」とある。生まれつき酒好きだと中国人は観察したのであろう。これは東夷の国々では特記すべき事項だったし、倭人伝の別の個所には葬式のあと「喪主哭泣し他人は（そのそばで）歌舞飲酒す」とある。

酒を嗜《たしな》むのは男だけではない。仁徳紀には新嘗の宴会に「酒を内外命婦に賜う」とある。命婦《みょうぶ》とは身分の高い女性である。先ほどの倭人伝の酒の記事では、女も酒を飲むと言外にいっているようにぼくは感じている。

造酒司では大瓶（甕）を据えて、酒を醸造さらに貯蔵していたとみられる。政府直属の役所で造酒をおこなっていたが、やがて民間人が大々的に造酒業にのりだし、室町時代には京都の大きな産業となった。

二〇〇五年四月に、下京区揚梅通新町東入るで室町時代の酒屋跡が発掘され、約二〇〇個の大甕を据えた穴が整然と密集する遺構があった。五〇〇〇〇リットル以上の生産能力があったとみられ、現代の酒造業にも劣らぬほどだった。官業から民業へ。現代もその実現に苦心しているが、役人の造った酒はそれほど旨くはなかっただろう。

豊楽殿と大極殿の石碑

京都アスニーの南東至近の地に豊楽殿《ぶらくでん》跡の石碑が建っている。アスニーの地下にあった造酒司の酒を盛んに消費したのが豊楽院の中心の豊楽殿だった。ここは国家的行事としておこなわれた饗宴の場で、元旦の節会《せちえ》をはじめ数々の会合がおこなわれ酒がふるまわれた。酒は産地直送、二〇〇メートルほどのところで造られていたのである。豊楽殿の西側には典薬寮があった。薬や医師が配置されていて宴会場の隣にあることは、楽しく酒を飲みすぎて薬の厄介になる人がいたのであろう。

豊楽殿のあった土地にはもと東洋史学者の羽田亨《とおる》氏の家があった。小高い地であったと聞く。マンション建設に先立って一九八八年に発掘が始まると、すぐに建物の基壇が見つかりぼくも見学した。基壇跡はよく保存されていて、地下一〇数センチで版築工法で固めた基壇があらわれ、その縁に凝灰岩の切石を並べていた。平安宮の主要な建物遺構が見つかったのはこれがはじめてだった。

凝灰岩は切石に加工しやすく、古墳時代終末期の近畿地方の古墳の石棺や寺の基壇には、奈良県と大阪府の境に聳える二上山麓の凝灰岩（俗に松香石という）がよく用いられた。二上山麓での石切は平安時代になると盛んではなくなり、讃岐の凝灰岩が多く運ばれていた形跡があって、坂東善平さんが京都市内の各地で採集された石片にも、讃岐の凝灰岩のあることを、前に奥田尚さんが教えてくれた。

香川県（讃岐）には一五個所（以上）に凝灰岩の採石場が知られている（六車恵一・遠藤亮「讃岐の凝灰岩採石遺跡」『香川県文化財保護協会報』）。次の巻で扱う鳥羽離宮でも讃岐の凝灰岩が運ばれたようだが、高松市国分寺町の猪尻山《いのしりやま》の採石場は国分寺にも近く、注目される候補地の一つである。

讃岐国からは平安後期になると多くの瓦が京都へ運ばれているが、瓦を焼いた窯業地帯は讃岐の国府から近く、国衙の管理のもとに都へ運ばれたのであろう。

平安京へ運ばれたとみられる建築資材のうちでは、地下にのこされた瓦については生産地が細かく研究されている。それにたいして大量に使われたはずの材木と礎石や基壇の切石の研究が瓦にくらべ見劣りがするように思う。とはいえ内容が膨大すぎるのでここではそのことの指摘にとどめておく。

平安宮跡を訪ねるとは、石碑めぐりだといわれるように、昔のその場所を示す石碑はあちらこちらに建てられている。

それらの石碑のうちでも早くに建てられたのは、千本通の千本丸太町のバス停のすぐ西方にある「大極殿遺阯」の大きな石碑がある。

大極殿といえば、威厳のある建物のように感じるが、歴史物語の『大鏡』第六巻に信じられない話が伝わっている。

〃一条天皇の即位のある日に、人びとが大極殿の飾りつけに集った。すると建物のなかの高御《たかみ》座《くら》のなかに、髪の毛の生えた何かの頭があって血がついていた。それを摂政の藤原兼家に報告したが兼家は眠ったふりをして知らないことにして即位式をすませた〃という。道長の直前の世相の一端がうかがえる話である。

平安宮跡の石碑の分布を示した地図は、「平安京図会」の「史跡散策の巻」を入手すると便利である。「復元模型の巻」と二冊入りを求めやすい値段で創生館で入手できる。

石碑をめぐっても何かを感じられるかどうかは、ぼくには勧《すす》める自信はない。それより『枕草子』や『今昔物語集』など平安時代に書かれた文学作品を読むほうが得るものは多そうである。宮殿や寺など、今日いう箱物は一度失われるとあとは瓦礫がのこるだけである。これにたいして知的な創作物はいつまでものこりつづける。

大極殿跡の石碑

第7章　中京と下京の散策

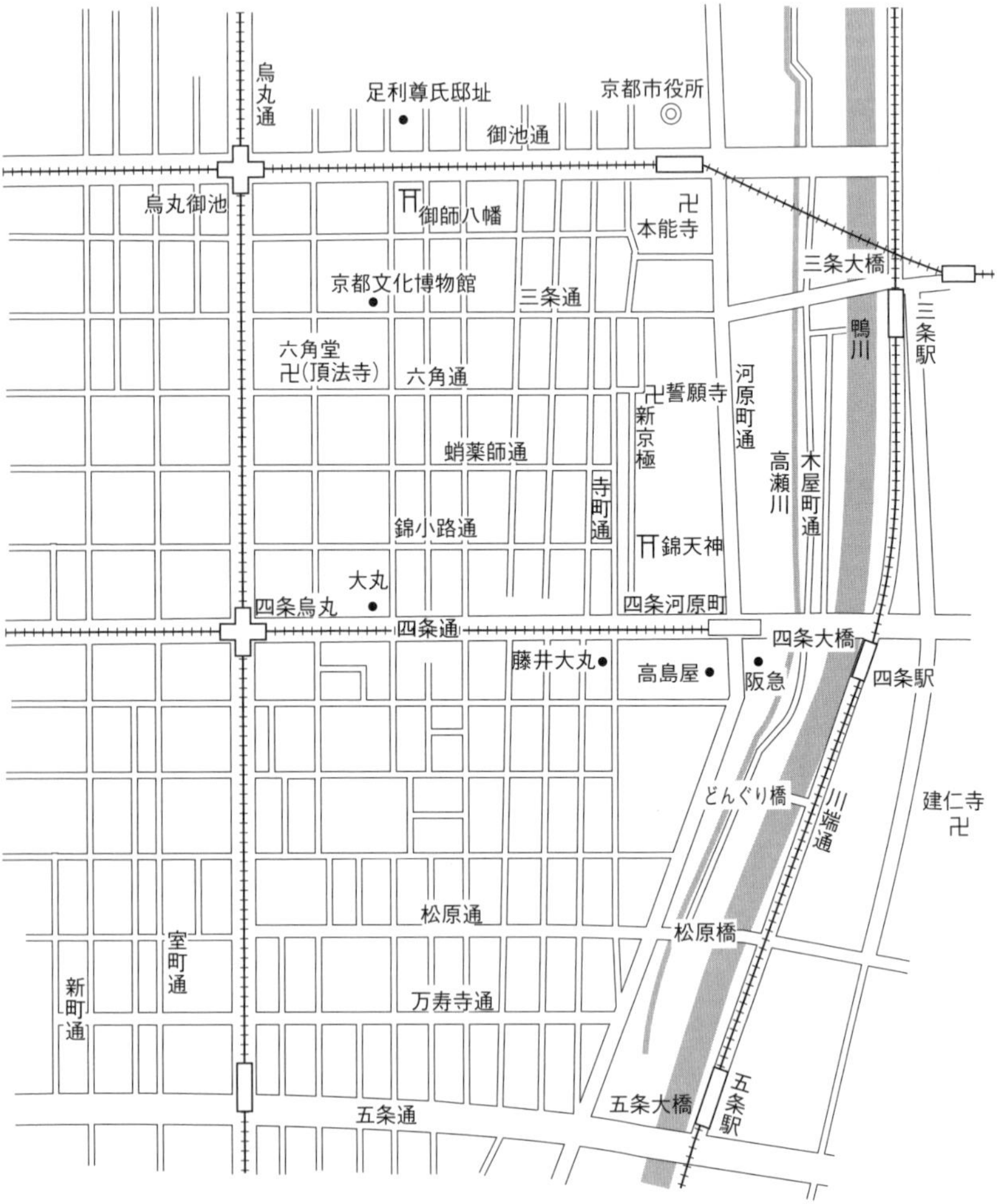

烏丸通
足利尊氏邸址
京都市役所
御池通
烏丸御池
御師八幡
本能寺
三条大橋
京都文化博物館
三条通
鴨川
三条駅
六角堂
卍(頂法寺)
六角通
誓願寺
新京極
河原町通
蛸薬師通
高瀬川
木屋町通
寺町通
錦小路通
錦天神
大丸
四条烏丸
四条河原町
四条通
四条大橋
藤井大丸
高島屋
阪急
四条駅
どんぐり橋
川端通
建仁寺
松原通
松原橋
室町通
新町通
万寿寺通
五条大橋
五条駅
五条通

六角堂と池坊

頂法寺《ちょうほうじ》は六角堂《ろっかくどう》の名で親しまれており、烏丸《からすま》通のすぐ東側にある。聖徳太子に縁のある伝承はあるけれども、今までの発掘成果ではそれを裏づける資料はみつかっておらず、平安後期ごろからの聖徳太子への熱烈な信仰、いわゆる太子信仰のたかまりと関係がありそうである。『一遍上人絵伝』にも一遍ら時宗の男女が河内の太子廟へ参っている場面があるし、『愚管抄』の著者の慈円も、建久三年（一一九二）に摂津の四天王寺と河内の「上宮太子之古墳」（聖徳太子廟）へ詣っている（『拾玉集』）。これらも太子信仰が盛んになったことを物語っている。

一九九五年に六角堂境内で、頭部を失っていたが「聖徳太子」と書かれた箱を両手で持つ八センチほどの土製の人形が出土した。江戸時代の遺物とみられるが、六角堂の太子信仰とのかかわりのある遺物とみられる（『土車』七三号）。このニュースを掲載した『土車』は、平安博物館（現、京都文化博物館）の機関紙であった。奇しくも題名の土車は、六角堂に伝わる創建時の所在地の地名（愛宕郡土車里）にちなんでいる。

六角堂は中世になると下京《しもぎょう》（今日の中京）の町衆の精神的拠点となって、祇園祭の籤改《くじあらた》めなど、事あるごとに集会に使われた。秀吉の方針で寺々を寺町へと移したさいにも、この寺は頑として拒否しつづけたという。

本尊に如意輪観音をまつっている。この仏像は、寺伝によると淡路の巌（岩）屋の海で見つかったという。海中から仏像を引きあげたという伝説は、東京の浅草寺や川崎の平間寺《ひらまでら》（川崎大師）など各地に散見するけれども、海のない山城に、このような伝承があることは注意してよかろう。

六角堂の境内に、臍石《へそ》とよばれる中央に穴のある六角形の石がある。どこかの古い礎石のようでもあるが、そうではなさそうである。井上頼寿の『京都民俗志』には「延暦の都市計画のときにはその石を中心として条里を制定した」とする伝承をのせ、京都の臍に当る要石《かなめ》ともいうと記している。解きにくい伝承である。ぼくは何度か訪れているが、境内に臍石にちなんだ菓子が商われている。

六角堂の執行《しぎょう》(寺務を司る人やその人の居る場所)は池坊《いけのぼう》とよばれ、中世から花(華)道の家元として知られ、池坊流が誕生した。それもあって今日も六角堂の前に大きな花屋があるし、池坊短期大学では華道を学ぶ若者が多く集っている。

中世に書院造が発達し、床の間ができるようになると立花の技が生れた。ぼくは林や森の枝打ちや植木の手入で切った枝を使うのは別にして、自然の木の幹や枝を切ることは好きではなく、華道にはあまり関心はない。ついでにいえば、木を小さな鉢に閉じこめて成長を枉《ま》げてしまう盆栽も好きではない。

落語発祥の誓願寺と誠心院

新京極通の四条から三条の間は京都の繁華街である。ちょうど四条と三条とのほぼ中間地点に誓願寺《せいがんじ》はある。もと上京の一条小川にあったのだが、秀吉の命によって寺町へと移され、さらに明治維新ののち繁華街造りとして新京極通を開く京都府の強引な方針によって境内のかなりの部分を上知し(没収され)塔頭《たっちゅう》の多くを失った。

寺の門の左側(北)に「迷子みちしるべ」の字を刻んだ大きな石碑が建っている。明治一五年に建てられた。はるばる京都へ来た人が誰かと京都で会う約束をしたとき、この碑の前で待つ仕《し》来《きた》りがあったのかとぼくは想像している。昔は尋ね人の紙をこの石の左の側面に貼ったと読んだことがある。

誓願寺には人びとに開かれた庶民性を感じる。本堂は日中には扉を開いているので、つい靴をぬいで堂内へ入ってみたくなる。お堂の奥には古色のただよう大きな阿弥陀如来坐像が安置されている。

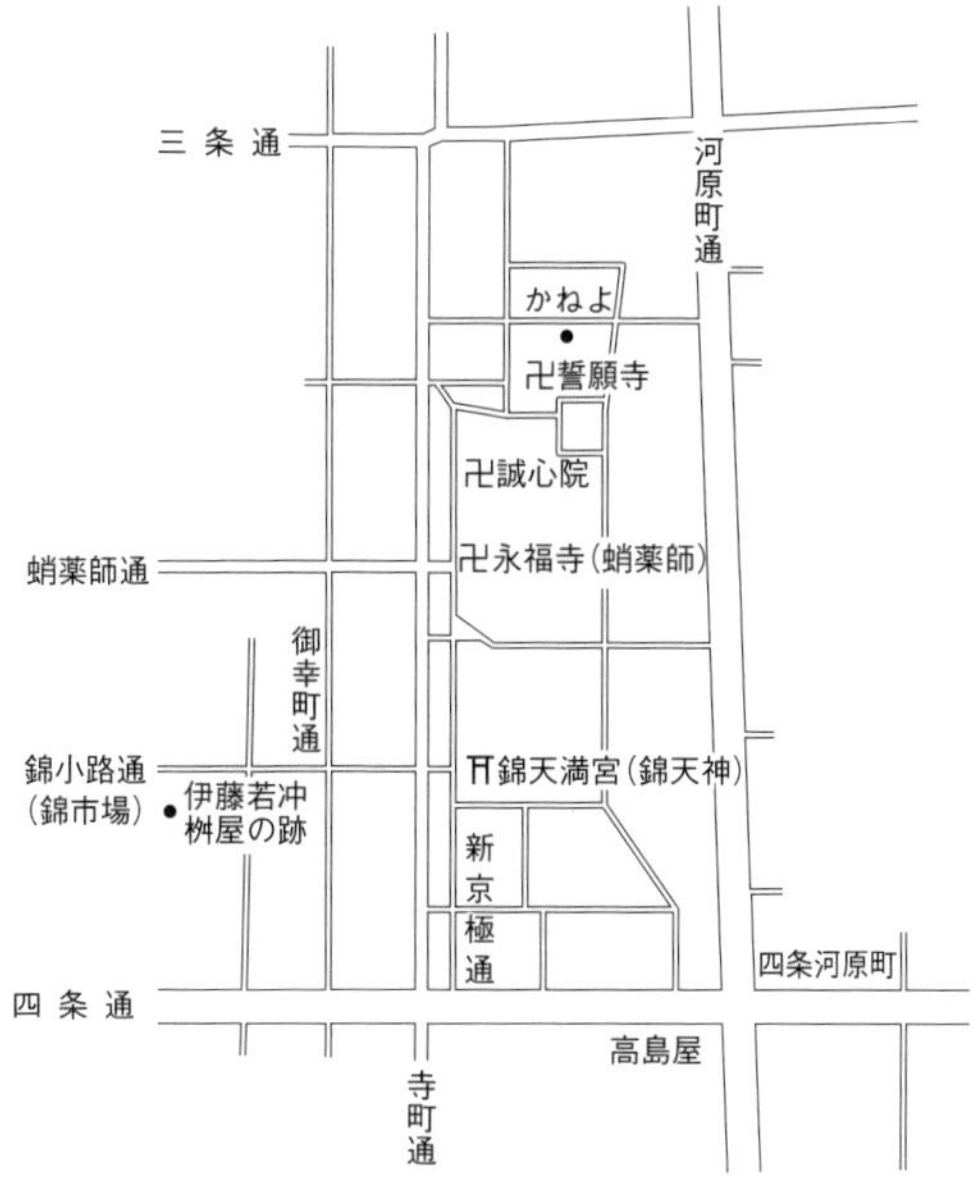

この寺の縁起では、天智天皇のとき唐へ渡った仏師がなかなか日本へ帰れなかった。そこで木の鳥を作ってそれに乗って帰国し造ったのがこの阿弥陀像としている。

たしかに古色はただよっていて、一見すると鎌倉時代の復古彫刻のようにおもえるが、元治元年（一八六四）の蛤御門の変のさいの大火で類焼した。そのあと神仏分離令後に石清水八幡宮にあった仏像を迎えたという。石清水八幡宮は昔は宮寺ともよばれ、多くの仏像があった。その仏像も昭和七年に火災で損傷をうけ、修理をしたのが現在の本尊という。

このような遍歴をたどったとはいえ、天智のころの阿弥陀如来信仰が脈々と受けつがれている点は信仰の力といってよかろう。実際にいつ頃製作されたかは別にして、ぼくの好きな仏像であり、繁華街の喧騒のごく近くに安置されている雰囲気も好ましい。この項は日本美術史の井上一稔氏の協力をえた。

誓願寺には一遍上人が参詣し、境内で説教をしたと伝える。一遍がお札を配っていると一人の女性が現れ、一遍に理屈っぽい質問をした。一遍がそれに答えてやると女性は和泉式部の亡霊であることを明かし、片隅にある石塔を指さして自分の墓だといったのち成仏したという。以上は「誓願寺縁起」に記されていて、謡曲の「誓願寺」（伝世阿弥作）にもなっている。

一九九五年の秋におこなわれた文化財特別拝観のときに「誓願寺縁起」を見る機会をえた。和泉式部と一遍、時代も生き方も異なった二人をフィクションのうえで会わせた発想は面白い。この特別展のとき出土地不明の大きな銅鐸が並べてあった。それと高麗や李朝、元や明の絵画が寺宝に多いのに驚いた。

江戸前期に安楽庵策伝という僧がいて、生涯の後半に誓願寺の住職をしていた。小咄を得意として説教に笑いをとりいれ、終わりに落があったという。そのためいつしか落語の祖となった。

今日でもこの寺の本堂を会場にして、落語会がおこなわれている（第二日曜の六時から）し、近くの鰻屋「かねよ」の二階でも定期的に落語会がある。錦市場近くの風呂屋（錦湯）でも落語会のある貼紙をみたから、誓願寺とその周辺は落語が盛んである。なお策伝が京都所司代の板倉重宗の依頼でまとめたのが、短編笑話集の『醒睡笑《せいすいしょう》』である。いろいろな点で親しみの涌く寺である。

この寺の門を入った右手に役 行者《えんのぎょうじゃ》の石像がある。『都名所図会』には誓願寺の境内に役行者をまつる堂があったが、いまは堂はない。

誓願寺より少し南寄りに誠心院《せいしんいん》がある。新京極通に面してはいるが、店舗が進出していて門だけが通りに開かれている。正面は狭いけれども、境内は広い。門が二つあって北側の門から入るとすぐ前に和泉式部の墓と伝える石塔がある。

この墓は高さ約四メートルの堂々とした宝篋印塔《ほうきょういんとう》で、正和二年(一三一三)の銘がある。ぼくはこの通りを歩くたびに門内へ入って、この塔に対峙する。気品といい均整のとれた点といい数少ない石造物の逸品である。

伝和泉式部の墓の宝篋印塔

宝篋印塔は、江南の銭弘俶塔《せんこうしゅくとう》という小型の銅製品が祖形であるが、日本では石塔として大きさを何倍にもしたのが大流行した。この点、時代は異なるとはいえ、日本列島で大量に製作された三角縁神獣鏡の動きとも軌を一にしていて、そのことは何度も指摘したことはある。先ほどの誓願寺の和泉式部の伝説もこの石塔から生れたものであるが、この石塔が一条小川にあったときに生れたのであろう。

安永九年刊行の『都名所図会』には、寺町通に門のあったころの誠心院が描かれ、和泉式部の石碑とその横に軒端梅《のきばのうめ》のあったことがわかる。この図には新京極通はもちろんまだなく寺の境内だった。これは誓願寺でも同じで寺町通に表門はあり、その右手（南）に三重塔があってなかなかの大寺だった。

藤原道長の娘で一条天皇の中宮となった彰子《しょうし》（上東門院《じょうとうもんいん》）に仕えた縁によって、和泉式部は晩年に一庵を建ててもらったと伝え、それが誠心院の起源という。誠心院の本堂には道長や式部の木像も安置されている。

蛸薬師・錦天満宮・錦市場

誠心院のすぐ南に永福寺（裏の妙心寺も同じ蛸薬師堂であるが）があって蛸《たこ》薬師《やくし》（堂）として知られている。この寺も、もとは二条室町にあったが秀吉によって寺町へ移され、ここも新京極通を造るため境内は狭くなった。

江戸時代からもとの四条坊門小路を蛸薬師通とよんでいるのは、蛸薬師堂にちなんだものだった。昔この寺の僧の親が蛸を好んで食べたことに関しての霊験話から、寺のお堂の名の由来になったという。京都市民の台所といわれる錦市場も近く、蛸薬師の地名には親しみがある。

新京極通をさらに南に行くと錦天満宮がある。『都名所図会』には錦天神として寺町通に入口と鳥居のある広大な境内が描かれている。鳥居の正面（東）に社殿があって、その右（南）に「十一面観音」と記した寺の建物があるのは時宗の六条道場の流れをくむ歓喜光寺であろう。明治初年の神仏分離令によって神社だけにまとめられた。この神社の鳥居の両笠木の端は南北の商店にくいこむようになっている。市街地にある神社と商店の共生の姿として納得できるように感じる。

錦天満宮より西へ向って延びるのが錦小路通である。この道は千本通まで続くけれども、錦市場のあるのは高倉通と交差するあたりまでで、道の南北に約一二〇の店が並んでいる。

錦小路の名称は古く、『宇治拾遺物語』では村上天皇の発案によって、それまでの名の屎小路《くそこうじ》（具足小路のことか）を改めて錦の小路としたという（「清徳聖奇特の事」）。

このように錦小路の名も平安時代まで遡るだけでなく、道幅も昔の四丈（約一二メートル）を踏襲している。それにここには自動車は入れないから、平安時代や中世を歩いているような気分になる。その意味では昔の京都を体感できる空間である。

錦市場には東魚屋町《ひがしうおやちょう》、中魚屋町、西魚屋町の地名がつづくように鮮魚店、川魚店、海産物の干物屋などが多い。青果店、佃煮屋、湯葉や麸、豆腐の店、それに漬物屋など食品店が大半である。なかには包丁や鍋などを商う店もあって、大阪の黒門市場、明石の魚の棚市場、東京の築地市場とともにぼくの好きな市場である。

江戸時代の画家の伊藤若冲は、絵師となるまでは西魚屋町にあった青果問屋桝屋の主人だった。若冲は独創的な領域をひらいた画家であり錦市場が生みだした逸材といってよかろう。

ぼくの仕事場は錦市場の近く、やって来る友人のなかには〝先に錦市場を通ってきました〟とか〝帰りに錦市場へ行きます。粟餅はどこで買えますか〟などという人がいる。

食べることは人間の生存にとっては基礎となる。だから食への関心が薄れたり、ない人は、学問の世界で見わたしても弱々しく、書いた文章も精彩に欠ける。これは演劇や音楽の人あるいは小説家やマスコミ界に生きる人にも通じていえることである。錦市場にかぎらず昔からの市場からさぐることのできる歴史の糸口は無数にあるといっても過言ではない。

錦小路通を西へ進んで烏丸通を過ぎると初めての通が室町通である。この通と次の新町通のあたりが祇園祭の山や鉾をだすいわゆる鉾町《ほこまち》のほぼ中心である。

鉾町、鯉山のタペストリー

烏丸通の東にも長刀鉾《なぎなたぼこ》と保昌山《ほうしょうやま》の二つはあるけれども、のこり三〇の山や鉾は室町通と油小路通の間、四条通をはさむ南北に集中している。

普段は山や鉾は民家の間にある倉におさめられているが、祇園祭の巡行の宵々山《よいよいやま》と宵山《よいやま》に町を歩くと、町々の道に山や鉾が組み立ててあって、その近くで山や鉾を飾る掛物や金具などが展示されていて町中が博物館のようになる。「祇園祭は動く美術館」とよくいわれるけれども、宵々山や宵山に町々で山や鉾、さらに附属の装飾品を見ると、静止した状態で、しかもごく近くで見ることができる。

祇園祭のことを詳しく書くとそれだけで一冊の本になるので、今回はごく簡単にする。ぼくは長年この祭を見ているうちに「祇園祭は動く歴史博物館」だと痛感するようになった。

江戸時代の鎖国下にイギリス製のピラミッド風景の絨毯を輸入しているし（浄妙山《じょうみょうやま》）、神功皇后の故事に因んだ占出山《うらでやま》は鮎釣山《あゆつりやま》ともいうが、和歌山の隅田《すだ》八幡宮の癸未《きび》年の銘文のある人物画像鏡を織物にして掛物としている。これなどは考古学界がこの鏡に注目するよりも早く山の装飾に採用したのである。以上の二例にも町衆のもっていた情報の量と旺盛な知識欲に驚く。
鯉山《こいやま》町は室町通の両側、北は六角通、南は蛸薬師通である。この町が出す鯉山は明応九年（一五〇〇）からずっとこの町が運営している。この山の左右の水引（幕）に一六世紀にブリュッセルで織られたタペストリー（壁掛け）がある。ゴブラン織といわれたこともある。ギリシャのホメロスが作ったと伝える長編叙事詩「イリアス」にでているトロイア戦争を題材としていて、鎖国下の日本人はヨーロッパへは行けなかったが、外国の文物を祭の飾として異国情緒を堪能していたのである。

祇園祭の山や鉾に使う織物類には、中国製のほかインド、ペルシャ、ヨーロッパ各地の製品がもたらされていて、異国からもたらされた品々によって京都の人びとはすでに現実の鎖国状態を打破していたのであった。

一九八六年七月の中旬は、その当時のぼくとしては珍しく京都で過せた。宵々山と宵山に連続して山や鉾を見てまわった。鯉山まで来ると浴

浄妙山のイギリス製のピラミッド風景の絨毯（2007年７月17日）

衣姿の少女たちの唱える声が聞えてきた。

鯉山のお守りは
これよりでます
常はでません
こん明晩かぎり
ご信心のおんかた様は
受けてお帰りなされましょう
ろうそく一本献じられましょう

これは一九八六年七月一五日の夜にノートに書きとめた。三行めの「常」は一六日には「明日」と変えるという。長年京都に住んでいて、この唱和を耳にしたときが、もっとも京らしさを感じた瞬間だった。

この年以来、七月一六日に京都にいるときは、病気のさなかでも雑踏をかきわけて鯉山には立寄ることが習慣となった。

南蛮寺跡とミサの光景画のある硯

鯉山には、はるばるヨーロッパから運ばれてきた織物が祭りに使われつづけている。このこととは直接の関係はなさそうだが、鯉山町の西方に隣接して姥柳《うばやなぎ》町がある。室町通から蛸薬師通を西へ行った南北にまたがる町で、ウバヤナギの名は一六世紀に日本に滞在した宣教師が本国へ出した手紙を通してヨーロッパにも知られていた。

蛸薬師通の北側にあったのが「被昇天のサンタ・マリアの寺」で、日本で初めてつくられた本格的な教会である。近世の日本人は、最初にこの地へ宣教師が住みだした元号をとって永禄寺といったといい、信長の意思で南蛮寺に変えたという。信長は、キリスト教にたいする理解者でもあった。

永禄寺と南蛮寺の名は一八世紀にできた『南蛮寺興廃記』（作者不明、東洋文庫所収）に記されたことであり、あくまでキリスト教の天主会堂（教会）への俗称である。

とはいえ狩野元秀が洛中洛外を描いた扇面図（京名勝図）の一枚に「なんはんとう」と記されていて、三層の建物を核とした図柄があって、黒衣の宣教師や門前に南蛮帽子を売る店もあった。これによって南蛮堂（寺）といういい方がすでに流布されていたことが知られる。

蛸薬師通の北側に小さくて見落としそうだが「此付近南蛮寺跡」の石碑がたっている。一九七三年当時、ここに京呉服を扱うタキカ株式会社の木造の社屋があった。建物が老朽化したので建て替えることになり、かねがね南蛮寺の跡地にあることを知っておられた社長の滝道雄氏が、ぼくに相談をもちかけられた。

ここに南蛮寺があったとしてもそれはごく短期間であって、果たして地下に関係する遺構や遺物があるとはおもえないが、平安京内でもあり、中世以降の下京でもある。その頃は平安京内の調査といえば平安時代を対象にし、一気にパワーショベルで堆積土を除去するなど、そののちの土地の変遷が考慮されていなかったので、地表面から徐々に掘り下げていく方法で発掘を実施することにした。

中世や近世はぼくの専門領域ではないけれども、当時の京都市の文化財行政では発掘を南北朝ごろまでとする慣例もあったので、それでよいのかどうかの試行もあって研究室の学生の協力をうけて実施できた。

発掘を進めると京の人家密集地の地下は、じつに多くのゴミ穴が重複のうえにも重複しているのに気づいた。大小さまざまのゴミ穴が、掘っては埋めることを繰り返すうちに地面が徐々に高くなっていく。大きなゴミ穴は火災のあとの瓦礫を処分していて、小さなゴミ穴には陶磁器の破片や食材のカスなどが埋まっていた。

ゴミ穴には安土桃山時代、つまり南蛮寺の存続していた時期に近い遺構もあったが明確な建物遺構は見つけられなかった。当時の感想では教会はもう少し北寄にあったかとおもった。

発掘が終ってから、コンテナ約四〇箱の遺物整理を新町校地にある考古学研究室でおこなった。遺物の水洗いをつづけると、一人の学生が石硯の裏面に線刻画のあることに気づいた。

石硯は長さ約一二センチ、幅約七センチの長方形で、長年の使用によって磨《す》った墨のたまる海の部分は欠失していた。形からみて室町時代ごろのもので、かなりの期間使ってから捨てたとみられた。

硯の裏面の全体をカンバスにみたてて、鋭い線でカトリックの儀式（ミサ）を描いていることが一目でわかった。ぼくはやはり先日来苦心して掘った場所が南蛮寺跡だったことを強く感じた。

とはいえ、ぼくはキリスト教信徒ではなく、カトリックについての知識はもっていない。それからというもの、数人の牧師に意見を求めたり関係の本を読むなどして、線刻画の解読への挑戦が始まった。

画面の右側に、ダンゴ鼻で頭に大きくて華麗なミトラ（司教冠）をのせ、右手に司教のシンボルとしての牧杖を持ち、いかめしい襟を左前にした祭服をまとった人物（男）が声を発しているらしく、口を大きくあけて立っている。頭上の長い冠のようなものは、上に置かれた花をいれた植木鉢にも見える。

画面の中央上部には、鍔広の帽子をかぶりボタンのついた僧衣を着た人（男）が台の上に立ち、右手に長い柄のついた半球状のローソク消しを持って、まさに堂内のローソクの火を消そうとしている。ローソク消しの左先端は、硯の左縁に達するほど大きく描かれている。二人とも左のほうを見ている。

画面の左側、ローソク消しの下に十字架があって、その右下にひょうたん形の容器が置かれている。儀式で必要な葡萄酒をいれたひょうたんとみられる。さらに中央の下部に柄のついた長い刃の包丁（刃物）と大きくあらわし

南蛮寺跡出土の石硯裏面の線刻画
（森 作図・無断転載不可）

た二枚重ねたタバコの葉がある。包丁の下の刃には鋸歯をつらねていて刃こぼれをあらわそうとしている。これも儀式で必要なタバコを刻むことを示しているのであろう。

これはおそらく南蛮寺のミサの風景で、二人の人物のうち司祭が大きく描かれているけれども、中央上部にあるのは日本人とおもえる修道士であり、この男の行動を記憶にのこすため刻んだ絵とおもえるようになった。

一九七三年に発掘概報として『姥柳町遺跡（南蛮寺跡）』を発表して間もなくのちにわかったことがある。それは線刻画だから写真をとるさいのライトの当て方で、現れる線と消える線のあることであった。それによって司祭が鼻に眼鏡をかけていることが明らかとなった。なおライトのあて方がうまくいった写真は『考古学入門』（保育社カラーブックス）に掲載してある。

南蛮寺へ来た宣教師のうち眼鏡をかけていたのは、ぼくの知るかぎりではポルトガルのフランシスコ・カブラルである。日本人の修道士は多いが、例えばロレンソもその一人である。姥柳町に一人の宣教師と一人の日本人修道士が荒家を借りてささやかな教会としたのは永禄四年で、そのあとルイス・フロイスが赴任してから宗勢をひろげ、天正四年に立派な教会が建って献堂式をおこなった。姥柳町にささやかな教会をかまえたころから、もと琵琶法師だったロレンソが宣教師を助けた。ことによるとロレンソがこの硯に絵をのこした人だろうか。

いずれにしてもこの硯はごくありふれた文房具にすぎないが、それを愛用していた日本人の修道士が、ミサの執行でのローソクの火を消す仕事を分担したことの記念のために硯の裏面に刻んだものとおもえる。この時代の硯に簡単な絵を線刻することはしばしばあるが、まとまった図柄を描いた例としてこの硯は貴重である。

ぼくはこの硯についてさらに細かく検討する時間の余裕はないけれども、一括遺物として同志社大学歴史資料館に収蔵していて、レプリカは常設展示している。

キリスト教に理解を示した信長が本能寺で殺されてから、事態は徐々に変りだした。ちなみに当時の本能寺は、姥柳町の西方至近の地にあった。

いるまんロレンソのこと

天正一五年（一五八七）の豊臣秀吉による宣教師の国外退去令（事実上の禁教令）によって南蛮寺は没収され、破却されたといわれている。姥柳町に古家を利用してささやかな教会ができた不安定な二六年間、本格的な教会が建ってからでは一一年間が南蛮寺の存続期間だった。秀吉の死後に一度キリスト教布教の拠点となった可能性はあるが、いずれにしても短期間で、この間に本格的な教会があった気配はない。

花園の妙心寺の塔頭、春光院に高さ約六〇センチ、口径四五センチの銅鐘がある。形も日本の釣鐘とは違う。その表面に一五七七の西暦とアルファベットでイエズス会の紋章が鋳出されている。一五七七年は天正五年にあたり、南蛮寺に立派な教会が完成した年である。おそらくこれは南蛮寺のためにポルトガルで製作し日本へ届けられたものであろう。

春光院がこの鐘を手にいれたのは幕末のことで、それまでは朝鮮の鐘として仁和寺《にんなじ》にあったといわれる。仁和寺付近は後に述べるようにキリスト教徒の墓碑が多く、南蛮寺の破却にさいして記念すべき備品として持ちだしたのではないかと推定される。

南蛮寺の存続期間にずっと働いた日本人のいるまん（修道士）がロレンソである。フロイスの

『日本史』には何度も登場していて、宣教師を助けるうえで大きな役割を果し、「ある著名な日本人修道士」といわれたこともある。

ロレンソは大永六年(一五二六)ごろに肥前で生まれた、とフロイスは書いている。行動力からみて、農民の出身というより松浦地方の海人の出ではないかとぼくは推定する。山口でザビエルと出会って洗礼をうけ、しばらくしているまんになることを許されている。ザビエル以来の筋金入りのカトリックである。

京都ではビレラ、カブラル、フロイス、オルガンテーノなど代々の宣教師に仕えた。とくにビレラとは迫害のなか二人で姥柳町に一軒の古家を借り、そこにささやかな礼拝場と祭壇を設けた。その頃は地面に藁を敷いて眠り、豊後の病院から持ってきた小さな重湯用の鍋一つで炊事をするような生活だったと伝える。フロイスは何度もロレンソを盲人と書いているが、その行動力からみると弱視者という程度の視力はあったのであろう。

このようにともに苦難の生活を生きぬいたという点では、硯の右側の司祭はビレラであってもよいが、カブラルは日本の布教長であったから、カブラルとともにミサをあげたことをロレンソは記念にのこしたのではなかろうか。なおカブラルは高慢な性格で、日本人への理解という点ではフロイスに劣る。

以下はぼくの推察になるが、線刻画の縦の線で直線に引くべきところが十字架や牧杖ではゆがんだり曲がったりしている。横の線はうまく引けているのにくらべるとやや不可解であり、それは筆者のクセか視力の問題のようにおもえる。

ぼくが南蛮寺の線刻のある硯に接してから三五年がたった。今回久しぶりに見直すと、画中の人物がそれぞれ意味するもの、もっといえば、語りかけてくる内容が少しはわかったようにおもえた。

見直して気づいたことだが、一つは包丁の刃の縁にある鋸歯文《きょしもん》の連なりである。タバコの葉を刻むのに鋸《のこぎり》は使えず、これは長年の使用での刃こぼれを示そうとしたのではないか。二つめは司祭の頭上の司祭冠と前におもいこんだのは、花の咲いた植木鉢だとすれば、司祭の服装がかなりみすぼらしいものとなる。この考えが妥当であれば困苦のころの南蛮寺での生活を記憶にとどめたということになる。

時をへだてて見直すと自分自身が鍛えられてきたようにおもう。いるまんロレンソ、なんとたくましく直向《ひたむき》に生涯を生き抜いたことであろう。一五九二年二月三〇日に長崎で死んだ。六六歳だった。

京都のキリシタン墓碑

日本にのこる近世初期のキリシタン墓碑は九州に多く、島原半島と天草島でぼくも実見したことはある。京都市内でも慶長の年紀をもつキリシタン墓碑が発見されている。

墓碑の形には二種類ある。短側面の一方を正面とした蒲鉾形と、縦型といってもよい光背形とである。墓碑の表面には十字架形とその下に1HSの三字を記し、その下方に年号や洗礼名などの人名を刻んでいる。なお1はキリスト、Hは人、Sは救済者のラテン語の略記である。

大正六年（一九一七）ごろから京都のキリシタン墓碑への関心がたかまり、研究が始まった。

考古学者の浜田耕作に言語学者の新村出が参加して「京都及其附近の切支丹墓碑」を「京都帝国大学文学部研究報告」の第七冊（一九二三）に収められた。新村先生は『広辞苑』の著者として名高いが「日本切支丹研究余禄」や「南蛮記」などの著作がある。

浜田先生は中学生のころから考古学を志し、京都大学に考古学教室をおこし、学問的領域が広く、キリスト教考古学の端緒をも築かれるなど敬服に値する。

戦後にもキリシタン墓碑の発見はつづき、今日までに約二〇例が知られるようになった。これらの墓碑の年号は慶長七年（一六〇二）から慶長一八年（一六一三）の間に集中していて、秀吉の死後の家康の時代でのキリスト教の再興期にあたっていて、南蛮寺が存続した永禄から天正年間（一五七二〜一五九一）の墓碑はまだ知られていない。

徳川幕府が禁教令を出したのは慶長一七年で、翌年にさらに厳しい禁教令がだされた。上京区にある成願寺の墓地にある一基に慶長一八年の年号のあるのは、その間の情勢を示すものとして貴重である。

キリシタンの墓碑には日本の元号が使われているが、等持院南町の小川にかかる土橋の台に使われていた墓碑には「御出世以来千六百八年申戌七月八日」と西暦を記していた。一六〇八年は慶長一三年にあたる。この墓碑の主の洗礼名は「さんちょ」で、俗名は「波々泊（伯）部右近将監」であることも記されている。波々伯部《ははかべ》氏は丹波出身の武士と推定される。

京都市のキリシタン墓碑の大半は、市域の北西部、とくに一条通の紙屋川周辺に集中している。家康の時代になると新しくフランシスコ会が熱心な布教活動を始め、托鉢修道会ともいわれた。

この教派によって京都に教会も建てられたらしいが、研究は進んでいない。このようにキリスト教によって、西暦やアルファベットのような異文化とも日本人は接したとみられる。

一九八四年の京都市による南区九条通の北側の西九条春日町の発掘で、九条通の北側の地点で平仮名と漢字混じりにポルトガル語とおもわれる欧文を交えた木簡が出土し、注目を集めた。そのなかの表面にある「Pe せるそ様の（不明）せんか如庵様（不明）」は九州で活躍したイエズス会宣教師のセルソ・コンファロネロと推定される。Pe は伴天連をあらわす padre の略と判断された。裏面は欧文（未解読）で書かれ、最後に離して mairu と記されているのは「参る」のローマ字表記とみられている（『平安京跡発掘資料選２』京都市埋蔵文化財研究所編、一九八六年）。

この木簡は九州に住む日本人が欧文を習って、京都に滞在しているキリシタン仲間の「如庵様」に「せんそ様」の意志によって品物を送るさいの付札かと推定される。日本の手紙の末尾によく書く「参る」をローマ字で表記したのは、異文化にふれた人の得意さがうかがえる。そのような機知を解せる人が京都にもいたとみてよかろう。

これらの木簡群は、九州から京都の教会へ送られた物資につけた荷札とみられる。この木簡の出土した九条付近には、キリシタンの信者がいたとみられる。フロイスの『日本史』によると、元亀四年（一五七三）三月（七月から天正元年となる）におこった織田信長と足利義昭の衝突のさい、宣教師たちは東寺の近くの九条に逃げて難をのがれたという。この衝突では義昭の拠点のあった上京が焼打ちされ、将軍義昭は都から追放された。

五条天神社（宮）

旧五条通界隈・五条天神社と因幡堂

天正一八年（一五九〇）に豊臣秀吉が新しく五条大橋を架けるまでの五条大橋は、今日の松原橋の位置にあった。それだけではなく今日の五条通りも、もとの六条坊門小路であったが、秀吉の京都の大改造にさいして道幅が拡張されて新（現）五条通となった。

このように秀吉の京都の大改造以前の五条通は今日の松原通であり、この道は清水寺の参詣道であった。

松原通を西へ行って西洞院通を過ぎるところに東面して五条天神社がある。五条天神社は菅原道真をまつる天満宮としての天神ではない。祭神は大己貴《おおなむち》（大国主）や天照大神である。『徒然草』第二〇三段に鞍馬の由岐《ゆき》神社の靫《ゆき》にふれたなかに〃天皇の病気や流行病で世間が騒がしいときに五条の天神に靫をかける〃とある。由岐神社や靫については前著（『洛北・上京・山科の巻』）で説明した。

このように五条天神社は病気退散の神、さらに疫神とみられ、応永二八年（一四二一）には「五条天神流罪のこと宣下される」の扱いをうけたこともある（『看聞日記』）。ここで流罪というのは形式上のことであろう。

室町時代にできた『義経記《ぎけいき》』では、太刀奪いの悪事を重ねていた武蔵坊弁（辯）慶が牛若と最初に出会ったのは五条天神の前という設定になっている。室町時代にはかなりの人通りがあったから物語の舞台となったのであろう。

松原通と烏丸通が交差する北東に因幡堂《いなばどう》がある。寺の名は平等寺というが、本尊の薬師如来立像が名高く因幡薬師堂の名でも通っている。

国名の因幡（鳥取県東部）がお堂の名についているのは、本尊が因幡の海中から引きあげられたという伝承と、因幡国司の橘行平が任国の因幡から都へ帰るとそのあとを追って薬師像が飛来し、それを行平がまつったことにちなむという。江戸中期の『山城名勝志』の「因幡堂」の項に「因幡堂縁起」が引かれている。

〝この薬師はもと天竺の祇園精舎にあったが、伽藍が破壊されたとき東方へと飛んできた。因幡国の賀露津《かろのつ》の海に夜ごと光るものがあるというので、国司の橘行平が網人に命じて海底をさぐらせてこの尊像をえた。長保五年に行平の京の宿舎に飛んで来たので、仏閣を作って安置した〟とある。

海中から引きあげられた仏像については六角堂でも述べた。なお賀露津は鳥取市の北西にある漁港で、前にこの港の漁師が海で九州系の弥生土器を引きあげたことがある。そのあとどんな漁港かに興味をもって訪れて泊まったことがある。

遍歴の人、一遍の一行は弘安二年（一二七九）の春に備前国から山陽道を旅して入洛した。これは『一遍上人絵伝』の記載で、それを弘安七年とする伝えもある。弘安二年といえば、博多へ来た元の使者を幕府が斬った国際的な緊張の年であった。

このとき一遍一行が泊まったのが因幡堂であった。『一遍上人絵伝』には先ほど述べたこの寺の縁起とほぼ同じ内容の霊験潭を記している。

ただ薬師像を引きあげたのを賀露津ではなく賀留《かる》の津としている。

賀露は賀留と書くこともある。『新撰姓氏録《しんせんしょうじろく》』に開化天皇の皇子の彦坐命《ひこいますみこと》（王）の子孫として軽我孫《あびこ》公をのせている。我孫は網引（曳）、つまり漁民のことである。彦坐王の子孫は丹後・丹波に見出せるので、軽・賀留も研究の糸口をあたえる。

一遍らが因幡堂に入ったとき、寺僧から「か様の修業者はこのところに止住の事いましめあり」といわれたので、縁の下に寝た。しかし寺でもだんだん一遍らに理解を示し、堂の庇《ひさし》の間に招じている。一遍は因幡堂に数カ月滞在しており、この寺が一遍らに協力した様子がみられる。なお弘安七年の入洛にさいしても因幡堂に滞在している。

何で読んだか出典を探せないが、因幡堂での一遍への人気がたかまり、一遍の小便を飲むと病気に効があるとさえいわれたという。

本尊の薬師如来立像は縁起でいうような渡来仏ではなく、平安中期の京都での作品である。一木彫で高さ一五三センチの端正な立像である。なお海から引きあげられたのは流木でそれを仏像にしたとする見方もある。

このほか嵯峨の清凉寺の釈迦如来立像を模した、建保元年（一二一三）銘のある釈迦如来立像や、鎌倉時代の六臂の如意輪観音坐像など優秀な信仰財がある。これらの仏像は収蔵庫に安置されているが特別拝観はできる。このほか明治初年に北野天満宮の内陣から移された十一面観音像もある。

中世から「市のお堂」の名で町堂として人びとに親しまれてきた伝統によるのか、境内では毎月八日に手づくり市がたつ。

因幡薬師堂

藤原俊成邸跡と新玉津嶋神社

寿永二年（一一八三）七月、薩摩守平忠度《たいらのただのり》（教）は摂津の福原（神戸市）への都落にさいして、侍五騎、童一人をつれて都に引き返し、五条にある藤原俊成の宿所（邸）を訪れた。

俊成は歌壇の重鎮で「小倉百人一首」の撰者の藤原定家の父である。邸の門は閉ざされていて〝忠度〟ですと名告ると〝落人が帰ってきた〟とざわめきがおこった。忠度は〝門は開かれずとも門のそばまで出て下さい〟というと、俊成は〝そういうこともあるだろう。忠度ならば入れ申せ〃と門を開いて対面した。

忠度は〃一門の運命はや尽き候ぬ。かねて撰集（勅撰和歌集）をつくることを聞き、生涯の面目に一首なりとも御恩にあずかろうとおもっていましたが、世が乱れその沙汰もなくなり嘆いておりました。やがて世が静まると勅撰のご沙汰も復活することでしょう。この巻物のうちの適当なもの一首でも御恩にあずかれば、草の陰にてもうれしく存じます〃といって、秀歌とおぼしき百余首を書き集めた巻物を鎧のひきあわせ（脇）より取出し俊成に渡した。

俊成は〃かゝる忘れがたみをいただき、ゆめゆめ疎略にはいたしません〃というと、忠度は馬にうち乗り冑の緒をしめ西へと遠ざかって行った。俊成はそれを見送り涙をおさえて門のなかに入った。

忠度は翌年（寿永三年）に摂津の一の谷の合戦で命を落としている。忠度にとっては、和歌づくりは命にかえてもよいほどの価値があったのである。

世が静まって『千載集《せんざいしゅう》』をつくるとき、俊成はあの巻物から一首を撰んだ。といって忠度は勅勘《ちょくかん》（天皇からとがめを受けた）の人だから「読人知らず」として入れた。

さゞなみや　志賀の都は　あれにしを
むかしながらの　山ざくらかな

この話は『平家物語』巻第七の「忠教都落」の文を要約した。原文は子細にわたっていて読む人の涙をさそう。

烏丸通は明治になってから道幅を拡げたために、松原通の南側にあった俊成の邸跡は烏丸通で東西に分断されてしまったが、烏丸通の東に俊成町の地名がのこっている。

烏丸通の西、松原通の南側に境内は広くないが新玉津嶋《にいたまつしま》神社がある。この神社は俊成が勅旨によって邸内に紀伊の和歌浦にある玉津嶋神社を勧請《かんじょう》したと伝えられている。

新玉津嶋神社

和歌浦はその名が示すように奈良時代から歌枕の名勝地として名高く、この地の玉津（出）島神社は和歌づくりの神として崇められた。

聖武天皇は即位のあとの神亀元年（七二四）一〇月に紀伊国玉津嶋頓宮（かりみや）に一〇日あまり滞在し、春と秋に二回官人を派遣して玉津嶋の神と明光浦《あかのうら》の霊を奠祭《てんさい》させている（『続日本紀』）。この行幸のことは『万葉集』巻第六にも「神亀元年甲子冬十月五日、紀伊国に幸《いでま》しし時、山部宿禰赤人の作る歌一首と短歌」の前詞で三首の和歌をのせている。長歌の最後は「神代より然《しか》ぞ尊き玉津嶋山」で神社のある玉津島山をたたえており、反歌の一つが有名な次の歌（九一九）である。

藤原俊成の墓（南明院墓地）

若の浦に　潮満ち来れば　潟《かた》を無《な》み
葦辺をさして　鶴《たづ》鳴き渡る

若の浦は和歌の浦、このなかの「潟を無み」から片男《かたお》波《なみ》の地名ができ、そこに玉津嶋神社は鎮座している。この山部赤人の歌は平安時代になると評価されたことであろう。

ぼくの想像だが、聖武は一〇日あまり玉津島に滞在したのだから和歌をよんだであろう。だが『万葉集』にはお伴の山部赤人の歌だけが収められた。

桓武天皇も死の二年前の延暦二三年（八〇四）に、紀伊国玉出（津）嶋に行っている。『日本紀略』にはその地で何をおこなったかは記していないが和歌をつくったのだろうか。

俊成邸跡にいまも新玉津嶋神社があるのは信仰の力である。松原通はもとの五条大路だったことはすでに述べたが、近世になって松原通とよばれたのは、玉津嶋神社の参道にあった松並木に由来するといわれている。

俊成は俗に五条三位といわれたのは邸の所在地によることだが、晩年に法性寺に暮らしそこで死んだ。墓は東福寺の南方の南明院の管理する墓地にある。わが家からも近いのだがなかなか探せず、やっと訪ねられた。南明院の境内ではなく寺の南方二〇〇メートルほどの民家に囲まれた北面の斜面の一画にあった。俊成の墓だけでなく室町前期の画僧、明兆（兆殿司）の墓もあった。俊成の墓は五輪の石塔である。

第8章　歴史の充満する境域をタワーから見る

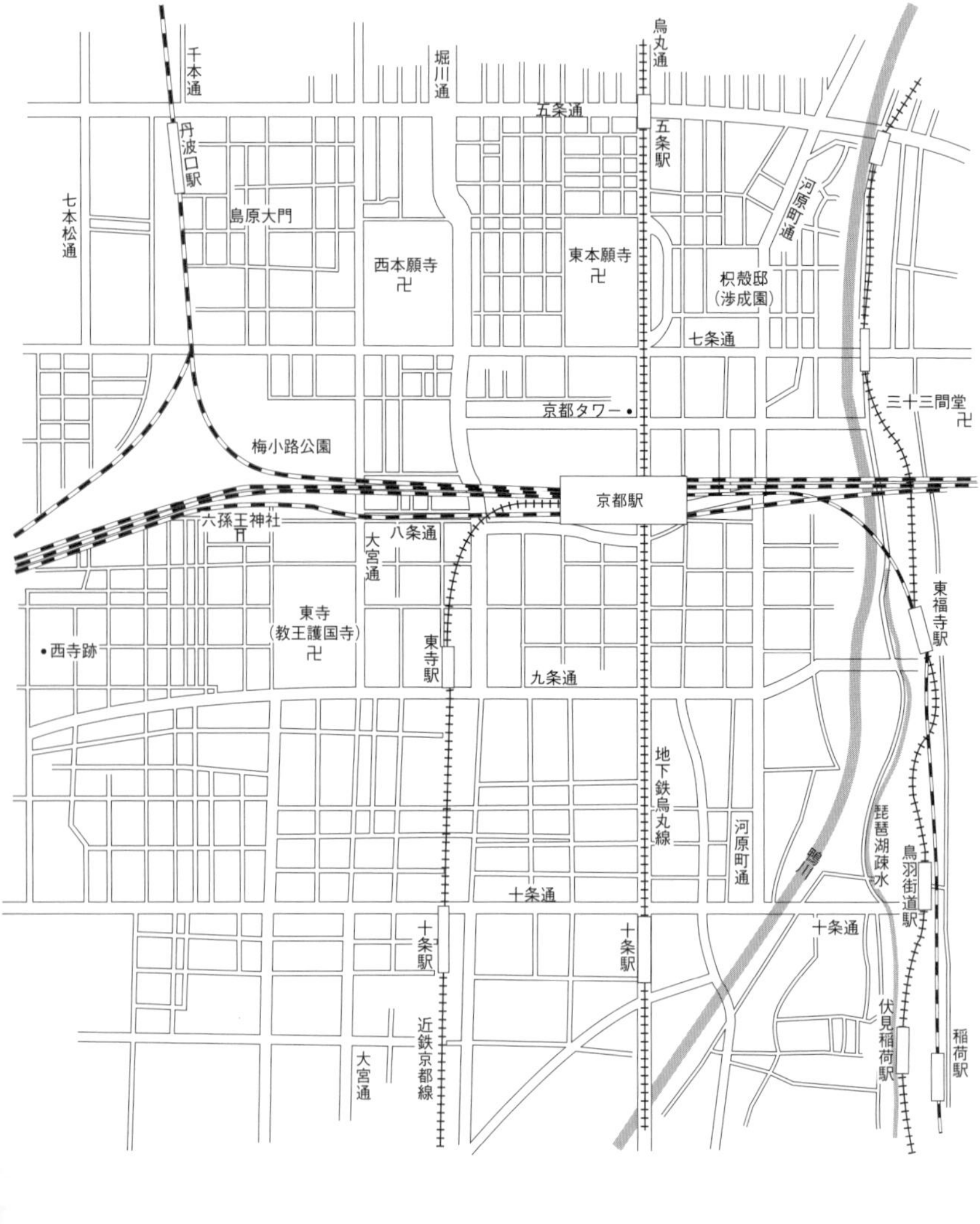

千本通
堀川通
烏丸通
五条通
五条駅
丹波口駅
七本松通
島原大門
西本願寺
東本願寺
河原町通
枳殻邸
(渉成園)
七条通
京都タワー
三十三間堂
梅小路公園
京都駅
六孫王神社
八条通
大宮通
東寺
(教王護国寺)
西寺跡
東寺駅
九条通
東福寺駅
地下鉄烏丸線
河原町通
鴨川
琵琶湖疏水
鳥羽街道駅
十条通
十条駅
十条駅
十条通
伏見稲荷駅
稲荷駅
近鉄京都線
大宮通

桓武の新京の詔を追体験する

京都駅のすぐ北側に、京都タワー（以下タワーと略す）が建てられたのは一九六四年だった。最初のころは古都の景観にそぐわないとする意見もあったが、月日がたつとともに見慣れてしまい、いつしか京都のランドマークになった。

この塔は高さ一三一メートル、展望室は一〇〇メートルの高さにある。ということは展望室の位置が相国寺の室町時代にあった七重大塔の高さに近い。

前著（『洛北・上京・山科の巻』）で相国寺の端渓周鳳《たんけいしゅうほう》が塔の上から見て風景をよんだ「塔上晩望」と題する漢詩を紹介したが、ぼくもタワーに登って京都の町々を見ることにした。

桓武天皇が延暦一三年（七九四）一一月八日にだした新京の詔は「此国は山河襟帯にして自然に城となる。この形勝によって（中略）山背国《やましろ》を改めて山城国となす」と宣言した。タワーから四周を見わたすと、この詔の文言が簡潔にしかも要を尽くして、京都の地形の特色を表現できていることを痛感するだろう。

東山、北山、西山と南方の遠くにも京阪奈《けいはんな》境の山々が襟のように盆地をかこんでいる。盆地の東と西の縁には鴨川と桂川が帯のように流れている。地上からはいつも見ているのだが、タワーから見渡すと立体模型を見るようである。

この新京の詔がだされたころには、東寺や西寺の塔はまだなく、ことによると八坂寺か出雲寺の塔から展望したのであろう。京都の旅を始めるにさいして、天気がよければこのタワーに登って、京都の地形や主要な寺社の位置を頭に刻みつけることをぼくはすすめる。

タワーから北方を見ると烏丸通が一直線に南北に走っている。平安時代の初めには、都の中央にあった幅八五メートルの朱雀大路もこのような景観だったのだろう。眼下にビルや民家が密集するなか、木々の繁みのある広い空間が東西に三ヵ所点在している。西から本願寺（西本願寺）、東本願寺、それと東本願寺が管理する枳殻邸《きこくてい》（渉成園《しょうせいえん》）である。

西本願寺と親鸞

浄土真宗の西本願寺も東本願寺も、古代や中世にはなかった。西本願寺は豊臣秀吉が京都の大改造をおこなった天正一九年（一五九一）に秀吉から七条堀川に広大な土地をあたえられ、大坂の天満本願寺から十間四方と伝える御影堂《ごえいどう》（宗派によって発音は異なる）を移築した。これが本願寺であり、のちに東本願寺ができてから俗に西本願寺とよばれるようになった。翌年に本堂の阿弥陀堂も建立したが、慶長元年の伏見大地震で倒壊し、その後に再建したのが現在の建物である。

堀川通から見ると北に阿弥陀堂、南に御影堂が並び、ともに大建築である。この寺で総御堂《そうみどう》とよばれる阿弥陀堂は桁行五間、梁間七間であるのにたいし、御影堂は桁行七間、梁間九間であり、御影堂のほうが一まわり規模が大きい。これは後に述べる東本願寺でも同じであり、この点はぼくには違和感がある。

関東の農村で教化に励んだころの親鸞の日常生活については、日記などはのこされていないので細かいことはわからない。しかし質素な生活であったようである。

ぼくは前に栃木県の古代遺跡をまわっているとき、親鸞が『教行

西本願寺唐門の扉（右）

信証』の清書をしたと伝える二宮町の専修寺が近いというので寄ってみた。まず装飾の一切ない質実な当時の門が今ものこっているのを見て感激した。親鸞は信濃の善光寺の阿弥陀如来像を模刻させて本尊とした。この寺には鎌倉時代の阿弥陀如来像が今ものこっている。予定外の突然の訪問ではあったが、思いがけず親鸞の信仰の一端にふれたおもいがして清々しかった。

西本願寺の唐門

この日の感激を前提にして述べると、阿弥陀如来像を安置する堂よりも親鸞の御影（肖像画）を安置する御影堂のほうをより壮大にしたということは、親鸞への崇拝が過度になっているように思える。仏である阿弥陀如来と人間である親鸞を同等に量ることはできないことである。

西本願寺には国宝の「紙本墨画親鸞聖人像」（鏡御影）や建長七年（一二五五）に写された「絹本著色親鸞聖人像」（安城御影）など、古くからの親鸞の肖像画が

西本願寺唐門の扉（左）

伝えられている。教団が大きくなるにともなって、御影堂が大きくなっていったのだろう。これも一つの研究テーマとなるだろう。

西本願寺の南の塀にそって西へ歩くと、豪華絢爛な唐門がある。伏見城にもとあったものだが、伏見城でも重要な場所にあったのであろう。日暮門《ひぐらし》といわれているように、門の隅々までに施された彫刻を見ていると日が暮れるまで時間のたつのを忘れさせるという。

堀川通に面した境内の南東の隅に、これも伏見城から移されたと推定される飛雲閣がある。伏見城に移されるまえは聚楽第にあった建物であろう。秀吉もこの建物には愛着があったのか、破壊しないで伏見城へ移しさらにこの地へ移されたと推定されている。桃山建築の白眉ではあるが、常時公開されているわけではない。なお唐門は閉ざされてはいるものの、いつでも南側の道から見ることはできる。

東本願寺と枳殻亭《きこくてい》

七条通の東西に競うようにして二つの大寺、本願寺がある。二つの大寺があることの遠因は、大坂の石山合戦に遡る。織田信長と石山本願寺との十年に及ぶ戦争の終結にさいして、朝廷の斡旋《あっせん》をうけて信長と講和をしようとする本願寺一一世の顕如と、それに反対して抗戦をつづけようとする教如とが対立した。教如は顕如の長男である。

この対立を徳川家康が見逃すはずがなかった。すでに述べたように顕如は豊臣秀吉の配慮によって七条堀川に本願寺を建立し、顕如の没後は次男の准如がその法主をついだ。これにたいして徳川家康は、慶長七年（一六〇二）に烏丸七条に寺地を教如にあたえることで、もう一つの本願寺つまり東本願寺ができることになった。

歴史に〝もしも〟は意味がないけれども、関ヶ原の戦で家康側が勝っていなかったら、東本願寺は生まれなかったであろう。東西二つの本願寺はどちらも戦国の時代が終ったあとにでき、しかも豊臣と徳川の政権下の秩序に組みこまれることによって実現したものである。とはいえ、寺の周囲に水をたたえた濠かとおもうような大溝と高い塀をめぐらせていることに、山科本願寺や石山本願寺の防禦を固めたころの面影がのこっている。東本願寺でも御影堂が大きく、阿弥陀堂のほうが小さい。配置は御影堂が北、阿弥陀堂が南に配置され、西本願寺とは逆になる。

河原町通の七条の北側の西に広大な枳殻亭《きこくてい》の森がある。東本願寺の東方約三〇〇メートルの地である。渉成園《しょうせいえん》といって、寛永一八年に三代将軍の徳川家光が東本願寺に寄付し、それ以来東本願寺が管理している。

平安時代に左大臣　源　融《みなもとのとおる》の河原院の故地とする伝承もあるが、河原院は六条坊門小路にあったから源融の邸跡ではなかろう。とはいえ、これだけ広大な土地が開発されずに京都市中で伝えられたことは嬉しい。

代々の東本願寺の法主の隠居所となり、下屋敷として利用された。河原町通には入口がなく、西側から入る。入ってすぐの正面に石材や古い石造品を巧みに組合わせた石垣があって面白い意匠である。この屋敷内に出雲寺のものと推定される塔心礎があることは前著（『洛北・上京・山科の巻』）でふれた。

広大な庭園は、家康に仕えた武将であり晩年に洛北の詩仙堂で隠遁生活をおくり漢詩作りにはげんで名をのこした石川丈山が作庭したもので、今までに見た庭園とは趣を異にしている。池の前にたたずんで、池の背後の木々の繁みを見ていると時間のたつのを忘れる。京都観光の予定に加えたい穴場である。国の名勝になっている庭園は有料だが、訪れる人は多くなく、ゆったりとした自分なりの時間をすごせるだろう。

清和源氏と六孫王神社

京都は平家と源氏との武士の棟梁の主導権争いの巷《ちまた》でもあった。清和源氏というように、源氏は清和天皇の孫の六孫王《ろくそんのう》（晩年に源経基《つねもと》）を祖とする。六孫王は東国の平将門や西国の藤原純友の乱の鎮圧にも活躍し、皇族ではあったが武家のような行動をした。晩年に源朝臣の姓をあたえられ臣籍になった。これ以降が源経基である。ただし六孫王は清和の孫ではなく、その次の陽成の孫とする根強い伝承がある。

源経基の子が武士として勇名をはせた源満仲《みつなか》である。多田満仲ともいうように摂津の多田荘（兵庫県川西市付近）を開発し、摂関家と結んで軍事貴族としての地位を固めた。

東寺の北方約二〇〇メートルの南区八条町に六孫王《ろくそんのう》神社がある（二七六頁の地図参照）。平安京の八条一坊八町に当る。東海道新幹線が神社のすぐ北方を走っているが、この線路の建設にさいして境内が取りこまれ現在のように狭くなった。

この地には六孫王の父、貞純親王《さだすみしんのう》のころからの邸宅があって、応和元年（九六一）に六孫王が亡くなると子の満仲が父の墓を造ったという。その神廟が六孫王神社の始まりであろう。

本殿の背後に切石を三段に積んだ方形の構築物があって六孫王の墓と伝えている。遺骸を葬った墓ではなく霊魂を祠るところとする見方もあるが、十世紀ごろの有力者の墓とみてもおかしくはない。

墓や古墳が神社と一体となった例として、応神陵と伝える河内の誉田山《こんだやま》古墳の例がよく知られる。巨大な前方後円墳で今日も誉田《こんだ》八幡宮が後円部の濠の外側に鎮座している。幕末までは後円部の頂上まで石段があって頂上に奥の院としての六角堂（廟）があった。この六角堂は文久年間の幕府による修陵によって取除かれた。余談ではあるがこの六角堂には奈良時代の瓦で葺いた形跡があり、この建物の起源は古そうである。

六孫王神社

源頼信の八幡権現への祭文

誉田八幡宮と六孫王神社とのあいだに今述べたような共通点のあることは、偶然ではなさそうである。

満仲の子の頼信は東国の平忠常の乱を、追討使となって鎮めた武将である。頼信が晩年の永承元年（一〇四六）に河内の国司をしていたとき、八幡権現三所法躰《ほったい》にたいして長文の祭文を奉っている。この祭文は「河内守源頼信告文《こうもん》《つげぶみ》案」として『平安遺文』第三巻に収められている。

この文書は石清水八幡宮の社家の田中家に伝わったこともあって、『日本の歴史』（中央公論社）の第六巻「武士の登場」のなかで竹内理三氏は「石清水八幡宮に一通の願文をおさめ」たとされている。しかしそのことは祭文にはみえない。八幡権現三所法躰とは神仏習合のもとでの応神天皇のことである。応神陵を〝大菩薩御舎利の処〟とよんで石清水八幡宮も神聖視していたから、頼信がこの祭文を奉げたのは応神陵つまり誉田山古墳の廟だったとぼくはみている。頼信が赴任した国府からも、開発をした石川荘からも応神陵は近くにあった。

祭文のなかで、頼信は誉田天皇（応神のこと）を源氏の二十二代前の祖として詳しく説明している。この場合、満仲を基点として経基、元平親王（貞純親王のこと）、陽成天皇、清和天皇とさかのぼり、以下主要な人物だけでいえば柏原（桓武）天皇、天智天皇、継体天皇とその父の彦主《ひこうし》王子（『日本書紀』では彦主人王）までさかのぼって、彦主王子が八幡（応神のこと）五世の孫として血脈を述べている。

さらに別の個所で「曾祖《そうそ》陽成天皇者《は》権現之十八代孫也、頼信者《は》彼《かの》天皇（陽成のこと）之四世之孫也」として、陽成天皇を重視している。通説の清和源氏には別の伝承のあったことを克明に記している。

これほど詳しく先祖の系譜を述べた史料は少ないけれども、いわゆる清和源氏（陽成源氏ともいえる）の先祖の出発点を応神天皇にしていたことは注意してよかろう。八幡神としての応神については五巻でも扱うつもりである。

六孫王神社の地は、平氏の全盛期に平清盛の西八条邸に取りこまれたとみられる。だが西八条邸の存続期間は短く、平家の都落ちにさいして焼払われた。西八条邸跡の主要部は、現在では国鉄貨物場のあとにできた梅小路公園になっている。六孫王神社も平家の滅亡とともに源氏の手に戻った。

源実朝と大通寺

源氏の三代将軍源実朝《さねもと》の不慮の死ののちに、夫の菩提を弔うため妻が尼となって西八条邸に住むことになった。邸内に造ったのが遍照心院《へんじょうしんいん》（大通寺）である。

源実朝の像（大通寺）

実朝は頼朝の子で鎌倉にいた将軍ではあるが、京都の公家文化に憧れをもち、和歌の道では藤原定家の指導をうけ『金槐和歌集』をのこした。鶴岡八幡宮への参詣にさいして暗殺され若死をした。

実朝の妻は内大臣の坊門（藤原）信清の娘で、夫の死後は実家のある京都へ戻り出家して邸のなかに遍照心院を造った。この寺はその後も源氏にゆかりのある武家の保護をうけた。

遍照心院は六孫王神社の北側にあり、寺が大きくなると六孫王神社が寺の鎮守のようになったこともあるが、明治初年の神仏分離で六孫王神社とは別れ、さらに明治四五年の鉄道の敷設にさいして寺地が接収された。このあと大通寺として南区西九条比永城町に移った（次頁地図参照）。今も新幹線と東海道線のあいだに児水《ちごのみず》不動明王の祠だけが

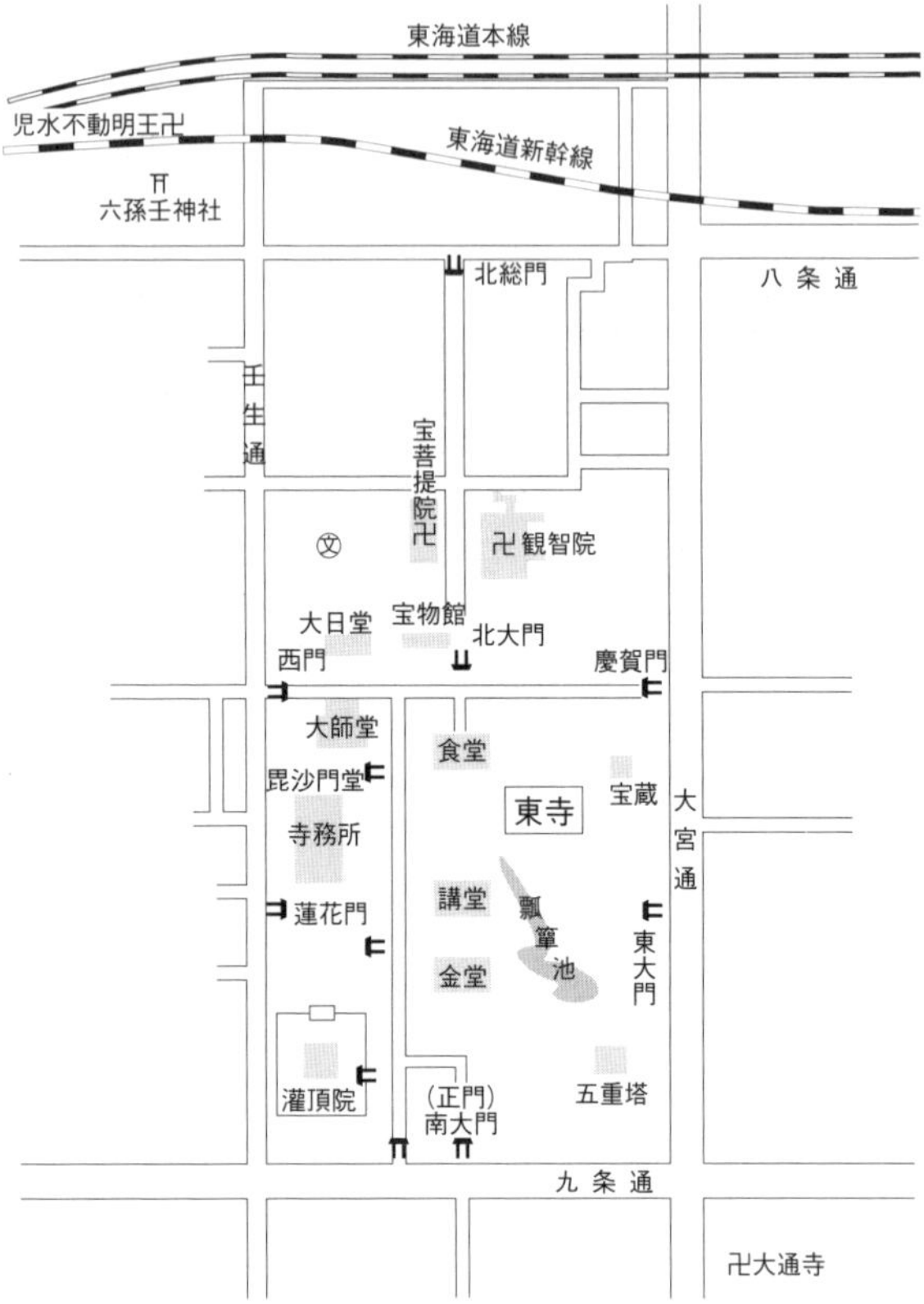

のこっている。大通寺の本堂には本尊の釈迦如来のよこに公家姿の実朝の木彫の肖像が安置されている。

教王護国寺としての東寺

平安遷都にさいして羅城門の東西に二つの官の大寺を建立することになった。羅城門からみての位置によって、東寺《とうじ》と西寺《さいじ》とよばれている。

東寺の正式の名称は教《きょう》王護国寺《おうごこくじ》であり、天皇との関係と仏の力で国を護るという使命があった。その場合の国とは日本国のことであるとともに、東寺は東国の国々を、西寺は西国の国々が意識されたとぼくはみている。

講堂の諸仏に供えた生道塩

『延喜式』の大膳の項に「東寺中台五仏、左方五菩薩、右方五忿怒料」として「生道塩日別五合五勺《いくじのしお》」（塩のほかは略す）を用いることが定められている。

これらは東寺の講堂に安置された一五の仏像のことで、今日でも講堂には中央の壇（中台）の大日如来を中心にして、阿弥陀如来や阿閦《あしゅく》如来などの五仏、左方には金剛波羅蜜多《はらみたぼさつ》菩薩などの五菩薩、右方には忿怒《ふんぬ》の形相《ぎょうそう》をあらわした不動明王や大威徳明王《だいいとくみょうおう》などの五明王を配置していて、講堂内を立体曼荼羅とした空海の思想をあらわす場として重視されている。

講堂は天長二年（八二五）に建立されたと伝え、そのしばらくのちに諸仏は開眼されたが、文明一八年（一四八六）に土一揆によって金堂やいくつかの堂とともに炎上し、そののちの延徳三年（一四九一）に建立された。

ぼくが驚異を感じるのは、建物が炎上するさいこれほどの大きな仏像群をどのようにして堂外へ搬出したかということである。これらの仏像は、とても五、六人ぐらいでは運びだせそうもない。寺々には火災にさいしては、建物を蹴破ってでも仏を運びだす人たちを予め決めていたとも聞く。このことは東寺だけではなく何度も感心したが一度真相を知りたい。

講堂の諸仏にたいして、毎日供える品々の筆頭が生道塩《いくじのしお》である。古代には塩は重要な物資であって、海に面したたいていの国では塩を生産していた。しかし国名以外の特定の地名を冠したのは生道塩ぐらいである。

『延喜式』の主計の項に尾張国の調の品々のなかに生道塩一斛《こく》六斗が定められていて、生道塩

東寺の校倉造の宝蔵（平安時代の建物である）

は尾張国の産物であることがわかる。さらにその量の一斛六斗とは東寺の講堂諸仏へ一日に五合五勺供える一年分であることも推測される。

生道《いくじ》は愛知県知多半島の地名で、古代には尾張国知多郡だった。今日も知多郡東浦町に伊久智神社がある。知多半島は製塩土器をだす製塩遺跡が多く、平城木簡にも塩を出した付札がある。東海だけではなく太平洋沿岸の東国のなかでも屈指の製塩地だった。

古代人は海水から塩の結晶ができることに神秘を感じ、大地の象徴とみているようである。生道塩は尾張国、ひいては東国全体の地霊が凝縮された物実《ものざね》とみて、毎日諸仏にささげ国土の加護を祈ったのであろう。

東寺の建立から空海に与えられるまで

今日の東寺は、平安時代以来の寺地をそのまま受けついでいるとみられる。平安時代の場所が京内でそのまま踏襲されている例は、東寺と神泉苑ぐらいであり、その意味でも貴重である。

とはいえ平安時代の建物としては、鎌倉時代の東門（慶賀門）から入ってすぐ南側にある宝蔵とよばれる平安後期の校倉《あぜくら》だけである。奈良には正倉院をはじめいくつかの校倉はあるが、京都では珍しい。

東寺は古代の行政区画でいえば葛野《かどの》郡にあった。創建時のことは正史の『日本後紀』に欠落があるため不明の点が多い。『扶桑略記』には、桓武天皇の延暦一五年（七九六）に勅がだされて東寺を創建するとある。この記事では、造東寺長官の藤原伊勢人が鞍馬寺を造った経緯について述べたことのついでに、東寺草創がでているにすぎない。藤原伊勢人と鞍馬寺については前著（『洛北・上京・山科の巻』）で書き、そこでは東寺に伝わるもと羅城門の楼上に安置されていた兜《と》跋毘沙門天立像《ばつびしゃもんてんりゅうぞう》についてもふれた。

延暦一五年（七九六）に東寺が創立されたことについては、南北朝の東寺の学僧杲宝《ごうほう》が編集した『東宝記』でも或記にあったと述べていて、東寺建立に着手した年とみてよかろう。

延暦一五年、東寺の建立に着手したとして、この寺が嵯峨天皇の勅によって空海にあたえられる弘仁一四年（八二三）まで二七年間ある。この間にどれぐらいの建物が完成していたかを示す史料はない。

一般的にいって寺を建立するとき、最初に本尊を安置する金堂を建てるであろう。東寺の金堂は文明一八年（一四八六）の土一揆で焼失し、慶長八年に豊臣秀頼が再建したのである。堂内には仏師康正の造った薬師三尊坐像が脇侍の日光菩薩と月光菩薩の立像をしたがえている。これらの仏像は古風を伝えており、そのことから、もとの金堂の本尊を推測することができる。少なくとも草創期の本尊は薬師如来だったとみてよかろう。

延暦一九年（八〇〇）には、伊賀国の山林から東寺と西寺に限って「巨樹直木」を採ることが許されている（『類聚国史』仏道の項）。弘仁三年（八一二）には屛風一帖と障子四六枚を東寺に施入している。さらに宮家の功徳封物を東大寺に収めることをやめ、造東西二寺の諸司に収めさせている（ともに『日本後紀』）。このように東寺と西寺の造営は着々と進められた。

四回も焼けた五重塔

弘仁一四年（八二三）に嵯峨天皇は、密教の道場として東寺を空海にあたえ、空海が唐から請（将）来した法文、曼荼羅《まんだら》、道具などを大経蔵に納めた。これは有名な事件だが正史には欠落があるため、記録がない。承和二年（八三五）の『続日本後紀』の空海の崩伝にも、東寺との関係の記述はでておらず、『東宝記』の記事で補っている。とぼしいとはいえ、正史での空海と東寺の関係を探してみよう。

弘仁一四年一〇月一〇日の「太政官符」で、真言宗の僧五〇人を東寺に住まわせて密教の研修をさせている（『類聚三代格』）。この詔を前提にして承和二年一月六日に空海は仁明天皇に奏上して、東寺に施入されている甲斐国と下総国の封千戸のうちの二百戸を五〇人の僧の費用にあてることを願いでて許されている（『続日本後紀』）。これは空海の死の二カ月前のことだった。

これらは空海と東寺との関係を示す基本史料といってよかろう。なお戦後に出版された空海のある伝記で、東寺のことに一切ふれていない書物もあるが、この態度にはぼくは賛成できない。

さらに淳和天皇の天長元年（八二四）に、この寺を教王護国寺と号《なづ》くことの勅許があった（『帝王編年記』）という。ただし教王護国寺の名はそれ以前からあったとみている。

空海が東寺の経営を始めてまずおこなったのは、天長二年の講堂の建設であり、この堂内を密教の体現できる空間にした。

塔の建立についての記録はないが、仁和二年（八八六）に新造の塔に落雷があって火災をおこしている（『三代実録』）。このときの落雷では塔が焼失したのではなく、一部が焼けた程度だったとみられる。

この塔の建立にさいして問題がおこったことについては前著（『洛東の巻』）でも述べた。塔の心柱の木を稲荷の神域で伐ったため、稲荷神社から激しい抗議をうけた。たまたま淳和天皇が病気となり、それを稲荷の神の祟とみなしたのでいっそうの大事件になった。

この塔は天喜三年（一〇五五）に落雷で焼けたのをはじめ、合計四度も焼失しては再建をくり返した。現在の塔は寛永二一年に徳川家光の寄進によって建立されたものである。高さが五五メートルあって、現存の日本の古塔のなかではもっとも高い。ぼくも大阪や神戸からJRで帰ってくるとき、車窓にこの塔が見えだすと戻ってきたという実感がわく。

東寺の五重塔

東寺には高さ一六一センチの五重の小塔が伝わっている。応永の銘文によって、室町前期のものであることがわかる。東寺の五重塔の雛形として貴重であり、現在の五重塔もよく古風をあらわしている。

平安後期になると東寺はかなり荒れていたようで、「東寺以下ほとんどその跡なきが如し」（『吾妻鏡』文治二年六月二日の条）の状況で、朝廷でもそのことを重視した。源頼朝が天下をとると東寺の復興にのりだし、頼朝の信任のあった文覚《もんがく》がこの事業にあたった。

文覚は摂津の渡辺党出身の僧で、後白河上皇に寺の修理のための寄付を強要して伊豆に流され、そこで頼朝と知りあい、平家滅亡のあと東寺の復興につとめた。

弘法さんの市と百合文書

東寺には二つの顔がある。静寂な教王護国寺としての悠久の時が流れる日々と、空海つまり弘法大師が高野山で入滅した三月二一日にちなんで毎月二一日には、境内のあちこちに一二〇〇ほどの店が並び（弘法の市）、人びとがひしめくようにつめかける縁日とである。とくに一二月二一日は「終《しま》い弘法」といって、いっそう賑う。

ぼくは一年に二、三度は弘法の市に行く。終い弘法にも出かけるように努めている。とはいえ最近のぼくの体力ではこの日の人混みのなかで動くのは難しくなってきた。それほど混み合うのである。

弘法の市には百貨店の各階を境内に並べたように各種の露店がでる。一軒の古着屋の前で老夫婦が〝一度着物を買ってやりたかった〟と数千円の着物を手にしているのを見かけたとき、忘れかけていた〝庶民の喜び〟を見出した。鎌や鍬などの農具を扱う店で〝鎌はここで買うのに決めてるのや〟という声を聞くと、この人は弘法さんの市で買う鎌に特別の意味を感じているのかともおもった。奄美大島の椎の実を炒って売っている店も時々でている。

東寺には約三万点の古文書が伝わっている。平安前期のものもあるが、大半が中世の荘園関係の文書である。

東寺の古文書の散逸を防ぐため、金沢藩主の前田綱紀《つなのり》が百の桐箱を寄進して整理した。そのことにちなんで、これらの古文書は東寺百合文書《ひゃくごうもんじょ》とよばれている。とくに丹波の大山荘、備中の新見《にいみ》荘、伊予の弓削島《ゆげじま》荘、若狭の太良《たら》荘などに関する文書は貴重な学術財である。新見荘は鉄を産出するし、弓削島荘では塩を生産していた。

この四つの荘園はとくに大きいということではないが有名であって、中世史の記述では頻繁に登場する。このことは百合文書があるから史料にされやすいということである。ぼくはこれら四ヶ所の荘園のあった土地の実地を訪れて見たことがある。

ぼくの友人の網野善彦さんの若いときの著作に『中世東寺と東寺領荘園』がある。岩波書店が『網野善彦著作集』に加えることになり、月報に一文を書いたことがある。

「たまがき」が東寺にだした手紙

JRの伯備線の、新見《にいみ》駅につく少し手前の線路脇に「たまがき」の碑が立っている。「たまがき」は女性の名である。

東寺は新見荘に代官として祐清《ゆうせい》という僧を派遣した。祐清は真面目な性格らしくひたすら荘園の経営につとめた。だが寛正三年（一四六二）に百姓によって殺害された。寺院による荘園経営にさいして、下克上のもと荘園へ派遣された僧が住民と折衝する難しさは、想像以上のものがあった。

祐清の身のまわりの世話をしていた女性に「たまがき」がいて、祐清の死後に遺品のリストを作り、平仮名に少し漢字を交えた手紙を副えて東寺に送ってきた。手紙のなかで「しろこそて」（白小袖）を祐清の形見にいただきたいと書いてあり、祐清との関係が偲ばれる。

この女性の手紙は、祐清が所持していた品物の種類や数がわかるので、その点からも貴重である。百合文書のなかで、ぼくが一番親しみを感じる文書である。

百合文書のなかに東寺の南大門前にあった一服一銭の茶屋についての取決めがある。応永一〇年（一四〇三）の文書であり、これが弘法市の起源とみられている。一服一銭、今日の大衆的なコーヒーショップのようである。一服というのだから、庶民もこの頃から抹茶を飲みだしたのであろう。

なお弘法市が今日のように賑やかになったのは、戦後のことといわれている。ただし二一日の弘法大師御影供《みえいく》は、江戸時代から大勢の参詣人で雑踏していた（黒川道祐『日次紀事』）。

御影堂とそのほかの門

弘法市の日にも、境内の北西部にある西院《さいいん》（御影堂《みえいどう》の大師堂）は露店も出ず、終日、線香の煙がただよう信仰の場でありつづけている。西院はもと僧たちの住む僧房があったところで、空海が東寺に滞在したのであればここに住房があったとみられ、中世には神聖な空間となった。

後白河上皇の娘の宣徳門院は熱心な弘法大師の信者で、膨大な荘園（長講堂領）の財力を背景に、東寺の僧行遍と力をあわせ、西院に弘法大師像を安置する御影堂（大師堂）を建立した。この建物は一度火災で焼失したが、康暦二年（一三八〇）に再建されたのが、現在の建物である。

この堂には運慶の子の康勝が作った弘法大師像（国宝）を安置した。康勝の彫刻は六波羅蜜寺にある空也上人像も名高く、前著（『洛東の巻』）でも紹介した。さらに十年後に後室を増設し、今日のような複雑な構造の建物になった。

本願寺では阿弥陀堂より御影堂が大きく違和感をおぼえることを前に書いたが、東寺では金堂や講堂にくらべ御影堂は小ぢんまりとしていて、屋根も瓦葺きではなく檜皮葺《ひわだぶき》であり落着いている。それもあって文明一八年の土一揆の襲来にさいしても、民衆は御影堂には火をかけなかった。御影堂の南側に毘沙門堂がある。ここには宝物館ができるまで羅城門楼上にもとあったと伝える兜跋毘沙門天像《とばつびしゃもんてん》が安置されていた。

弘法市の日の東寺

東寺の宝蔵、御影堂、講堂は近世以前の建物であるが、このほか北総門、北大門、慶賀門（東門）、東大門（不開門）、蓮花門はいずれも鎌倉時代の建築で、土一揆も門は焼かなかったようである。九条通に面した八脚の南大門は堂々とした建物だが、明治元年に火事で失われた門を、明治二八年に蓮華王院《れんげおういん》（三十三間堂）の西門を買いあげ移築したものである。

三十三間堂は豊臣秀吉の建立した方広寺に一時取りこまれていて、今日も方広寺の八脚の南大門が三十三間堂の南大門としてのこっている。東寺の南大門が三十三間堂の南大門と構造や大きさが似ているのは、どちらも方広寺の門として建立されたからであろう。

観智院と勧学院の機能

東寺の北大門を出てすぐ東側にあるのが子院《しいん》の観智院《かんちいん》である。御影堂のある西院の北東至近の地である。八条通に開かれた鎌倉時代の北総門を南へ行くと、北大門の手前の東側にある。

中世になって東寺の弘法大師への信仰が隆盛になったことは目を見張るばかりであるが、これには後醍醐天皇の父の後宇多天皇の役割が大きい。

後宇多は上皇として院政をとるかたわら、本来の国家鎮護の東寺を復活させることにつとめ、その拠点として僧が常住する子院として創建したのが観智院である。先に東寺の歴史をまとめた『東宝記』をあげたが、この書物の編纂者である杲宝《ごうほう》（一三〇一〜六二）が観智院の開基となった。杲宝の没年から『東宝記』の成立や観智院創設の時期も見当がつく。

杲宝は聖教の知識にもすぐれ、観智院は東寺の教学を代表する修学の場となり、江戸時代には真言宗の勧学院となった。勧学院といえば平安前期に藤原冬嗣が設けた藤原氏の子弟教育の学校の名だったが、中世になると有力な寺院の学僧養成の機関の名として使われるようになった。

観智院二世に賢宝《けんぽう》がいた。『東宝記』の増補の部分を執筆した人物である。賢宝も真言宗の聖教に詳しく、空海の密教をさらに実現させるため虚空蔵菩薩《こくうぞうぼさつ》、それも中・東・西・南・北の五方に配する五大虚空蔵菩薩像をぜひ入手したいと願っていたと、ぼくは推測する。

空海と五大虚空蔵菩薩のことは、空海の詩文集の『性霊集』に五大虚空蔵の画像の制作を発願したことがでている。以下は前著（『洛北・上京・山科の巻』）ではまだ深めることはできなかったが、承和一四年（八四七）に入唐した僧の恵運《えうん》が五大虚空蔵菩薩の像を持ち帰り、それを山科の安祥寺に安置していることを賢宝はよく知っていたと考えるようになった。

永和元年（一三七五）の秋に大風が吹いて、安祥寺に被害がでた。翌年の二月に賢宝が駆けつけ上寺《かみでら》の金堂の顚倒したなかから五大虚空蔵菩薩の像を見出し、安祥寺を管理する勧修寺の諒解をえて東寺に運び、修理をして嘉慶二年（一三八八）に観智院に安置した。

以上のことはぼくの推測ではなく、賢宝自らの記録である。詳しく説明すると、永享七年（一四三六）にこれらの像を修理したさい、僧の宗賢が五像のうちの法界虚空蔵像（騎馬像）の框《かまち》（床にわたした横木）の裏に墨で文を記したが、そのなかに永和修理時の賢宝の古銘をそのまま利用したのでわかることである（この墨書銘は景山春樹『史跡論攷』に、写真は山口耕二・宮治昭『東寺』にそれぞれ掲載されている）。

今回ぼくが考えたのは、永和元年に大風のあと賢宝が山を登って上寺《かみでら》へ行ったのは偶然のことではなく、かねがね安祥寺上寺に恵運が唐から請来した五大虚空蔵菩薩像のあることを熟知していて、大風のあと駆けつけたということであろう。ことによると墨書銘のなかの「安祥寺金堂先年大風之時顚倒、本尊以下砕而混合塵」（法界虚空蔵の墨書銘）というのは多少過大な表現かもしれない。

五大虚空蔵菩薩像と賢宝の執念

貞観九年（八六七）に恵運がまとめた『安祥寺資財帳』（以下は資財帳と略す）はたんなる寺の資財リストではなく、寺を造るまでの歴史を描いた稀にみる好史料である。ぼくは『平安遺文』に収められてある観智院本で学んだ。残念なことに観智院本は近年散逸したと聞く。

二〇〇四年に鎌田元一氏（故人）が校訂した東京大学図書館蔵の資財帳が出版された。この原典も末尾の識字によると、文政二年（一八一九）に塙保己一《はなわほきいち》が観智院本を写したものである（京都大学大学院文学研究科二一世紀COEプログラム『安祥寺の研究』Ⅰ）。

資財帳の膨大な記述の一部に安祥寺の上寺にあった「仏菩薩像」のなかに「法界虚空蔵仏像壱軀、金剛虚空蔵仏像壱軀、摩尼虚空蔵仏壱軀、蓮華虚空蔵仏像壱軀、業用虚空蔵（この下に脱字）」を列挙し、そのあとに「右五仏、綵色各騎鳥獣並大唐」としており、これらの仏像が彩色のあったことといずれも鳥や獣に騎《の》っていること、さらに大唐で入手したことを註記している。

資財帳を賢宝が見たことは間違いないが、その時が安祥寺上寺から賢宝がこれらの仏像を観智院へ移した永和二年（一三七六）より先か後かが問題となる。

資財帳の末尾には、資財帳の発見から転写までの経緯が追記されている。それによると、勧修寺の宝蔵の梁の上に雨や露で湿って損んだ状態で見つかったので、勧修寺の別当の寛信が写させた。それは保延二年（一一三六）のことだった。

至徳二年（一三八五）に賢宝が弟子の宗海に勧修寺本を写させた。これが世にいう観智院本である。

勧修寺の宝蔵の梁の上に置かれていたのは、おそらく恵運の作った原本であろう。それを写させた寛信も学僧として知られ東寺の長者を務めたこともある。この識字で見ると、賢宝が五大虚空蔵菩薩像を観智院に運んだのちに、弟子の宗海に命じて勧修寺で資財帳を写させたことになる。大筋はそれでよいとして、賢宝は資財帳が勧修寺にあることを聞いていて、勧修寺にでかけて永和二年より前に拝見していたこともあり得る。この点は検討課題にのこしておこう。

いずれにせよ恵運が大唐からもたらした五大虚空蔵菩薩像を、東寺へ運ぶことに賢宝が執念をもやしていたと考えられる。

観智院に祠られた五大虚空蔵菩薩像

（東寺提供）

観智院ではこの五大虚空蔵菩薩像を客殿に安置し本尊にしている。今回、本書の執筆によって、恵運が唐での激しい仏教排斥の嵐が吹きあれるなか、長安から港のある江南の海鎮（寧波の外港の鎮海のことか）に運び、唐人の張友信と元静（親子か兄弟だろうか）の船に乗り五島の那留浦をへて帰朝した。そのあと山科に安祥寺を建立して、上寺にもたらした仏像を安置するまでの苦労に畏敬の念を深めた。

さらに時をへだて上寺が荒廃するなか、五大虚空蔵菩薩像に深い関心をもちつづけ、大風のあと山を登って仏像を救い出し、観智院に運んで修理をし、それらの仏像に関係する資財帳をも写させた賢宝にも畏敬の念を深めた。

恵運と賢宝とは生きた時を異にしているとはいえ、仏縁によるのだろうか、連動した行動によって五大虚空蔵菩薩像と『安祥寺資財帳』を今にまで伝えた。二人に通じていえることは、今の時代に失われかけている夢にむかっての執念と実行力である。

二〇〇七年一〇月七日、春と秋に特別公開される機会に、観智院の客殿で五大虚空蔵菩薩像に対面することができた。五つの菩薩像は獅子、馬、象、孔雀《くじゃく》や迦楼羅《かるら》（想像上の鳥）の背に置かれた蓮華の台のうえで結跏趺坐《けっかふざ》していて横一列に並べてあった。ことによると本来は獅子にのる法界虚空蔵を中心にして、その四方に配置されていたとも考えられる。少なくとも五回の修理をへた像であるとはいえ、ぼくには恵運と賢宝の男のロマンが滲んでいるようにおもえ、しばらく前に座って眺めつづけた。

美術史家はひとしく唐の作品であることを認めたうえ、つぎの時代の宋の特色もあらわれだした晩唐の作としている。それに異論はないけれども、なかには長安から運んだとは考えられず、江南の地方仏師の作と断定している人もいる。

だが恵運にとっては、長安から運び出すことに男の夢がかかっていたとおもう。資財帳には、恵運の渡航までのことや帰りの航海については述べられているけれども、五年間の唐の滞在中のできごとはほとんど書いていない。おそらく苦難の連続だったのであろう。

これらの仏像について作品の出来を云々する気にはなれない。これほど雄大な歴史を今日に伝えつづけてくれる仏像を他に知らない。

作家の司馬遼太郎さんの代表作に『空海の風景』がある。この本についてはひとつの想い出がある。一九八九年一〇月の富山市主催のシンポジウムで司馬さんに記念講演をお願いした。講演のあとレセプションがあってから何軒かのバーの梯子をした。最後にホテルに戻って司馬さんの部屋でもう少し飲んだ。ぼくは酒が入っていた勢いで司馬さんに尋ねた。〝司馬さん、たくさん作品があるけど、ひとつだけ選ぶとするとどれですか〟。司馬さんは腕組みをして三分ほど考えてから〝森さん、二つ選ばして。一つは『燃えよ剣』、もう一つは『空海の風景』です〟。

司馬さんが東寺にふれたものとして、エッセイ集の『司馬遼太郎が考えたこと8』に収められている「歴史の充満する境域」と題する一文がある。歴史が充満する境域とは、まさにいい得て妙である。足元から京都の歴史をさぐりだして、本当にぼくは幸運だった。恵運と賢宝に感謝したい。

東シナ海の航行をあらわす五大の庭

観智院の客殿は壮大ではないが、小ぢんまりとしていて品格がただよっている。慶長一〇年（一六〇五）に豊臣秀吉の妻の北政所《きたのまんどころ》の寄進によって再建した。入母屋造の屋根だが、庭に面した正面には軒唐破風《からはふ》がつき、調和がとれていて国宝になっていることも頷《うなず》ける。

客殿の前方にある庭園は「五大の庭」とよばれている。この庭は鑑賞するだけではなく、歴史が充満している。庭の全面に白礫を敷きつめ大海をあらわし、中央に一抱えほどの岩石や厚い板石を五個所に配している。

この配石によって東シナ海を航行する船と竜神、亀、鯱を表現しているといわれている。船は一隻とも見えるし二隻のようでもある。寺の説明では空海の帰国の様子と説明されているが、見た瞬間に〝それは違う〟と感じた。

観智院客殿（東寺提供）

恵運の苦難の航行を偲ばせる「五大の庭」の造形
（東寺提供）

この庭は客殿に安置する五大虚空蔵菩薩像がいつも眺めている関係にあるし、「五大の庭」というのはそれらの菩薩像のための庭の意味であろう。これらの菩薩像は唐にあれば排仏のなか破却の運命にあった。それを恵運の努力によって救われた。このように考えると、この庭は恵運の功績をたたえるために造園されたのであろう。

それにしても質素な岩石や白礫を使って歴史を描きだそうとしたのは誰なのか。賢宝かとおもうがもう少し後の僧かもしれない。再び観智院を訪れたとき、じっくりと考えてみよう。

あとがき

予定していたよりも早いペースで三冊めができた。次の「嵯峨・嵐山・花園・松尾の巻」も三分の二は書きあげた。来春（二〇〇九年春）には刊行できそうである。

今までのどの巻もがそうであったように、たんなる寺社の説明やまして各寺社が所有する仏像や宝物類の羅列的な紹介が本書のねらいではなく、それらの場所や仏像から〝歴史をさぐる〟ことを目標にした。

この場合の〝歴史〟とは門跡や門主の交替史ではなく、京都の地域史さらには日本列島史に関係のありそうな〝歴史〟である。もちろんそのことが達成されたというより、ぼくの試行の跡を多くの人に披露してこの種の難行をひきだしたいのである。

今回も好きな言葉を一つ書く。「生涯不熟」。未熟はよくないとして一度でも自分は完成したとか大家になったなどと思ってはそこで進歩はとまる。ぼくは生涯熟さないでおきたい。熟してしまうとそのあとは木から離れて地に落ちるだけである。

［索　引］

人名・神名・文献・絵画資料

地名・遺跡・陵墓・神社・寺院

〔**著者略歴**〕

一九二八年大阪府生まれ。同志社大学大学院修士課程修了。考古学者。同志社大学名誉教授。和泉黄金塚古墳の発掘調査など多くの遺跡を調査。学生のころから、古代学を提唱。二〇一三年逝去。

主な編著書に、『対論　銅鐸』『対論　日本人の考古学』『三世紀の考古学』『唐古・鍵遺跡の考古学』『三輪山の考古学』『古代史を解くキーワード』『「東海学」事始め』（以上学生社）、『山野河海の列島史』『僕の古代史発掘』『記紀の考古学』『食の体験文化史』『考古学と古代日本』『古代史おさらい帖』『日本の深層文化』『倭人伝を読みなおす』など多数。

本書は2008年3月に刊行した初版の
新装版として刊行するものである。

2008年　3月10日　　初版発行
2018年11月26日　新装版発行

【新装版】
京都の歴史を足元からさぐる
［北野・紫野・洛中の巻］

著　者　森《もり》　浩《こう》一《いち》
発行者　宮田哲男

発行所　株式会社　学生社
〒102-0071　東京都千代田区富士見2-6-9
TEL 03-6261-1474／FAX 03-6261-1475
印刷・製本／株式会社ティーケー出版印刷

ISBN 978-4-311-80103-7　C0021
N.D.C.216　320p　19cm